입문자를 위한
명령어 사전

리눅스 입문자를 위한 명령어 사전

우분투, 데비안, CentOS, 페도라 대응

초판 1쇄 발행 2021년 7월 7일
초판 2쇄 발행 2022년 4월 7일

지은이 가와구치 히로시, 다야 후미히코, 미사와 아키라 / **옮긴이** 서수환 / **펴낸이** 김태헌
펴낸곳 한빛미디어(주) / **주소** 서울시 서대문구 연희로2길 62 한빛미디어(주) IT출판부
전화 02-325-5544 / **팩스** 02-336-7124
등록 1999년 6월 24일 제25100-2017-000058호 / **ISBN** 979-11-6224-451-7 93000

총괄 전정아 / **책임편집** 홍성신 / **기획·편집** 이윤지
디자인 최연희 / **전산편집** 이경숙
영업 김형진, 김진불, 조유미 / **마케팅** 박상용, 송경석, 한종진, 이행은, 고광일, 성화정 / **제작** 박성우, 김정우

이 책에 대한 의견이나 오탈자 및 잘못된 내용에 대한 수정 정보는 한빛미디어(주)의 홈페이지나 아래 이메일로
알려주십시오. 잘못된 책은 구입하신 서점에서 교환해드립니다. 책값은 뒤표지에 표시되어 있습니다.

한빛미디어 홈페이지 www.hanbit.co.kr / 이메일 ask@hanbit.co.kr

지금 하지 않으면 할 수 없는 일이 있습니다.
책으로 펴내고 싶은 아이디어나 원고를 메일(writer@hanbit.co.kr)로 보내주세요.
한빛미디어(주)는 여러분의 소중한 경험과 지식을 기다리고 있습니다.

리눅스
입문자를 위한
명령어 사전

우분투, 데비안, CentOS, 페도라 대응

가와구치 히로시,
다야 후미히코,
미사와 아키라 지음
서수환 옮김

HB 한빛미디어
Hanbit Media, Inc.

지은이 소개

지은이_ 가와구치 히로시(川口拓之)

1980년 시즈오카현 출생. 게이오기주쿠대학 이공학 연구과 전공 및 공학 박사 과정을 수료했다. 주말에는 딸을 위해 케이크를 굽는다.

지은이_ 다야 후미히코(田谷文彦)

1975년 가나가와현 출생. 게이오기주쿠대학 대학원 이공학 연구과, 오사카대학 대학원 의학계 연구과를 전공하고 의학 박사 과정을 수료했다. 싱가포르에 거주하며 두 아이의 아버지로서 열심히 노력 중이다.

지은이_ 미사와 아키라(三澤明)

1973년 도쿄 출생. 개인적으로는 FreeBSD를 선호한다.

옮긴이 소개

옮긴이_ **서수환** nuridol@gmail.com

일본에서 IT 시스템을 설계, 개발하는 엔지니어다. 귀찮은 일이 생기면 대신해줄 무언가를 찾다가 없으면 만드는 게 취미. 또 뭐하며 놀까 늘 고민한다.

지은이의 말

예전에는 리눅스를 사용하려면 명령어 외우기가 필수였지만 요즘은 GUI 환경이 잘 구축돼서 명령어를 몰라도 윈도우나 맥처럼 사용하기 편리한 환경에서 다양한 작업이 가능합니다. 하지만 GUI로는 쉽게 작업할 수 있으나 화면에 표시되는 기능밖에 쓰지 못하는 제약이 있습니다. 반면에 명령어는 단순한 기능을 조합해서 수준 높은 기능을 실현합니다. 게다가 클라우드 컴퓨팅이 보급되면서 서버를 조작할 때 명령어만 이용하는 환경도 늘어났습니다.

하지만 초보자가 처음 배우기에 명령어는 너무 높은 장벽처럼 느껴집니다. 이 책은 리눅스 명령어를 배우면서 느끼는 어려움과 답답함을 덜어주면서 자연스럽게 익힐 수 있도록 구성했습니다. 수많은 명령어를 기계적으로 소개하는 대신에 평소에도 쓰는 유용한 명령어를 선발해서 사용 목적별로 정리했습니다. 또한 각 명령어 사용법을 실행해보면서 배우는 '입문 편'과 언제라도 확인 가능한 '참조 편'으로 나눠서 리눅스 사용법을 배우는 초보자부터 필요할 때 참고서로 활용하고 싶은 중급자까지 다양한 독자가 오래도록 읽을 수 있게 꾸몄습니다. 초보자가 중급자 이상으로 성장해서 시스템 관리자가 되는 발판이 될 수 있다면 좋겠습니다.

끝으로 이 책을 집필할 기회를 준 일본 국립정보학연구소의 사토 이치로 교수를 비롯해 공저자로 함께 고생을 나눈 마에다 유이치로 씨, 이토 마코토 씨, 고마키 겐지로 씨, 오노 마사히로 씨, 시모타다 겐이치 씨에게 감사드립니다. 특히 이 책을 내는데 편집, 출판에 힘써준 SB 크리에이티브 스기야마 사토시 씨에게 감사드립니다.

2020년 초봄
저자 일동

옮긴이의 말

스마트폰을 비롯해 자판기, 광고판, 서버 등 어디를 가도 펭귄(리눅스)을 만날 수 있는 세상이 되었습니다. 서른 살이 된 리눅스는 만든 사람도 이렇게 수많은 곳에서 쓰일지 상상하지 못했을 만큼 눈부신 발전을 거듭하고 있습니다. 그러나 아무리 화려한 기술도 그 바탕에는 꾸준히 연습해서 쌓아올린 기본 실력이 있기 마련입니다. 이책은 이렇게 중요한 리눅스를 다루는 데 빠질 수 없는 명령어라는 기본기를 어떻게 써야 할지 길잡이가 되어줍니다.

밑줄을 그어가며 전부 암기하는 대신 이럴 때는 이런 명령어를 쓰면 된다는 것을 기억해두었다가, 실제로 그런 상황이 되었을 때 다시 한 번 확인하는 용도로 곁에 두고보면 좋습니다. 클라우드 컴퓨팅이 당연한 시대가 되면서 기존에는 상상하기 어렵던, 서버 수백 대를 혼자서 관리하는 일도 이제는 드물지 않아서 자동화는 더욱더 중요해졌습니다. 이런 자동화에 제일 잘 어울리는 도구가 바로 CLI 명령어입니다. 어떤 명령어가 있고 어떻게 써야 하고 무엇과 조합할지 잘 알아두면 빠르고 정확하게그리고 편하게 일할 수 있습니다. 명령어라고 하면 처음에는 어색하고 두려울 수도있지만 친해지면 이렇게나 믿음직한 친구도 없다고 느낄 것입니다. 이 책도 그런 친구를 찾는 여러분과 함께할 수 있다면 좋겠습니다.

봄 햇살에 자라는 새싹과 아이를 보며 웃듯이 여러분도 연습을 통해 커가는 실력에웃음이 가득해지길 바랍니다.

2021년 봄
서수환

입문 편

리눅스 지식이 없어도 이해할 수 있도록 명령어 동작을 상세히 설명합니다. 차례대로 읽어나가며 명령어를 배워보세요. '해보기', '더 해보기'를 따라 연습하면 명령어 동작을 내 것으로 익힐 수 있습니다.

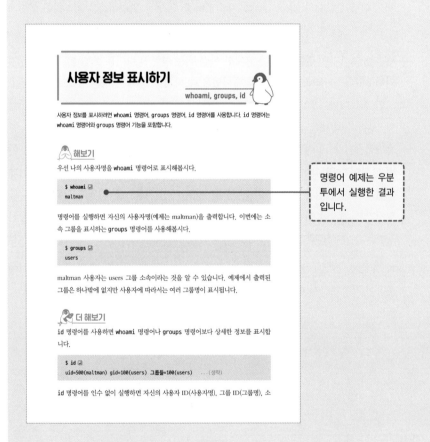

사용자 정보 표시하기

whoami, groups, id

사용자 정보를 표시하려면 whoami 명령어, groups 명령어, id 명령어를 사용합니다. id 명령어는 whoami 명령어와 groups 명령어 기능을 포함합니다.

해보기

우선 나의 사용자명을 whoami 명령어로 표시해봅시다.

```
$ whoami ⏎
maltman
```

명령어를 실행하면 자신의 사용자명(예제는 maltman)을 출력합니다. 이번에는 소속 그룹을 표시하는 groups 명령어를 사용해봅시다.

```
$ groups ⏎
users
```

maltman 사용자는 users 그룹 소속이라는 것을 알 수 있습니다. 예제에서 출력된 그룹은 하나밖에 없지만 사용자에 따라서는 여러 그룹명이 표시됩니다.

더 해보기

id 명령어를 사용하면 whoami 명령어나 groups 명령어보다 상세한 정보를 표시합니다.

```
$ id ⏎
uid=500(maltman) gid=100(users) 그룹들=100(users)   ...(생략)
```

id 명령어를 인수 없이 실행하면 자신의 사용자 ID(사용자명), 그룹 ID(그룹명), 소

명령어 예제는 우분투에서 실행한 결과입니다.

참조 편

명령어 옵션과 인수를 확인하거나 사용 예제를 참고할 때 활용합니다.

서식

명령어 서식입니다. 서식이 복잡할 경우 자주 사용하는 서식만 표기합니다.
서식 표기는 다음과 같습니다.
[대상]　　　: 임의 지정(있어도 되고 없어도 됨)
대상1(대상2): 대상1 또는 대상2 어느 쪽도 가능
대상…　　　: 대상을 여러 개 지정 가능

경로

명령어 경로입니다. bash 내부 명령어인지, 패키지인지 표시합니다. 패키지로 설치하는 명령어 경로는 일반적인 패키지 경로를 사용합니다.

주요 옵션

유용한 옵션만 엄선해서 소개합니다.

사용 예

자주 사용하는 예제를 소개합니다.

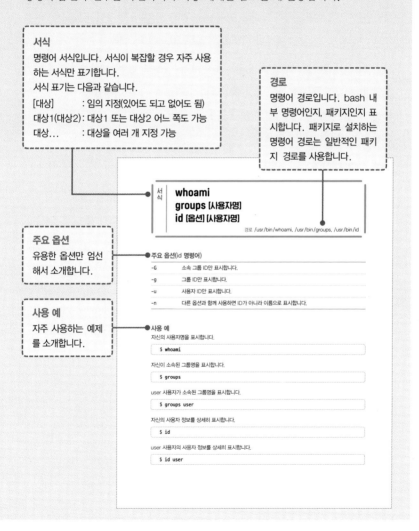

서식	**whoami** **groups [사용자명]** **id [옵션] [사용자명]**

경로 /usr/bin/whoami, /usr/bin/groups, /usr/bin/id

주요 옵션(id 명령어)

-G	소속 그룹 ID만 표시합니다.
-g	그룹 ID만 표시합니다.
-u	사용자 ID만 표시합니다.
-n	다른 옵션과 함께 사용하면 ID가 아니라 이름으로 표시합니다.

사용 예

자신의 사용자명을 표시합니다.

```
$ whoami
```

자신이 소속된 그룹명을 표시합니다.

```
$ groups
```

user 사용자가 소속된 그룹명을 표시합니다.

```
$ groups user
```

자신의 사용자 정보를 상세히 표시합니다.

```
$ id
```

user 사용자의 사용자 정보를 상세히 표시합니다.

```
$ id user
```

동작 환경

명령어는 우분투^{Ubuntu} 20.04 LTS, 우분투 20.04, 페도라^{Fedora} 31, CentOS 8, 데비안^{Debian} 10 버전에서 동작을 확인했습니다. 셸 내부 명령어는 bash를 기준으로 설명합니다. 실행 예제나 화면은 우분투 20.04 LTS 결과를 우선했습니다.

참조 편 경로 표기는 우분투 20.04, 페도라 31, CentOS 8, 데비안 10 버전 기준입니다. 우분투는 19.10 버전에서 명령어 경로가 많이 변경됐습니다. 우분투 18.04 LTS 버전이라면 명령어 대다수가 /usr/bin, /usr/sbin 디렉터리 대신에 /bin, /sbin 디렉터리에 존재합니다.

표준 설치 대상이 아닌 명령어도 일부 설명합니다. 이는 패키지를 설치하기 바랍니다. 환경 설정, 명령어 버전에 따라 동작이 달라질 수 있으니 주의하세요.

실습 환경

예제는 maltman 사용자를 중심으로 설명합니다. maltman 사용자 ID, 사용자명, 그룹, 홈 디렉터리 관련 정보는 [표 1]에 정리했습니다. 그리고 우분투 20.04 LTS 버전이 설치된 cask.example.com이라는 컴퓨터에 maltman으로 로그인해서 작업한다고 가정합니다(표 2). 이런 고유 정보를 각자 상황에 맞게 바꿔서 실습하기 바랍니다.

표 1 사용자 maltman 프로퍼티

사용자명	maltman
사용자 ID	500
풀네임	Super Maltman
홈 디렉터리	/home/maltman
소속그룹	users
그룹 ID	100
프라이머리 그룹	users

표 2 사용하는 컴퓨터

호스트명	cask.example.com
배포판	Ubuntu 20.04 LTS

보통은 홈 디렉터리에 훨씬 많은 파일과 디렉터리가 존재하지만 이 책에서는 설명하기 쉽도록 홈 디렉터리 아래에 일부 설정 파일만 존재하고 디렉터리는 하나도 없다고 가정합니다. 사용하는 배포판이나 버전 차이로 예제 결과와 다른 실행 결과가 나올 수 있으나 세세한 차이보다는 어떤 부분이 중요한지 설명하는 내용을 기준으로 읽어나가기를 바랍니다.

예제 소스

이 책에서 소개한 예제의 소스 파일은 다음 사이트에서 다운로드할 수 있습니다.

- https://www.hanbit.co.kr/src/10451

목차

Chapter 01 리눅스 기본 조작법

목차

Chapter 04 사용자·시스템 정보 표시, 변경하기

파일 다루기 고급 편

Chapter

10 파일 시스템 능숙하게 다루기

Chapter

11 패키지 설치하기

Chapter 01

리눅스 기본 조작법

 로그인

리눅스Linux를 비롯한 유닉스UNIX 계열 OS는 여러 사용자가 동시에 하나의 컴퓨터를 사용할 수 있습니다. 따라서 사용자는 컴퓨터를 사용하기 전에 앞으로 사용하는 사람이 누구인지 컴퓨터에 알려줘야 합니다. 이렇게 컴퓨터를 사용 가능한 상태로 만드는 절차가 **로그인**login입니다.

로그인을 하려면 컴퓨터에서 사용할 이름에 해당하는 **사용자명**username과 본인임을 인증하는 **암호**password를 입력합니다. 사용자명과 암호는 개인 컴퓨터라면 리눅스를 설치할 때 설정하고 관리자가 따로 있는 컴퓨터라면 관리자가 대신해서 사용자명과 암호를 생성합니다.

사용자명과 암호는 [그림 1-1]처럼 **GUI**Graphical User Interface 입력창에 입력합니다.[1]

① 사용자명 클릭

② 암호를 입력하고 엔터

그림 1-1 로그인 입력창

환경이나 설정에 따라 다음처럼 문자만 있는 화면에서 입력할 때도 있습니다.[2]

```
login: maltman ⏎        ← 사용자명 입력
Password:                ← 암호 입력
```

1　로그인 입력창 화면은 사용하는 OS에 따라 다릅니다. 또는 자동 로그인을 설정해서 그냥 넘어가기도 합니다.
2　컴퓨터가 정상적으로 시작되지 않으면 이런 로그인 화면이 표시될 수 있습니다.

데스크톱 기본 조작

컴퓨터에 로그인하면 [그림 1-2]처럼 GUI 데스크톱이 표시됩니다.[3]

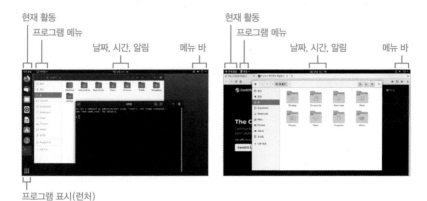

(a) 우분투 데스크톱 화면 예   (b) CentOS 데스크톱 화면 예

그림 1-2 데스크톱 화면

메뉴나 아이콘으로 프로그램을 실행하거나 시스템을 설정하는 방법은 윈도우나 맥 OS와 비슷해서 익히기 쉽습니다. 그러면 데스크톱 각 부분을 알아보겠습니다.

- **현재 활동**
  컴퓨터의 다양한 정보에 간편하게 접근할 수 있는 창을 표시합니다. [프로그램 표시]나 파일 검색 바 등이 있습니다.

- **프로그램 메뉴**
  클릭하면 활성화된(선택된) 프로그램 메뉴를 표시합니다.

- **날짜, 시간, 알림**
  화면에 표시된 시계를 클릭하면 현재 시각, 달력, 일정 관리, 새로운 알림 등을 표시합니다.

---

3   사용자 환경에 따라 다르므로 그림과 같은 GUI가 표시되지 않는 환경이라면 다음 절을 참고하세요.

- 메뉴 바

  소리, 네트워크, 전원 관련 정보 등을 표시합니다. 로그아웃, 셧다운도 가능합니다.

- 프로그램 표시(런처)

  자주 사용하는 프로그램 단축 버튼입니다. CentOS는 [현재 활동] 화면을 실행하면 표시합니다.

텍스트·영상·오디오 파일, 인터넷, 메일, 시스템 관리 등을 다루는 애플리케이션은 [현재 활동] 화면에서 실행하거나 명령어를 입력해서 실행합니다.

명령어 입력

실제로 **명령어**command를 입력해봅시다. 사용자는 명령어로 컴퓨터에 명령을 내려서 컴퓨터를 조작하거나 정보를 얻습니다. 명령어는 [그림 1-3]과 같은 **터미널**terminal(단말) 에뮬레이터 프로그램을 실행해서 입력합니다. [4]

① [현재 활동] 화면

② 검색 바에 terminal 입력

③ [터미널] 아이콘 클릭

그림 1-3 터미널 에뮬레이터 실행[5]

---

4 로그인할 때 GUI가 표시되지 않는 환경이라면 그 상태 그대로 명령어를 입력합니다. 또한 그림과는 다르게 데스크톱 실행과 동시에 터미널 에뮬레이터가 실행되기도 하는 등 터미널 실행 방법은 조금씩 다릅니다.

5 [프로그램 표시]에 나타난 [터미널] 아이콘을 마우스 우클릭하면 [즐겨찾기에 추가] 메뉴가 나옵니다.

터미널 에뮬레이터에 다음처럼 **프롬프트**prompt 기호가 표시됩니다.

```
$                    ←── 프롬프트
```

프롬프트 기호 **$**(달러dollar)는 사용자 입력을 기다린다는 뜻으로, 사용자 환경 설정에 따라 다른 문자가 표시됩니다. 컴퓨터명이나 사용자명이 나오기도 합니다. 이 책에서는 단순히 $ 기호로 통일합니다.

시험 삼아 **pwd** 명령어를 입력해봅시다. 의미는 2장에서 설명하므로 지금은 명령어 입력을 체험하는 정도로 생각하기 바랍니다.

입력할 명령어는 실행 예제에서 굵게 표시한 부분입니다. 명령어 입력이 끝나면 ⏎ (엔터Enter 또는 리턴Return)키를 입력하세요. 앞으로 사용자가 입력할 명령어는 굵은 글자로 표기할 것입니다. 본문을 참조해서 명령어를 입력하기 바랍니다.

```
$ pwd ⏎              ←── 명령어 입력
/home/maltman        ←── 실행 결과 표시(사용자에 따라 결과가 다르다.)
$                    ←── 다음 명령어 입력 가능
```

실행 결과로 문자열이 출력됐습니다. 이런 식으로 명령어를 입력하면 컴퓨터는 어떤 동작을 하고 결과를 돌려줍니다.

 로그아웃

컴퓨터에서 하던 작업이 끝나면 끝났다고 컴퓨터에 알려줘야 합니다. 로그인한 채 컴퓨터를 방치하면 다른 사람이 멋대로 컴퓨터를 사용할지도 모르기 때문입니다.

작업을 종료하고 컴퓨터 사용을 끝내는 절차가 **로그아웃**logout입니다. 로그아웃하려 면 [그림 1-4]처럼 메뉴 바에서 [로그아웃]을 선택합니다.

① 메뉴 바 → [컴퓨터 끄기 / 로그아웃] →
[로그아웃] 클릭

② [로그아웃] 버튼을 클릭하면 바로 로그아웃된다.

그림 1-4 메뉴 바에서 로그아웃 선택하기

[그림 1-4] 같은 GUI를 사용할 수 없는 환경이라면 터미널에 logout 명령어를 입 력해서 로그아웃합니다.

```
$ logout ⏎
```

 셧다운

컴퓨터 전원을 끄려면 **셧다운**shutdown 과정을 거칩니다. 그러나 개인이 관리하지 않는 컴퓨터, 즉 회사나 학교 등에서 관리하는 컴퓨터라면 일반 사용자는 셧다운이 불가능합니다. 올바른 절차로 셧다운하지 않으면 데이터가 손상되거나 다른 컴퓨터에 악영향을 끼칠 수 있고, 컴퓨터 한 대를 여러 사용자가 동시에 사용하는데 아무나 자유롭게 컴퓨터를 꺼버리면 안 되기 때문입니다.

하지만 다른 컴퓨터와 네트워크로 연결해서 사용하는 컴퓨터(서버)가 아니라 개인용 컴퓨터라면 셧다운해도 큰 문제가 없습니다. GUI 데스크톱에서 셧다운은 [그림 1-5]처럼 메뉴 바에서 선택합니다.

① 메뉴 바 → [컴퓨터 끄기 / 로그아웃] → [컴퓨터 끄기...] 클릭

② [컴퓨터 끄기...] 버튼을 클릭하면 바로 셧다운된다.

그림 1-5 메뉴 바에서 셧다운하기

명령어로 셧다운할 때 사용하는 shutdown 명령어는 '시스템 정지, 다시 시작(316쪽)'에서 설명합니다. 또한 개인이 관리하지 않는 컴퓨터에서 shutdown 명령어를 실행하려면 **슈퍼유저**superuser(관리자) 권한이 필요합니다. su 명령어로 슈퍼유저가 되거나 일반 사용자가 임시로 슈퍼유저 권한을 사용하는 sudo 명령어로 셧다운 명령어를 실행합니다. '슈퍼유저로 변신하기(292쪽)', '다른 사용자 권한으로 명령어 실행하기(295쪽)'에서 상세히 설명합니다.

Column ● 리눅스 GUI 환경

리눅스 같은 유닉스 계열 OS에서 사용하는 GUI 환경(마우스나 그래픽을 사용해서 컴퓨터를 조작하는 환경)은 **윈도 시스템**Window System이라는 프로그램이 기반입니다.

윈도 시스템은 GUI 기본 기능을 담당합니다. 리눅스 윈도 시스템은 지금까지 X 윈도 시스템이 일반적이었지만 요즘은 그 후속인 웨이랜드Wayland로 바뀌고 있습니다. 한편 윈도 겉모습을 담당하는 프로그램은 윈도 매니저나 그래픽 셸 같은 프로그램입니다. 이런 프로그램 집합이 데스크톱 환경입니다.

데스크톱 환경에는 그놈GNOME, KDE, Xfce 등이 있습니다. [그림 1-2] 데스크톱 화면은 그놈 그래피컬 셸인 그놈 셸GNOME Shell이 윈도 시스템 위에서 동작하는 상태입니다. 다음 그림의 (a)는 KDE 윈도 매니저인 KWin 화면입니다. 그림 (b)는 예전부터 사용하던 윈도 매니저인 AfterStep입니다.

(a) KDE(KWin) 화면   (b) AfterStep 화면

이전에는 사용자가 직접 xinit 명령어나 startx 같은 명령어를 실행해서 GUI 화면에 들어갔지만 최근에는 대부분 리눅스 설치가 끝나면 바로 윈도 시스템을 실행합니다. GUI 화면 뒤에 이런 시스템이 있다는 것만 알면 됩니다.

명령어의 옵션과 인수

파일이나 디렉터리 조작, 애플리케이션 실행, 시스템 설정, 정보 표시 같은 대부분의 동작은 명령어 입력으로 가능합니다. 먼저 이 책에서 중점적으로 다루는 **명령어**가 무엇인지 조금 상세히 설명하겠습니다. 앞서 설명한 대로 명령어는 컴퓨터에 내리는 명령입니다. 이런 명령어에 옵션이나 인수를 지정해서 다양한 목적으로 사용합니다. 옵션과 인수는 다음처럼 명령어 뒤에 나열해서 지정합니다.

$ 명령어 [옵션(인수)] [옵션(인수)]...

옵션option은 명령어가 제공하는 부가 기능을 실행합니다. 명령어가 어떤 식으로 동작하는지 제어하기도 하고 결과 출력 형식을 변경하기도 합니다. 보통 옵션은 -(하이픈hyphen) 뒤에 알파벳이 따라오는 형식입니다. **인수**argument는 명령어나 옵션에 넘기는 값입니다. 입력한 값에 대응하는 명령어 실행 결과를 얻을 수 있습니다. 옵션이나 인수는 명령어마다 달라서 옵션과 인수가 없는 명령어가 있는가 하면, 수십 가지 옵션과 인수를 지정하는 명령어도 있습니다. 인수는 왼쪽에서 차례대로 제1인수(첫 번째 인수), 제2인수(두 번째 인수)와 같이 부릅니다. 이 책에서 제일 먼저 배우는 ls 명령어를 예로 들어 구체적으로 살펴봅시다. 실행한 결과가 어떤 의미인지는 우선 무시하기 바랍니다.

명령어, 옵션, 인수 사용법은 2장에서 실용 예제와 함께 상세히 살펴보겠습니다.

 **도움말**

리눅스에는 명령어 사용법을 설명하는 **도움말**^manual(매뉴얼)이 있습니다. 도움말을 참조하려면 man 명령어 인수에 알고 싶은 명령어명을 지정합니다.

    $ man **명령어명**

예를 들어 ls 명령어 도움말을 봅시다.

```
$ man ls ⏎
```

ls 명령어가 제공하는 기능, 사용 방법 개요, 지정 가능한 옵션, 인수 관련 설명이 화면에 표시됩니다. 도움말은 명령어 용법을 알고 싶거나 어떤 옵션과 인수가 있는지 찾아볼 때 이용하며 참조를 종료하려면 ⓺키를 입력합니다. man 명령어는 도움말 화면 표시에 less 명령어나 more 명령어 같은 **페이저**^pager를 사용합니다(자세한 사용법은 5장에서 설명). 또한 명령어에 --help 옵션이 있다면 해당 옵션과 함께 명령어를 실행해보기 바랍니다. 간단한 도움말을 볼 수 있습니다.

    $ **명령어명** --help

시험 삼아 ls 명령어에서 간단한 도움말을 표시해봅시다.

```
$ ls --help ⏎
```

 파일과 디렉터리의 개념

이번에는 다양한 데이터를 처리하는 데 필요한 파일과 디렉터리의 개념을 알아보겠습니다. 컴퓨터가 다루는 데이터는 텍스트, 영상, 음성, 전자 메일 등 종류가 다양하지만 리눅스는 이 모두를 **파일**^file이라는 개념으로 취급합니다. 데이터 형식이 달라도 파일이라는 추상화한 통일된 개념을 사용하면 기본 조작(삭제, 이동 등) 방법이 모두 같아져서 다루기 편리합니다.

보통은 파일을 내용이나 종류에 따라 분류, 정리해서 모아둡니다. 파일을 모아두는 장소가 **디렉터리**directory가 되며 디렉터리는 파일을 넣어두는 상자나 서랍장 같은 곳입니다. 상자 안에 상자를 넣을 수 있어서 [그림 1-6]과 같은 계층이 생기고 이런 계층 구조를 나무가 가지를 뻗는 모양(나무가 거꾸로 서 있다고 상상하기 바랍니다)에 비유해서 **트리**tree **구조**라고 부릅니다. 트리 구조가 시작하는 제일 위에 있는 디렉터리가 **루트 디렉터리**root directory입니다.

각 파일 내용을 확인, 변경하려면 해당하는 데이터 형식과 연결된 애플리케이션(오피스, 이미지 뷰어 등)을 사용하고 파일 자체를 다루려면 리눅스 명령어를 사용합니다. 파일, 디렉터리를 다루는 명령어는 2장에서 상세히 설명합니다.

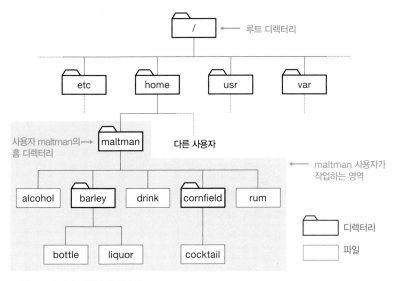

그림 1-6 파일과 디렉터리 개념도

파일과 디렉터리 위치

사용자는 반드시 트리 구조 어딘가에 존재하는 디렉터리에서 작업합니다. 특히 사용자가 지금 위치하고 있는 디렉터리를 **현재 디렉터리**current directory라고 하는데 로그인하면 **홈 디렉터리**home directory라고 부르는 개인 전용 디렉터리가 현재 디렉터리가 됩니다. 홈 디렉터리에서는 파일, 디렉터리 작성, 삭제, 이동 같은 조작이 자유로워서 일반적인 작업은 홈 디렉터리 또는 그 아래에 있는 **서브 디렉터리**sub directory를 사용합니다.

현재 디렉터리에 있는 파일과 디렉터리만 사용자가 직접 조작 가능하므로 현재 디렉터리에 없는 (외부) 파일과 디렉터리는 다음 방법으로 사용합니다.

  (a) 조작 대상이 존재하는 디렉터리로 이동하기
  (b) 조작 대상을 지정할 때 대상이 존재하는 디렉터리도 지정하기

(a), (b) 어느 방법이든 대상 파일이나 디렉터리가 트리 내부 어디에 존재하는지 알려주는 장소(디렉터리) 정보가 필요하며 이렇게 다른 장소로 향하는 길을 **패스**path(**경로**)라고 합니다. 경로 지정에는 **절대 경로**와 **상대 경로** 방식이 있습니다.

절대 경로

절대 경로absolute path는 루트 디렉터리에서 시작해서 목적지 디렉터리로 향하는 경로를 가리킵니다. 따라서 현재 디렉터리가 어디인지 관계없이 해당 파일(디렉터리)을 지정하는 경로는 동일합니다.

절대 경로를 사용해서 파일을 지정하는 방법을 살펴봅시다. 먼저 루트 디렉터리 지정 방법입니다.

  /

따라서 [그림 1-6]의 루트 디렉터리 아래에 있는 usr 디렉터리는 다음과 같이 표시합니다(그림 1-7 ①).

  /usr

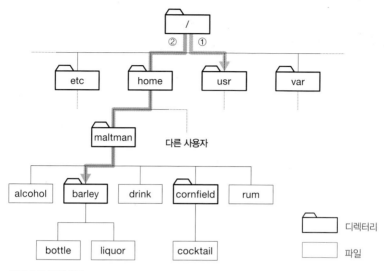

그림 1-7 절대 경로

이번에는 [그림 1-6]의 barley 디렉터리를 표시해봅시다. 루트 디렉터리에서 찾아가면 home 디렉터리 → maltman 디렉터리 → barley 디렉터리 순서가 되므로 다음처럼 표시합니다(그림 1-7 ②).

/home/maltman/barley

이렇게 디렉터리 계층은 /(슬래시slash)로 구분해서 표기합니다. 예제에서 본 barley 디렉터리 안에 있는 bottle 파일 경로는 다음과 같습니다.

/home/maltman/barley/bottle

각 사용자의 홈 디렉터리는 ~maltman처럼 ~(틸드tilde) 기호에 사용자명을 붙인 형식으로 표현합니다. /home/maltman과 ~maltman은 maltman 사용자의 홈 디렉터리를 나타내는 경로입니다. 단순히 ~를 지정하면 자신의 홈 디렉터리를 나타냅니다.

⬡ 상대 경로

상대 경로relative path는 현재 자신의 위치, 즉 현재 디렉터리에서 목적지를 향하는 경로를 나타냅니다. 따라서 현재 디렉터리가 다르면 목적 디렉터리가 같더라도 경로는 달라집니다. 예를 들어 현재 디렉터리가 **/home/maltman/barley**일 때 [그림 1–6]의 usr 디렉터리와 bottle 파일을 상대 경로로 지정해봅시다.

./../../../usr   (그림 1–8 ①)

./bottle   (그림 1–8 ②)

각각의 경로는 [그림 1–8]과 같습니다.

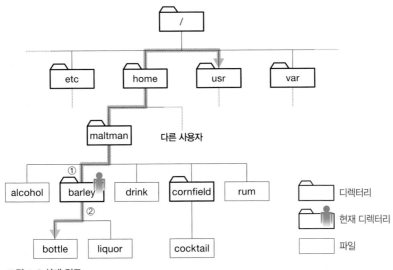

그림 1-8 상대 경로

이렇게 상대 경로를 지정하면 .(닷dot)이나 .. 같은 기호를 사용합니다. .은 현재 디렉터리를 뜻하고 ..은 1단계 위에 있는 디렉터리(**부모 디렉터리**)를 뜻합니다(./는 생략 가능).

⬡ 경로 표기

경로 표기 형식을 [표 1-1]에 정리했습니다.

표 1-1 경로 표기 형식

경로 표기 예	의미
/디렉터리/……/파일	절대 경로 표기
./파일	상대 경로 표기
파일	상대 경로 표기에서 ./를 생략한 표현

절대 경로 표기는 반드시 루트 디렉터리 /로 시작합니다. 하지만 상대 경로 표기는 현재 디렉터리가 기준이라서 ./로 시작하거나 ./를 생략합니다.

간략화 표현은 [표 1-2]에 정리했습니다.

표 1-2 간략화 표현

표현 예	의미
.	현재 디렉터리
..	부모 디렉터리
~	자신의 홈 디렉터리
~사용자명	특정 사용자 홈 디렉터리

.은 현재 디렉터리 ..은 부모 디렉터리를 뜻합니다. ~는 자신의 홈 디렉터리 **~사용자명**은 해당하는 사용자의 홈 디렉터리를 나타냅니다. 예를 들어 아이디가 `maltman`이고 현재 디렉터리가 홈 디렉터리인 `/home/maltman`이라면 홈 디렉터리에 있는 `alcohol` 파일의 경로를 표시하는 방법은 [표 1-3]처럼 다양합니다. 어떤 경로든 명령어에 사용 가능합니다.

표 1-3 alcohol 파일 표현

예	의미
/home/maltman/alcohol	절대 경로 표기
./alcohol	상대 경로 표기
alcohol	상대 경로 표기에서 ./ 생략
~/alcohol	홈 디렉터리에서 시작한 상대 경로 표기
~maltman/alcohol	특정 사용자 홈 디렉터리 기준의 상대 경로 표기

사용자, 그룹, 권한

리눅스를 비롯한 유닉스 계열 OS는 컴퓨터 한 대를 여러 사람이 동시에 로그인해서
사용할 수 있습니다. OS는 누가 로그인했는지 어떤 파일을 읽고 쓰는지 관리합니다.
OS는 사용자를 **사용자 ID**user ID라는 숫자로 관리합니다. 하지만 관리자가 사용자를
숫자로만 관리하려면 힘이 드니, 사용자 ID와 별개로 **사용자명**(유저네임, 로그인명,
로그인네임)이라는 문자열로 사용자를 관리합니다. 이렇게 컴퓨터가 관리하기 좋은
숫자와 사람이 알기 쉬운 문자열을 같이 사용하는 것은 유닉스 계통 OS에서 종종 볼
수 있는 관리 방법입니다.

또한 몇몇 사용자를 묶어서 **그룹**group으로 관리합니다. 대표적인 그룹으로 users,
adm 등이 있습니다. 사용자는 반드시 하나 이상의 그룹에 속해야 하고 사용자가 주
로 속하는 그룹은 **프라이머리 그룹**primary group이라고 합니다. 사용자가 새로 작성한
파일이나 디렉터리는 사용자가 속한 프라이머리 그룹 소속이 됩니다. 그룹에도 사용
자 ID와 마찬가지로 **그룹 ID**group ID라는 번호를 할당합니다.

이처럼 여러 사용자가 동시에 컴퓨터를 이용할 수 있는 리눅스는 파일 관리에 주의
를 기울여야 합니다. 만약 모든 사용자가 모든 파일에 접근 가능하다면 실수로 다른
사용자가 만든 파일을 삭제하거나 메일 내용을 멋대로 보는 문제가 생길 수 있습니
다. 이런 문제를 방지하려고 리눅스에는 파일이나 디렉터리마다 읽기 권한, 쓰기 권
한, 실행 권한을 설정합니다. 이런 설정을 **퍼미션**permission 또는 **권한**이라고 부릅니다.
읽기, 쓰기, 실행 권한은 파일(디렉터리)을 소유한 사용자(소유자, 오너owner), 그룹,
기타(로그인한 모든 사용자)에 따라 각각 설정합니다.

지금까지 배운 내용을 확인해봅시다. [표 1-4]에 나온 것처럼 사용자와 그룹이 존
재할 때 소유자가 maltman이고 users 그룹 소속인 beer_recipe 파일이 있다고 합
시다. [그림 1-9]처럼 maltman 사용자와 users 그룹에 소속된 maker 사용자는
beer_recipe 파일을 읽을 수 있고 users 그룹에 소속되지 않은 wine-grower 사용
자는 읽을 수 없습니다. 그리고 소유자인 maltman은 beer_recipe 파일을 편집할
수 있지만 maker나 wine-grower 사용자는 편집할 수 없습니다.

표 1-4 사용자, 소속 그룹, 프라이머리 그룹 예

사용자명	소속 그룹	프라이머리 그룹
maltman	users	users
maker	users, winary	users
wine-grower	winary	winary

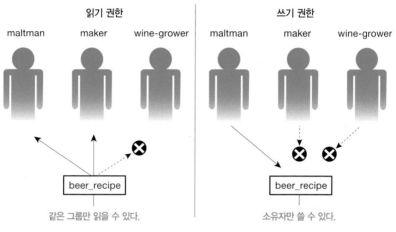

그림 1-9 파일 권한 예

이번 절에서 소개한 사용자, 그룹, 권한 관련 명령어는 5장과 8장에서 자세히 설명합니다.

## Chapter 02

파일 다루기

파일명 표시하기

ls

디렉터리 안에 있는 파일이나 디렉터리를 알아보려면 ls 명령어를 사용합니다.

 해보기

그러면 /var 디렉터리를 표시해봅시다.

```
$ ls /var ⏎
backups  crash  local  log   metrics  run   spool
cache    lib    lock   mail  opt      snap  tmp
```

ls 명령어는 인수로 지정한 디렉터리(인수가 없으면 현재 디렉터리)에 존재하는 파일과 디렉터리를 알파벳 순서로 출력합니다.[1] 위 예제는 집필 당시 환경에서 /var 디렉터리를 표시한 내용이므로 실제로 출력된 내용과 다르더라도 괜찮습니다.

더 해보기

옵션 없이 ls 명령어를 실행하면 파일, 디렉터리, 실행 파일을 구분하기 어렵습니다. 이럴 때는 -F 옵션을 사용해 구분해봅시다.

```
$ ls -F /var ⏎
backups/  crash/  local/  log/   metrics/  run@   spool/
cache/    lib/    lock@   mail/  opt/      snap/  tmp/
          ↑               ↑
        디렉터리        심볼릭 링크
```

---

1 옵션 없이 ls 명령어를 실행할 때 파일명에 색상이 표시된다면 이는 입력한 ls를 ls --clolor=auto로 치환(alias)하는 설정이 로그인할 때 적용되었기 때문입니다. 이때 명령어 앞에 \를 붙여서 \ls라고 입력하면 단순한 ls를 실행한 결과가 출력됩니다. 다른 명령어도 기대한 결과와 다르다면 치환 설정을 무효로 하는 \와 함께 명령어를 실행하세요.

ls 명령어를 -F 옵션과 함께 실행하면 분류 기호도 함께 나타나 보기 편리합니다. 다양한 분류 기호 중에서는 다음 세 종류가 대표적입니다.

표 2-1 -F 옵션으로 표시되는 분류 기호

기호	의미
/	디렉터리
@	심볼릭 링크(197쪽)
*	실행 가능 파일(183쪽)

한편 ls 명령어는 .으로 시작하는 파일이나 디렉터리를(이후 닷 파일dot file이라고 부릅니다) 보통은 표시하지 않습니다. 닷 파일을 표시하려면 -a 옵션을 붙여서 실행합니다. 일단 -a 옵션을 사용해서 현재 디렉터리(그림 2-1)를 표시해봅시다.

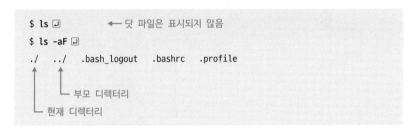

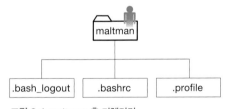

그림 2-1 maltman 홈 디렉터리

예제에서 사용자는 자신의 홈 디렉터리에 있기 때문에 인수 없이 ls 명령어를 실행하면 홈 디렉터리 안에 있는 파일과 디렉터리를 표시합니다. -a 옵션을 붙여서 실행하면 닷 파일도 함께 표시합니다. 여기서 디렉터리 .은 현재 디렉터리를 뜻하고 디렉터리 ..은 부모 디렉터리를 뜻합니다.

.bash_logout, .bashrc, .profile 같은 닷 파일은 프로그램을 시작할 때 사용하

는 설정이 담긴 중요한 파일입니다. 따라서 실수로 삭제하거나 변경하지 않도록 보통은 표시하지 않습니다. 이 파일은 bash 프로그램에서 사용하는 설정 파일로, 7장에서 상세히 설명합니다. 그리고 홈 디렉터리에는 그 외에도 다양한 닷 파일이 존재하지만 사람에 따라 다르므로 상세한 설명은 생략합니다.

각 파일(디렉터리)의 상세한 정보를 보려면 -l 옵션을 사용해서 실행합니다.

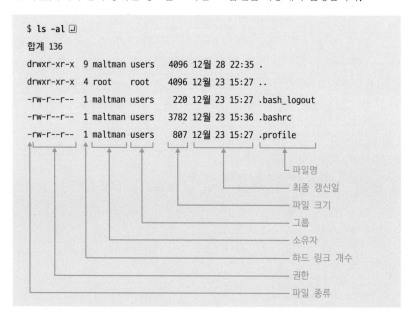

```
$ ls -al ↵
합계 136
drwxr-xr-x  9 maltman users  4096 12월 28 22:35 .
drwxr-xr-x  4 root    root   4096 12월 23 15:27 ..
-rw-r--r--  1 maltman users   220 12월 23 15:27 .bash_logout
-rw-r--r--  1 maltman users  3782 12월 23 15:36 .bashrc
-rw-r--r--  1 maltman users   807 12월 23 15:27 .profile
```

└ 파일명
최종 갱신일
파일 크기
그룹
소유자
하드 링크 개수
권한
파일 종류

표시된 각 필드 내용은 이와 같습니다. 대표적인 파일 종류로 d(디렉터리), l(심볼릭 링크), -(일반 파일)가 있습니다. 다른 필드에 관한 상세한 설명은 하드 링크는 '파일에 별명 붙이기(197쪽)', 권한은 '파일 권한 변경하기(183쪽)', 소유자와 그룹은 '파일 소유자, 소속 그룹 변경하기(180쪽)'에서 다룹니다.

ls [옵션] [디렉터리(파일)...]

경로 /usr/bin/ls

주요 옵션

-a	일반 파일(디렉터리) 외에 닷 파일도 표시합니다.
-d	디렉터리를 인수로 지정했을 때 디렉터리 내부를 표시하는 것이 아니라 다른 파일과 마찬가지로 디렉터리명을 표시합니다.
-F	분류 기호(표 2-1)를 추가해서 표시합니다.
-l	최종 갱신일이나 파일(디렉터리) 소유자, 권한 등을 표시합니다.
-t	파일(디렉터리)을 알파벳 순서가 아니라 최근에 갱신된 순서대로 나열합니다.
-R	서브 디렉터리 안에 있는 파일(디렉터리)도 모두 표시합니다.
-h	-l 옵션과 함께 지정하면 파일 크기에 맞춰 K(킬로), M(메가), G(기가)처럼 사람이 읽기 쉬운 단위로 변경해서 표시합니다.
-1	한 줄에 하나씩 표시합니다.
--color=auto	파일이나 디렉터리 종류에 따라 다른 색상으로 표시합니다.

사용 예

현재 디렉터리 안에 있는 파일을 표시합니다.

```
$ ls
```

dir 디렉터리 안에 있는 파일을 표시합니다.

```
$ ls dir
```

dir 디렉터리 안에 있는 파일 정보를 상세히 표시합니다.

```
$ ls -l dir
```

현재 디렉터리 안에 있는 파일을 분류 기호와 함께 표시합니다.

```
$ ls -F
```

현재 디렉터리 안에 있는 닷 파일도 포함해서 모두 표시합니다.

```
$ ls -a
```

디렉터리 작성하기

mkdir

디렉터리를 작성할 때는 `mkdir` 명령어를 사용합니다.

 해보기

현재 디렉터리에 malt 디렉터리를 작성해봅시다.

```
$ ls -F ⏎          ← 아무 표시도 없으면 비어 있다는 뜻
$ mkdir malt ⏎
$ ls -F ⏎
malt/
```

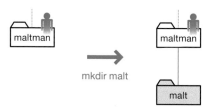

그림 2-2 현재 디렉터리에 디렉터리 만들기

`mkdir` 명령어는 인수로 지정한 이름으로 디렉터리를 작성합니다.

더 해보기

이번에는 여러 디렉터리를 한꺼번에 만들어봅시다.

```
$ ls -F ↵
malt/
$ mkdir barley wheat ↵
$ ls -lF ↵
합계 12
drwxr-xr-x 2 maltman users   4096 12월 28 15:39 barley/
drwxr-xr-x 2 maltman users   4096 12월 28 15:38 malt/
drwxr-xr-x 2 maltman users   4096 12월 28 15:39 wheat/
```

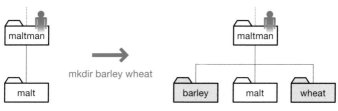

그림 2-3 여러 디렉터리 한꺼번에 만들기

이렇게 `mkdir` 명령어에 인수를 여러 개 지정해서 한꺼번에 디렉터리를 작성합니다.

mkdir [옵션] 디렉터리...

경로 /usr/bin/mkdir

주요 옵션

-m *mode*	*mode*로 지정한 권한으로 디렉터리를 작성합니다(*mode* 값 설명은 chmod 명령어 183쪽 참조).
-p	인수에 지정한 디렉터리 경로가 존재하지 않으면 그 중간에 있는 디렉터리도 포함해서 새로운 디렉터리를 작성합니다.

사용 예

dir 디렉터리를 작성합니다.

```
$ mkdir dir
```

dir1, dir2, dir3 디렉터리를 한꺼번에 작성합니다.

```
$ mkdir dir1 dir2 dir3
```

현재 디렉터리에 dir1 디렉터리가 없더라도 dir1과 그 서브 디렉터리인 dir2를 동시에 작성합니다.

```
$ mkdir -p dir1/dir2
```

파일 내용 표시하기

cat

텍스트 파일 내용을 표시하려면 cat 명령어를 사용합니다.

 해보기

홈 디렉터리에 내용 표시에 쓸 만한 파일이 없으므로 일단 텍스트 에디터를 열어서 다음과 같은 내용으로 텍스트 파일을 작성해봅시다.[2]

● liquor 파일 ●
```
Language is a type of communication protocol that emerges and develops
through a self-organizing process in a multi-agent environment. In this
paper, using a language game model, we observe
```

홈 디렉터리에 liquor 파일을 만들었으면 내용을 표시해봅시다.

```
$ ls -F ⏎
barley/   liquor   malt/   wheat/
$ cat liquor ⏎
Language is a type of communication protocol that emerges and develops
through a self-organizing process in a multi-agent environment. In this
paper, using a language game model, we observe
```

cat 명령어는 인수로 지정한 파일 내용을 표시합니다. 그리고 인수가 없으면 표준 입력(210쪽)에서 읽어온 내용을 표시합니다.

---

2 예문은 단순한 예시이므로 똑같지 않아도 됩니다. 리눅스에는 다양한 텍스트 에디터가 있지만 전통적인 에디터는 emacs(430쪽)와 vim(438쪽)입니다. 키보드만으로 조작할 수 있지만 배우기가 조금 어렵고 GUI로 사용하는 gedit 앱은 다루기가 쉽습니다. 이런 에디터는 vim, emacs, gedit 명령어로 실행 가능합니다.

더 해보기

cat 명령어 인수에 여러 파일을 지정할 수 있습니다. 이번에도 에디터로 cocktail 파일을 작성해보세요.

● cocktail **파일** ●

```
and discuss such dynamic properties of languages among communicative
agents. We regard language simply as combinations of "words" (symbols) and
"meanings" (semantics), namely vocabularies.
```

liquor 파일과 cocktail 파일을 한꺼번에 표시해봅시다.

```
$ ls -F ⏎
barley/  cocktail  liquor   malt/   wheat/
$ cat liquor cocktail ⏎
Language is a type of communication protocol that emerges and develops
through a self-organizing process in a multi-agent environment. In this
paper, using a language game model, we observe
and discuss such dynamic properties of languages among communicative agents.
We regard language simply as combinations of "words" (symbols) and "meanings"
(semantics), namely vocabularies.
```

이렇게 인수에 파일명 여러 개를 지정하면 지정한 파일 내용을 이어진 형태로 표시합니다. cat 명령어는 concatenate라는 단어에서 유래한 명령어로, 단어의 뜻처럼 파일을 **연결**합니다.

cat [옵션] [파일...]

경로 /usr/bin/cat

주요 옵션

-n	표시할 내용에 줄 번호를 추가합니다.
-b	-n 옵션처럼 줄 번호를 표시하지만 빈 줄은 셈하지 않습니다.
-A	모든 제어 문자를 표시합니다.

사용 예

file1 파일 내용을 표시합니다.

```
$ cat file1
```

file1, file2, file3 파일을 이어서 표시합니다.

```
$ cat file1 file2 file3
```

리다이렉트(212쪽)를 이용해서 file1과 file2 파일을 이어서 출력해 file3 파일로 저장합니다.

```
$ cat file1 file2 > file3
```

표준 입력(210쪽)에서 입력된 내용을 file1 파일로 저장합니다.

```
$ cat > file1
  ← 저장하고 싶은 내용 입력
Ctrl + d  ← 입력 종료
```

파일 복사하기

cp

파일을 복사하려면 cp 명령어를 사용합니다.

 해보기

현재 디렉터리에 있는 cocktail 파일을 wheat 디렉터리에 복사해봅시다.

```
$ ls -F ⏎
barley/  cocktail  liquor  malt/  wheat/
$ ls -F wheat ⏎   ← wheat 디렉터리는 비어 있으므로 아무것도 출력되지 않는다.
$ cp cocktail wheat ⏎
$ ls -F ⏎
barley/  cocktail  liquor  malt/  wheat/
$ ls -F wheat ⏎
cocktail
```

그림 2-4 cocktail 파일을 wheat 디렉터리에 복사하기

cp 명령어는 첫 번째 인수로 지정한 파일을 두 번째 인수로 지정한 디렉터리에 복사합니다.

 더 해보기

여러 파일을 한꺼번에 디렉터리에 복사해봅시다. 이번에는 현재 디렉터리에 있는

liquor 파일과 cocktail 파일을 malt 디렉터리에 복사합니다.

```
$ ls -F ⏎
barley/  cocktail  liquor  malt/  wheat/
$ ls -F malt ⏎        ←── malt디렉터리는 비어 있으므로 아무것도 출력되지 않는다.
$ cp liquor cocktail malt ⏎
$ ls -F malt ⏎
cocktail  liquor
```

cp liquor cocktail malt

그림 2-5 여러 파일을 한꺼번에 복사하기

cp 명령어 인수가 3개 이상이면 마지막 인수로 지정한 디렉터리에 그 앞에 인수로
지정한 모든 파일을 복사합니다. 잘못해서 덮어쓰는 것을 방지하려면 -i 옵션을 사
용합니다. liquor 파일을 복사했던 malt 디렉터리에 다시 liquor 파일을 복사해봅
시다.

```
$ ls -F ⏎
barley/  cocktail  liquor  malt/  wheat/
$ ls -l malt ⏎
합계 8
-rw-r--r-- 1 maltman users 189 11월 12 03:37 cocktail
-rw-r--r-- 1 maltman users 190 11월 12 03:37 liquor
$ cp -i liquor malt ⏎
cp: 'malt/liquor'를 덮어쏠까요?  n ⏎
              └── 덮어쏠 것인지 물어보면 n(no를 의미)을 입력한다.
$ ls -l malt ⏎
합계 8
```

```
-rw-r--r-- 1 maltman users 189 11월 12 03:37 cocktail
-rw-r--r-- 1 maltman users 190 11월 12 03:37 liquor
```
날짜가 바뀌지 않았으므로 파일은
그대로다(덮어쓰기가 되지 않음).

```
$ cp liquor malt ⏎
$ ls -l malt ⏎
합계 8
-rw-r--r-- 1 maltman users 189 11월 12 03:37 cocktail
-rw-r--r-- 1 maltman users 190 11월 12 03:41 liquor
```
덮어써서 날짜가 바뀌었다.

-i 옵션을 지정하면 정말로 실행할지 확인하는 메시지가 나타납니다. 잘못해서 중복된 파일을 지정했다면 이때 취소 가능합니다. cp 명령어가 덮어쓰기 확인을 요구하면 y 또는 n을 입력하고 ⏎키를 누릅니다. y는 Yes라는 의미로 덮어쓰기 한다는 뜻이고 n은 No라는 의미로 덮어쓰지 않습니다. 실수 방지를 위해 cp 명령어를 실행할 때 늘 -i 옵션을 사용하면 좋습니다.

디렉터리를 통째로 복사하려면 -r 옵션을 사용합니다. cp 명령어를 이 옵션 없이 실행하면 디렉터리는 복사 대상에 포함되지 않습니다. 그러면 barley 디렉터리를 malt 디렉터리에 복사해봅시다.

```
$ ls -F ⏎
barley/  cocktail  liquor  malt/  wheat/
$ ls -F malt ⏎
cocktail  liquor
$ cp barley malt ⏎
cp: -r not specified; omitting directory 'barley'  ◀ -r 옵션이 없어서 디렉터리
                                                      를 복사하지 않는다는 에러
                                                      메시지다.
$ ls -F malt ⏎
cocktail  liquor          ◀─ barley 디렉터리는 복사되지 않는다.
$ cp -r barley malt ⏎
$ ls -F malt ⏎
barley/  cocktail  liquor  ◀ -r 옵션을 사용해서 barley 디렉터리가
                              malt 디렉터리에 복사됐다.
```

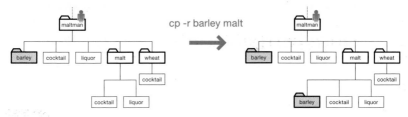

그림 2-6 디렉터리를 통째로 복사

예제처럼 옵션 없이 실행하면 barley 디렉터리가 복사되지 않지만 -r 옵션을 사용하면 디렉터리도 문제없이 복사합니다. 이렇게 -r 옵션으로 디렉터리를 통째로(내부에 디렉터리나 파일이 있으면 그것도 포함해서) 복사할 수 있습니다. 복사 대상 파일이름을 변경하는 방법은 '파일명 변경하기(59쪽)'에서 소개합니다.

cp [옵션] 복사원본파일(디렉터리)... 복사대상디렉터리

경로 /usr/bin/cp

주요 옵션

-i	같은 이름의 파일이 있으면 덮어쓰기 여부를 확인합니다.
-f	-i 옵션과는 반대로 사용자 확인 없이 모두 덮어쓰기합니다.
-r	디렉터리째 복사합니다.
-d	심볼릭 링크와 하드 링크를 그대로 링크로 복사합니다.
-p	날짜, 플래그 같은 파일 정보를 가능한 한 그대로 복사합니다.
-v	복사 중에 복사 원본 파일과 복사 대상 파일 이름을 표시합니다.
-a	복사 원본 파일 구성과 속성을 가능한 한 그대로 유지해서 복사합니다.
-u	같은 이름의 파일이 있으면 복사 원본 파일이 복사 대상 파일보다 새로운 파일일 때만 복사합니다.

사용 예

file 파일을 dir 디렉터리에 복사합니다.

```
$ cp file dir
```

file1, file2, file3 파일을 한꺼번에 dir 디렉터리에 복사합니다.

```
$ cp file1 file2 file3 dir
```

dir1 디렉터리를 통째로 dir 디렉터리에 복사합니다.

```
$ cp -r dir1 dir
```

자주 사용하는 단축어(alias)

- cp -i

파일 이동하기

mv

파일(디렉터리)을 이동하려면 mv 명령어를 사용합니다. 명령어 서식은 cp 명령어와 거의 같습니다

 해보기

현재 디렉터리에 있는 cocktail 파일을 barley 디렉터리로 옮겨봅시다.

```
$ ls -F ⏎
barley/  cocktail  liquor  malt/  wheat/
$ ls -F barley ⏎    ← barley 디렉터리는 비어 있으므로 아무것도 표시되지 않는다.
$ mv cocktail barley ⏎
$ ls -F ⏎
barley/  liquor  malt/  wheat/    ← cocktail 파일이 사라졌다.
$ ls -F barley ⏎
cocktail              ← cocktail 파일은 barley 디렉터리로 이동됐다.
```

그림 2-7 cocktail 파일을 barley 디렉터리로 이동

mv 명령어 서식은 cp 명령어와 무척 비슷하며 첫 번째 인수로 지정한 파일(디렉터리)을 두 번째 인수로 지정한 디렉터리로 옮깁니다. 다만 cp 명령어와는 다르게 복사가 아니라 이동이므로 원본 파일인 cocktail은 현재 디렉터리에서 사라진다는 점에 주의하기 바랍니다.

더 해보기

여러 파일을 한꺼번에 이동시킬 수 있습니다. 이번에는 현재 디렉터리에 있는 liquor 파일과 malt 디렉터리를 barley 디렉터리로 옮겨봅시다.

```
$ ls -F ↵
barley/  liquor  malt/  wheat/
$ ls -F barley ↵
cocktail
$ mv liquor malt barley ↵
$ ls -F ↵
barley/  wheat/
$ ls -F barley ↵
cocktail  liquor  malt/
```

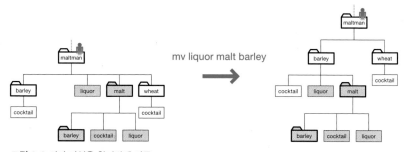

그림 2-8 여러 파일을 한꺼번에 이동

인수를 3개 이상 지정하면 마지막 인수로 지정한 디렉터리에 그 앞에 인수로 지정한 파일(디렉터리)을 모두 이동시킵니다. cp 명령어는 디렉터리를 복사할 때 -r 옵션을 지정했지만 mv 명령어는 옵션 없이 바로 디렉터리도 이동 가능합니다.

또한 mv 명령어도 cp 명령어와 마찬가지로 잘못해서 덮어쓰지 않도록 확인하는 -i 옵션이 있습니다. barley 디렉터리에 있는 cocktail 파일을 현재 디렉터리에 복사하고 cocktail 파일을 이동(덮어쓰기)해봅시다.

```
$ ls -F ⏎
barley/  wheat/
$ ls -F barley ⏎
cocktail  liquor  malt/
$ cp barley/cocktail . ⏎    ←.은 현재 디렉터리를 가리킨다.
$ ls -F ⏎
barley/  cocktail  wheat/
$ mv -i barley/cocktail . ⏎
mv: './cocktail'를 덮어쓸까요? n ⏎
                  └덮어쓰기 확인
$ ls -F barley ⏎
cocktail  liquor  malt/    ←n을 입력해서 취소했으므로 cocktail 파일이 남아 있다.
$ mv barley/cocktail . ⏎
$ ls -F barley ⏎
liquor  malt/    ←cocktail 파일은 이동해서 barley 디렉터리에 이제 존재하지 않는다.
$ ls -F ⏎
barley/  cocktail  wheat/
```

그림 2-9 cocktail 파일을 덮어쓰기로 이동

-i 옵션은 cp 명령어와 동일합니다. 예제에서 -i 옵션 없이 mv 명령어를 실행하면 cocktail 파일은 덮어쓰기로 이동합니다.

mv [옵션] 이동원본파일(디렉터리)... 이동대상디렉터리

경로 /usr/bin/mv

주요 옵션

-i	같은 이름의 파일이 있으면 덮어쓰기 여부를 확인합니다.
-f	-i 옵션과는 반대로 사용자 확인 없이 모두 덮어쓰기합니다.
-v	이동 중에 원본 파일과 대상 파일 이름을 표시합니다.
-b	파일을 덮어쓰기할 때 파일명 끝에 ∼가 붙은 백업 파일을 작성합니다.
-u	같은 이름의 파일이 있으면 원본 파일이 대상 파일보다 새로운 파일일 때만 이동합니다.

사용 예

file 파일을 dir 디렉터리로 옮깁니다.

```
$ mv file dir
```

file1, file2 파일과 dir1 디렉터리를 한꺼번에 dir 디렉터리로 옮깁니다.

```
$ mv file1 file2 dir1 dir
```

자주 사용하는 단축어(alias)

- mv -i

파일명 변경하기

mv, cp

파일명(디렉터리명) 변경에는 mv 명령어를 사용합니다. mv 명령어는 파일 이동뿐만 아니라 파일명(디렉터리명) 변경도 가능합니다.

해보기

현재 디렉터리에 있는 cocktail 파일을 rum이라는 이름으로 변경해봅시다.

```
$ ls -F ⏎
barley/  cocktail  wheat/
$ cat cocktail ⏎
and discuss such dynamic properties of languages among communicative agents.
We regard language simply as combinations of "words" (symbols) and "meanings"
(semantics), namely vocabularies.
$ mv cocktail rum ⏎
$ ls -F ⏎
barley/  rum  wheat/        ← cocktail 파일이 rum으로 이름이 바뀌었다.
$ cat rum ⏎                 ← 파일 내용은 cocktail 때와 동일하다.
and discuss such dynamic properties of languages among communicative agents.
We regard language simply as combinations of "words" (symbols) and "meanings"
(semantics), namely vocabularies.
```

그림 2-10 파일명 변경

이름을 변경하려면 mv 명령어 첫 번째 인수에 변경할 원본 파일(디렉터리), 두 번째 인수에 바꿀 이름을 지정합니다. 예제에서는 cat 명령어 실행 결과가 cocktail 파일과 rum 파일이 동일하므로 단순히 파일 이름만 변했다는 것을 알 수 있습니다. 마찬가지로 디렉터리명도 변경 가능합니다. 현재 디렉터리에 있는 wheat 디렉터리를 cornfield로 이름으로 바꿔봅시다.

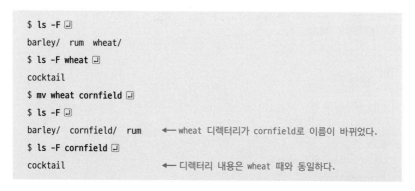

그림 2-11 디렉터리명 변경

예제에서는 ls 명령어 실행 결과가 wheat 디렉터리와 cornfield 디렉터리가 서로 동일하므로 단순히 디렉터리명만 바뀌었다는 것을 알 수 있습니다.

 더 해보기

cp 명령어로 파일이나 디렉터리를 원래와는 다른 이름으로 복사 가능합니다. cornfield 디렉터리 안에 있는 cocktail 파일을 현재 디렉터리에 alcohol이라는 이름으로 복사해봅시다.

```
$ ls -F ⏎
barley/  cornfield/  rum
$ ls -F cornfield ⏎
cocktail
$ cat cornfield/cocktail ⏎
and discuss such dynamic properties of languages among communicative agents.
We regard language simply as combinations of "words" (symbols) and "meanings"
(semantics), namely vocabularies.
$ cp cornfield/cocktail ./alcohol ⏎ ← ./ 디렉터리는 현재 디렉터리를 의미한다.
$ ls -F ⏎
alcohol  barley/  cornfield/  rum   ← 현재 디렉터리에 alcohol 파일이 늘어났다.
$ cat alcohol ⏎
and discuss such dynamic properties of languages among communicative agents.
We regard language simply as combinations of "words" (symbols) and "meanings"
(semantics), namely vocabularies.
```

그림 2-12 복사와 함께 이름 변경

예제처럼 cp 명령어의 두 번째 인수에 디렉터리명 대신 다른 파일명을 지정하면 새로운 파일을 작성합니다. cocktail 파일과 alcohol 파일에 **cat** 명령어를 실행하면 두 내용이 동일한 것을 확인할 수 있습니다.

mv 명령어도 cp 명령어처럼 이동과 동시에 파일명 변경이 가능합니다. mv 명령어를 사용해서 barley 디렉터리에 있는 liquor 파일을 drink라는 이름으로 현재 디렉터리에 이동시켜봅시다.

```
$ ls -F ↵
alcohol  barley/  cornfield/  rum
$ ls -F barley ↵
liquor  malt/
$ cat barley/liquor ↵
Language is a type of communication protocol that emerges and develops
through a self-organizing process in a multi-agent environment. In this
paper, using a language game model, we observe
$ mv barley/liquor ./drink ↵
$ ls -F ↵
alcohol  barley/  cornfield/  drink  rum
                    └── 현재 디렉터리에 drink 파일이 늘어났다.
$ ls -F barley ↵
malt/          ←── barley 디렉터리에서 liquor 파일이 사라졌다.
$ cat drink ↵  ←── drink 파일 내용은 liquor와 동일하다.
Language is a type of communication protocol that emerges and develops
through a self-organizing process in a multi-agent environment. In this
paper, using a language game model, we observe
```

그림 2-13 이동과 동시에 이름 변경

예제 결과를 보면 mv 명령어도 cp 명령어처럼 파일 이동과 동시에 두 번째 인수로
지정한 파일명으로 이름을 변경했습니다.

mv [옵션] 변경원본파일(디렉터리) 이동대상파일명(디렉터리명)
cp [옵션] 변경원본파일(디렉터리) 복사대상파일명(디렉터리명)

경로 /usr/bin/mv, /usr/bin/cp

주요 옵션

공통	
-i	같은 이름의 파일이 존재하면 덮어쓰기 여부를 사용자에게 확인합니다.
-f	-i 옵션과 반대로 사용자 확인 없이 모두 덮어씁니다.

cp 명령어	
-r	디렉터리를 통째로 복사합니다.
-p	날짜, 플래그 등 파일 정보를 가능한 한 그대로 복사합니다.

사용 예

file1 파일명을 file2로 변경합니다.

```
$ mv file1 file2
```

dir1 디렉터리에 있는 file1 파일을 dir2 디렉터리로 이동하면서 이름을 file2로 변경합니다.

```
$ mv dir1/file1 dir2/file2
```

dir1 디렉터리에 있는 file1 파일을 dir2 디렉터리로 복사하면서 이름을 file2로 변경합니다.

```
$ cp dir1/file1 dir2/file2
```

자주 사용하는 단축어(alias)

- mv -i
- cp -i

파일 삭제하기

rm

파일을 삭제하려면 rm 명령어를 사용합니다.

해보기

현재 디렉터리에 있는 alcohol 파일을 삭제해봅시다.

```
$ ls -F ↵
alcohol  barley/  cornfield/  drink  rum
$ rm alcohol ↵
$ ls -F ↵
barley/  cornfield/  drink  rum
```

rm alcohol

그림 2-14 파일 삭제

이렇게 rm 명령어는 인수로 지정한 파일을 삭제합니다.

더 해보기

이번에는 현재 디렉터리에 있는 drink, rum 파일을 한꺼번에 삭제해봅시다.

```
$ ls -F ↵
barley/  cornfield/  drink  rum
$ rm drink rum ↵
$ ls -F ↵
```

```
barley/  cornfield/
```

rm drink rum

그림 2-15 파일을 한꺼번에 삭제하기

rm 명령어 인수에는 삭제하고 싶은 파일을 여러 개 지정할 수 있습니다. 그리고 cp 명령어나 mv 명령어처럼 rm 명령어도 -i 옵션으로 삭제 여부를 확인합니다. barley 디렉터리에서 cocktail 파일을 현재 디렉터리로 복사해서 시험해봅시다.

```
$ ls -F ⏎
barley/  cornfield/
$ ls -F cornfield ⏎
cocktail
$ cp cornfield/cocktail . ⏎
$ ls -F ⏎
barley/  cocktail  cornfield/
$ rm -i cocktail ⏎
rm: 일반 파일 'cocktail'을 제거할까요? y  ◀── 정말로 삭제할지 확인한다.
                                            y를 입력해 삭제
$ ls -F ⏎
barley/  cornfield/
```

예제처럼 -i 옵션을 사용하면 cocktail 파일을 삭제할 때 확인을 요청합니다. 예제에서는 y를 입력했으므로 파일이 삭제됩니다. 파일이 삭제되고 나면 다시 되돌릴 수 없으므로 cp 명령어나 mv 명령어와 마찬가지로 rm 명령어도 늘 -i 옵션을 함께 사용하는 것을 추천합니다.

서식

rm [옵션] 파일...

경로 /usr/bin/rm

주요 옵션

-i	삭제 여부를 사용자에게 확인합니다.
-f	-i 옵션과 반대로 사용자 확인 없이 모두 삭제합니다.

사용 예

file 파일을 삭제합니다.

```
$ rm file
```

file1, file2, file3 파일을 한꺼번에 삭제합니다.

```
$ rm file1 file2 file3
```

자주 사용하는 단축어(alias)

- rm -i

파일 날짜 변경하기

touch

파일(디렉터리) 최종 갱신일을 변경하려면 touch 명령어를 사용합니다. **최종 갱신일**은 해당 파일을 가장 마지막으로 변경한 시각을 뜻합니다.

 해보기

현재 디렉터리에 있는 cornfield 디렉터리의 최종 갱신일을 현재 시각으로 변경해봅시다.

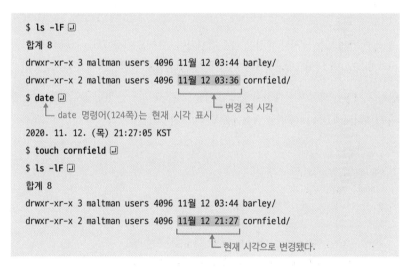

```
$ ls -lF ↵
합계 8
drwxr-xr-x 3 maltman users 4096 11월 12 03:44 barley/
drwxr-xr-x 2 maltman users 4096 11월 12 03:36 cornfield/
$ date ↵
                                              └─ 변경 전 시각
   └─ date 명령어(124쪽)는 현재 시각 표시
2020. 11. 12. (목) 21:27:05 KST
$ touch cornfield ↵
$ ls -lF ↵
합계 8
drwxr-xr-x 3 maltman users 4096 11월 12 03:44 barley/
drwxr-xr-x 2 maltman users 4096 11월 12 21:27 cornfield/
                                            └─ 현재 시각으로 변경됐다.
```

옵션 없이 **touch** 명령어를 실행하면 인수로 지정한 파일(디렉터리)의 최종 갱신일이 현재 시각으로 설정됩니다(별색 부분).

 더 해보기

이번에는 현재 시각이 아니라 임의 시각으로 변경해봅시다.

```
$ ls -lF ⏎
합계 8
drwxr-xr-x 3 maltman users 4096 11월 12 03:44 barley/
drwxr-xr-x 2 maltman users 4096 11월 12 21:27 cornfield/
$ touch -t 202011010203 cornfield
       ⎣⎦⎣⎦⎣⎦⎣⎦⎣⎦
       ↑  ↑ ↑ ↑ ↑
       년도 월일시분
$ ls -lF ⏎
합계 8
drwxr-xr-x 3 maltman users 4096 11월 12 03:44 barley/
drwxr-xr-x 2 maltman users 4096 11월  1 02:03 cornfield/
                                 └─ 지정한 시각으로 변경됐다.
```

-t 옵션 뒤에 있는 날짜가 변경할 최종 갱신일이 됩니다. 예제에서는 cornfield 디렉터리가 2020년 11월 1일 2시 3분으로 설정됐습니다(시각 설정 방법은 TIP 참조).

인수로 지정한 파일이 존재하지 않으면 자동으로 크기가 0인 파일을 작성합니다. 현재 디렉터리에 bottle 파일을 작성해봅시다.

```
$ ls -F ⏎
barley/  cornfield/
$ touch bottle ⏎
$ ls -lF ⏎
합계 8
drwxr-xr-x 3 maltman users 4096 11 월 12 03:55 barley/
-rw-r--r-- 1 maltman users    0 11 월 12 21:34 bottle
drwxr-xr-x 2 maltman users 4096 11 월  1 02:03 cornfield/
```

그림 2-16 파일 크기가 0인 파일 작성하기

인수로 지정한 bottle 파일은 존재하지 않으므로 새롭게 작성됩니다. ls 명령어를
실행해보면 파일 크기가 0으로 표시되며 빈 파일임을 알 수 있습니다.

touch [옵션] [파일(디렉터리)...]

주요 옵션

-c	인수로 지정한 파일이 존재하지 않아도 새로 작성하지 않습니다.
-r *file*	최종 갱신일을 *file* 날짜에 맞춥니다.
-t *time*	최종 갱신일을 *time*으로 변경합니다.

사용 예

file 파일의 최종 갱신일을 현재 시각으로 변경합니다.

```
$ touch file
```

file 파일의 최종 갱신일을 2020년 01월 31일 23시 59분으로 변경합니다.

```
$ touch -t 202001312359 file
```

파일이 존재하지 않으면 빈 file 파일을 새롭게 작성합니다.

```
$ touch file
```

> **TIP**
>
> 시각 지정은 다음처럼 정해진 표기 방법을 사용합니다.
>
> **[[년도 앞 두 자리]년도 뒤 두 자리]월일시분[.초]**
>
> 년도는 앞의 두 자리를 생략하면 뒤의 두 자릿값에 따라 적절히 결정됩니다. 그리고 년도를 모두 생략하면 현재 년도를 사용하고 초를 생략하면 00초가 됩니다. 2020년 8월 31일 18시 27분 00초를 지정하는 방법을 몇 가지 소개합니다.
>
> - 202008311827.00
> - 2008311827.00
> - 2008311827

현재 디렉터리 표시, 변경하기

pwd, cd

현재 디렉터리를 확인하려면 pwd 명령어를 사용하고 현재 디렉터리를 변경(디렉터리 사이를 이동)하려면 cd 명령어를 사용합니다.

 해보기

현재 디렉터리가 홈 디렉터리인지 확인하고 현재 디렉터리 안에 있는 barley 디렉터리로 이동해봅시다.

```
$ pwd ⏎          ◀── 현재 디렉터리 표시
/home/maltman
$ ls -F ⏎
barley/  bottle  cornfield/
$ cd barley ⏎
$ pwd ⏎          ◀── 현재 디렉터리 표시
/home/maltman/barley
```

그림 2-17 디렉터리 이동

예제에서는 우선 **pwd** 명령어로 현재 디렉터리를 표시했습니다. **pwd** 명령어는 현재 디렉터리를 절대 경로로 나타냅니다. 그러고 나서 **cd** 명령어로 홈 디렉터리 안에 있는 barley 디렉터리로 이동했습니다. **pwd** 명령어를 실행해서 문제없이 이동한 것도 확인했습니다.

 **더 해보기**

홈 디렉터리로 되돌아가려면 인수 없이 cd 명령어를 실행합니다.

```
$ pwd ↵
/home/maltman/barley
$ cd ↵
$ pwd ↵
/home/maltman
```

그림 2-18 홈 디렉터리로 이동

예제처럼 cd 명령어를 인수 없이 실행하면 홈 디렉터리로 이동합니다. 홈 디렉터리를 뜻하는 특수한 표현으로 ~가 있습니다. 이번에는 barley로 이동하고 나서 cornfield 디렉터리로 이동해봅시다.

```
$ pwd ↵
/home/maltman
$ ls -F ↵
barley/  bottle  cornfield/
$ cd barley ↵
$ pwd ↵
/home/maltman/barley
$ cd ~/cornfield ↵       ←— ~는 홈 디렉터리를 뜻한다.
$ pwd ↵
/home/maltman/cornfield
$ cd ↵
$ pwd ↵
/home/maltman
```

예제에서는 barley 디렉터리에서 cornfield 디렉터리로 이동할 때 홈 디렉터리를 뜻하는 ~를 써서 간략한 절대 경로 표기를 사용했습니다. pwd 명령어 실행 결과로 cd 명령어를 실행할 때마다 현재 디렉터리가 변한 것을 알 수 있습니다. 또한 ~는 cd 명령어 전용이 아니라 다른 명령어에서도 사용 가능한 일반적인 표기법입니다.

서식	**pwd** **cd [디렉터리명]**

경로 /usr/bin/pwd, 셸 내부 명령어(cd)

사용 예

현재 디렉터리를 표시합니다.

```
$ pwd
```

dir 디렉터리로 이동합니다.

```
$ cd dir
```

홈 디렉터리로 이동합니다.

```
$ cd
```

TIP

cd 명령어를 인수 없이 실행하면 환경 변수 HOME(245쪽)에 지정한 디렉터리로 이동합니다. 즉, cd 명령어를 인수 없이 실행했을 때 홈 디렉터리로 돌아간 것은 환경 변수 HOME이 현재 사용자의 홈 디렉터리로 설정되어 있기 때문입니다.

디렉터리 삭제하기

rmdir, rm

디렉터리를 삭제하려면 rmdir 명령어를 사용합니다. 또한 rm 명령어도 특정 옵션을 지정하면 디렉터리를 삭제할 수 있습니다.

 해보기

그러면 barley/malt/barley 디렉터리를 삭제해봅시다.

```
$ pwd ↵
/home/maltman
$ ls -F ↵
barley/  bottle  cornfield/
$ ls -F barley ↵
malt/
$ ls -F barley/malt ↵
barley/  cocktail  liquor
$ ls -F barley/malt/barley ↵       ← barley/malt/barley 디렉터리는 비어 있다.
$ rmdir barley/malt/barley ↵       ← barley/malt/barley 디렉터리 삭제
$ ls -F barley/malt ↵
cocktail  liquor                   ← barley/malt/barley 디렉터리가 삭제됐다.
```

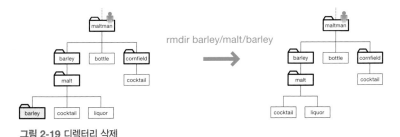

그림 2-19 디렉터리 삭제

예제처럼 `rmdir` 명령어를 실행하면 barley/malt/barley 디렉터리가 삭제됩니다.

 더 해보기

이번에는 디렉터리 barley를 삭제해봅시다.

```
$ ls -F ⏎
barley/  bottle  cornfield/
$ rmdir barley
rmdir: failed to remove 'barley': 디렉터리가 비어있지 않음
$ ls -F ⏎
barley/  bottle  cornfield/          ←─ barley 디렉터리가 남아 있다.
```

디렉터리가 비어 있지 않다는 에러 메시지가 출력됐습니다. 이렇게 `rmdir` 명령어는 비어 있는 디렉터리만 삭제합니다. 비어 있지 않은 디렉터리를 통째로 삭제하려면 `rm` 명령어에 `-r` 옵션을 붙여서 실행합니다. 이때 단축어(239쪽)로 `rm` 명령어를 `rm -i`로 치환했다면 디렉터리 내부에 있는 파일마다 삭제 확인을 요청할 것입니다. 확인할 필요가 없다면 `-f` 옵션을 명시적으로 지정하는 것이 좋습니다. 그러면 `rm` 명령어와 `-r` 옵션을 함께 실행해서 홈 디렉터리에 있는 barley 디렉터리를 삭제해봅시다.

```
$ ls -F ⏎
barley/  bottle  cornfield/
$ rm -rf barley ⏎
$ ls -F ⏎
bottle  cornfield/
```

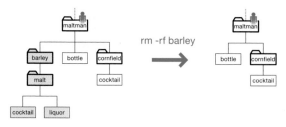

그림 2-20 디렉터리를 통째로 삭제하기

이렇게 rm 명령어에 -r 옵션을 붙여서 사용하면 비어 있지 않은 디렉터리도 통째로 삭제됩니다.

rmdir [옵션] 디렉터리...
rm -r [기타옵션] 디렉터리...

경로 /usr/bin/rmdir, /usr/bin/rm

주요 옵션(rmdir 명령어)

-p   인수로 지정한 디렉터리 경로가 존재하면 그 중간 디렉터리도 포함해서 디렉터리를 삭제합니다.

주요 옵션(rm 명령어)

-r   인수로 지정한 디렉터리를 통째로 삭제합니다.

-i   삭제할 때 사용자 확인을 요청합니다.

-f   -i 옵션과는 반대로 사용자 확인 없이 모두 삭제합니다.

사용 예

비어 있는 dir 디렉터리를 삭제합니다.

```
$ rmdir dir
```

dir 디렉터리를 통째로 삭제합니다.

```
$ rm -rf dir
```

자주 사용하는 단축어(alias)

- rm -i

프로그램이 존재하는 경로 표시하기

which, whereis

명령어를 입력해서 실행하는 프로그램이 어디에 있는지 알고 싶을 때 which 명령어를 사용합니다. whereis 명령어를 사용하면 실행 파일 외에도 프로그램 관련 파일이 어디에 있는지 알 수 있습니다.

 해보기

crontab 명령어를 입력했을 때 어디에 있는 프로그램이 실행되는지 which 명령어로 확인해봅시다.

```
$ which crontab ⏎
/usr/bin/crontab
```

crontab 프로그램은 /usr/bin 디렉터리에 있습니다.

더 해보기

crontab 명령어 관련 파일이 어디에 있는지 확인해봅시다.

```
$ whereis crontab ⏎
crontab: /usr/bin/crontab /etc/crontab
/usr/share/man/man5/crontab.5.gz /usr/share/man/man1/crontab.1.gz
```

실행 결과를 보면 crontab 프로그램 및 설정 파일은 /usr/bin/crontab, /etc/crontab에 있고 crontab 명령어 도움말은 /usr/share/man/man5/crontab.5.gz, /usr/share/man/man1/crontab.1.gz에 있습니다.

whereis 명령어는 인수로 지정한 프로그램이 존재하는 경로, 프로그램 도움말이 존재하는 경로, 프로그램 소스 파일 디렉터리가 존재하는 경로를 조사합니다. 명시적으로 지정하지 않으면 다음과 같은 경로를 대상으로 검색합니다.

- 프로그램 검색   시스템 표준 경로와 환경 변수 PATH
- 도움말 검색   환경 변수 MANPATH
- 소스 파일 디렉터리 검색   시스템 표준 경로

시스템 표준 경로는 /bin, /sbin 등과 같은 디렉터리입니다. 상세한 내용은 `whereis` 명령어 도움말을 참조하기 바랍니다.

which [옵션] 명령어명...
whereis [옵션] 명령어명...

경로 /usr/bin/which, /usr/bin/whereis

주요 옵션(which 명령어)

-a	이름이 같은 프로그램이 검색 대상 경로에 여러 개 존재하면 모두 표시합니다.

주요 옵션(whereis 명령어)

-b	프로그램(바이너리)과 설정 파일 경로만 표시합니다.
-m	도움말 경로만 표시합니다.
-s	소스 파일 디렉터리 경로만 표시합니다.
-B path	path 경로를 프로그램(바이너리) 검색에 사용합니다.
-M path	path 경로를 도움말 검색에 사용합니다.
-S path	path 경로를 소스 파일 디렉터리 검색에 사용합니다.
-f	-B, -M, -S 옵션을 사용할 때 경로 지정과 구분하도록 -f 옵션 뒤에 검색할 명령어를 지정합니다.

사용 예

ls 명령어 프로그램이 존재하는 경로를 표시합니다.

```
$ which ls
```

pwd 명령어와 관련된 파일 경로를 표시합니다.

```
$ whereis pwd
```

rm 명령어 도움말 경로만 표시합니다.

```
$ whereis -m rm
```

프로그램 검색 경로를 /bin, /usr/bin으로 지정해서 crontab 명령어 프로그램이 존재하는 경로를 표시합니다.

```
$ whereis -B /bin /usr/bin -f crontab
```

터미널 출력 내용 지우기

clear

터미널에 출력된 내용을 지우려면 clear 명령어를 사용합니다. 인수나 옵션은 없습니다. 실행하면 터미널에 출력된 내용이 사라집니다.

 해보기

예를 들어 ls 명령어에 -l 옵션을 붙여서 실행한 후 clear 명령어로 지워봅시다.

```
$ ls -l ⏎
합계 4
-rw-r--r-- 1 maltman users    0 12월 23 15:33 bottle
drwxr-xr-x 2 maltman users 4096 12월 23 15:33 cornfield
$ clear ⏎
```

예제를 실행해보면 ls -l 출력 내용이 사라지고 터미널을 실행한 첫 화면처럼 아무것도 표시되지 않은 상태가 됩니다.

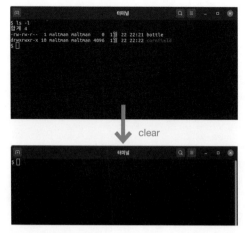

그림 2-21 출력 내용 지우기

clear

경로 /usr/bin/clear

사용 예

터미널 출력 내용을 지웁니다.

```
$ clear
```

🐟 Column⊙ 터미널 화면 스크롤

출력된 내용을 스크롤하려면 터미널 에뮬레이터 오른쪽 끝에 있는 스크롤 바를 움직이거나 Shift + Page Up 또는 Shift + Page Down 키를 사용합니다.

스크롤 바(마우스 포인터를 가져가면 표시됨)

표시 영역

## Chapter 03

프로그램 관리하기

백그라운드로 실행하기

&

GUI로 동작하는 애플리케이션 대부분은 실행하면 바로 종료되는 것이 아니라 작업이 끝날 때까지 계속 화면에 떠 있습니다. 이때 명령어를 입력한 셸(명령어 해석, 실행을 담당하는 프로그램. 228쪽)은 실행한 프로그램을 종료할 때까지 대기 상태에 들어가서 다른 명령어를 입력하지 못합니다. 그러나 명령어 끝에 &(앰퍼샌드 ampersand)를 붙여서 실행하면 해당 명령어를 실행하더라도 셸은 대기 상태가 아니라 바로 다음 명령어를 입력할 수 있는 상태가 됩니다.

 해보기

시험 삼아 xeyes 프로그램(눈동자가 마우스 포인터 방향을 바라보는 프로그램)[1]을 &를 붙여서 실행해봅시다.

```
$ xeyes & ⏎
[1] 21454
$        ← 프롬프트가 표시된다.
```

그림 3-1 xeyes 프로그램을 백그라운드 실행하기

---

1 사용하는 환경에 따라서 패키지 설치가 필요합니다. 패키지 설치 방법은 11장을 참고하기 바랍니다. 우분투, 데비안은 x11-apps 패키지를 CentOS, 페도라는 xorg-x11-apps 패키지를 설치하세요.

예제처럼 셸이 프로그램 종료를 기다리지 않고 바로 다음 명령어를 입력받는 상태가 될 때 실행한 프로그램은 **백그라운드**background로 실행됩니다. 반대로 다음 명령어를 입력할 수 없는 상태라면 프로그램은 **포그라운드**foreground로 실행됩니다.

xeyes 프로그램을 실행했을 때 표시된 [1]은 작업job 번호, 21454는 **프로세스 ID**process ID라고 부릅니다(프로세스와 작업은 94쪽 칼럼 참조). 이 번호는 실행할 때마다 변합니다.

 더 해보기

동시에 여러 프로그램을 백그라운드로 실행할 수 있습니다. 예를 들어 xeyes 프로그램 3개를 백그라운드로 실행해봅시다.

```
$ xeyes & ⏎
[1] 21454
$ xeyes & ⏎
[2] 21699
$ xeyes & ⏎
[3] 21700
$
```

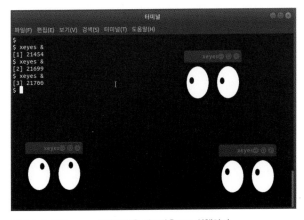

그림 3-2 여러 xeyes 프로그램을 백그라운드로 실행하기

GUI로 동작하는 프로그램은 실행한 후 바로 종료되는 것이 아니라 작업이 끝날 때까지 계속 그대로 실행되는 프로그램이 많습니다. 그러므로 포그라운드로 실행하면서 다음 명령어를 실행하려면 또 다른 터미널이 필요하지만 프로그램을 백그라운드로 실행하면 같은 셸을 다시 이용할 수 있어 편리합니다.

실행 중인 프로그램 정지, 종료하기

Ctrl + Z , Ctrl + C

일을 하다 보면 지금 하는 일을 잠시 중단하고 급히 다른 작업을 했다가 이전에 중단한 작업으로 복귀할 때가 종종 있습니다. 리눅스는 Ctrl + Z 키로 프로그램을 (일시)정지하고 정지한 프로그램에 다시 복귀할 때는 fg 명령어를 사용합니다. 작업 중인 프로그램은 Ctrl + C 키로 강제 종료할 수 있습니다.

실행 중인 프로그램 정지하기

텍스트 파일을 읽는 less 명령어(152쪽)로 cocktail 파일을 보던 도중에 작업을 일시 정지해봅시다(그림 3-3).

```
$ cd cornfield ⏎
$ less cocktail ⏎
```

(a) less 명령어를
    포그라운드로 실행

Ctrl + Z 입력

(b) less 명령어 정지

그림 3-3 실행 중인 프로그램 정지하기

[그림 3-3] (b)와 같이 less 명령어를 정지하고 셸 프롬프트를 표시합니다. 이대로 다른 작업을 하다가 정지했던 less 명령어를 재개하고 싶으면 fg 명령어를 사용합니다.[2] Ctrl + z 키는 포그라운드로 실행 중인 프로그램에 정지 신호를 보냅니다 (STOP 시그널 108쪽 참고).

실행 중인 프로그램 종료하기

이번에는 xeyes 프로그램을 실행해서 Ctrl + c 키로 종료해봅시다(그림 3-4).

```
$ xeyes ⏎
```

(a) xeyes를 포그라운드로 실행

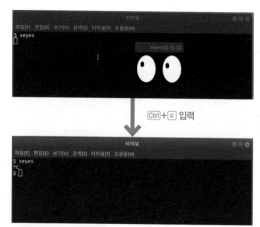

Ctrl + c 입력

(b) xeyes 강제 종료

그림 3-4 실행 중인 프로그램 강제 종료하기

[그림 3-4] (b)처럼 Ctrl + c 키로 프로그램을 강제 종료할 수 있습니다. Ctrl + c 키는 포그라운드로 실행 중인 프로그램에 INT 신호(109쪽)를 보내서 끼어들기interrupt 합니다. 일반적인 프로그램은 INT 신호를 받으면 프로그램을 강제 종료합니다. 프로그램에 따라서는 Ctrl + c 키가 먹히지 않을 때가 있는데 그럴 때는 뒤에서 설명하는 kill 명령어(106쪽), jobs 명령어(91쪽), ps 명령어(102쪽)를 활용합니다.

---

2 less 명령어는 q 키를 누르면 종료합니다.

실행 중인 프로그램 표시하기

jobs

백그라운드로 실행 중인 프로그램이나 Ctrl+z 키 등으로 정지한 프로그램 작업 번호가 기억나지 않으면 jobs 명령어로 작업 목록을 표시해서 확인합니다.

 해보기

xeyes 프로그램을 백그라운드로 실행해서 jobs 명령어를 사용해봅시다.

출력된 예제 결과의 [1]은 작업 번호, +는 현재 작업이라는 표시, '실행 중'은 작업 상태, 'xeyes'는 실행된 작업을 뜻합니다. **현재 작업**은 정지 상태인 작업 중에서 가장 최근에 정지된 작업 또는 가장 최근에 실행된 작업을 뜻하며 **%%** 또는 **%+**로 표시합니다. 그 직전까지 현재 작업이었던 것은 **이전 작업**이라고 부르며 **%-**로 표시합니다.

더 해보기

이번에는 작업 번호를 사용해서 여러 작업을 유연하게 관리해봅시다. 예를 들어 xeyes 프로그램 2개를 백그라운드로 실행했다고 합시다. jobs 명령어 인수에 작업 번호를 지정하면 해당하는 작업 번호에 관련된 정보만 출력합니다.

```
$ xeyes & ↵
[1] 1276
$ xeyes & ↵
[2] 1277
$ jobs ↵
[1]-  실행 중                 xeyes &
[2]+  실행 중                 xeyes &
$ jobs %1 ↵              ← 작업 번호 1 정보만 표시
[1]-  실행 중                 xeyes &
$
```

예제에서 인수에 **%1**을 지정해서 작업 번호 1 정보만 확인했습니다. 인수에 지정하는
작업 번호는 동시에 여러 개를 지정할 수 있습니다. xeyes 프로그램을 백그라운드
로 3개 실행해서 현재 작업과 작업 번호 2 정보만 표시해봅시다.

```
$ xeyes & ↵
[1] 5488
$ xeyes & ↵
[2] 5489
$ xeyes & ↵
[3] 5490
$ jobs %% %2 ↵           ← 현재 작업과 작업 번호 2 정보 표시
[3]+  실행 중                 xeyes &
[2]-  실행 중                 xeyes &
$
```

작업 번호는 작업을 관리하는 **fg** 명령어(95쪽), **bg** 명령어(98쪽), **kill** 명령어(106
쪽)에서도 사용하므로 지정하는 방법을 잘 기억해두기 바랍니다.

jobs [옵션] [작업번호...]

주요 옵션

-l	프로세스 ID를 표시합니다.
-p	작업 그룹 리더group leader(작업을 구성하는 여러 프로세스 중에서 제일 처음 입력한 명령어로 실행한 프로세스)의 프로세스 ID만 표시합니다.

작업 번호 지정

현재 작업	%%, %+
이전 작업	%−
n번 작업	%n
명령어명이 string으로 시작하는 작업	%string
명령어명에 string이 포함된 작업	%?string

사용 예

jobs 명령어를 실행한 셀이 제어하는 작업 정보를 표시합니다.

```
$ jobs
```

작업 번호 1과 3의 작업 정보를 표시합니다.

```
$ jobs %1 %3
```

현재 작업 정보를 표시합니다.

```
$ jobs %%
$ jobs %+
```

이전 작업 정보를 표시합니다.

```
$ jobs %-
```

명령어명이 ca로 시작하는 작업을 표시합니다.

```
$ jobs %ca
```

명령어명에 ls가 포함된 작업을 표시합니다.

```
$ jobs %?ls
```

> **Column** 🐟 **프로세스와 작업**

3장에서는 실행 중인 프로그램을 관리하는 단위로 프로세스와 작업을 다루었습니다. 이 둘은 모두 실행 중인 프로그램 실체를 가리키지만 프로세스는 OS(리눅스) 자체가 관리하는 프로그램 실행 단위, 작업은 bash를 비롯한 셸이 관리하는 프로그램 실행 단위라는 점이 다릅니다. 따라서 프로세스 ID는 모든 셸에서 참조할 수 있으나 작업 번호는 명령어를 입력한 셸에서만 참조 가능합니다.

그런데 일반적으로 명령어를 입력해서 프로그램을 실행하면 하나의 프로세스로 실행되므로 프로세스와 작업은 일치합니다. 이때 각각에 할당된 번호인 프로세스 ID와 작업 번호만 서로 다를 뿐입니다. 양쪽이 실제로 달라지는 경우는 ¦(파이프pipe, 216쪽)를 사용해서 여러 프로그램을 조합해 실행할 때입니다. 예를 들어(보통은 이렇게 사용하지 않습니다) 다음처럼 파이프로 여러 프로그램을 조합해서 백그라운드로 실행한다고 합시다. 이 상태에서 jobs 명령어에 -l 옵션을 지정해서 실행하고 실행 중인 프로그램의 프로세스 ID와 작업 번호를 확인해봅시다.

```
$ cat cocktail ¦ less & ↵
[1] 1807
$
[1]+  정지됨                 cat cocktail ¦ less
$ jobs -l ↵
[1]+  1806 완료                cat cocktail
      1807 정지됨(tty 출력)    ¦ less
```

jobs 명령어 결과에서 알 수 있듯이 cat 명령어와 less 명령어는 프로세스 ID가 따로 할당되고 양쪽을 합쳐서 하나의 작업 번호가 붙었습니다. 즉, 작업은 하나 또는 여러 개의 프로세스 ID로 구성됩니다. 또한 이 예제에서는 cat 명령어가 그룹 리더입니다.

포그라운드로 실행하기

fg

&를 붙여서 백그라운드로 실행한 프로그램을 포그라운드로 실행하거나 Ctrl+z 키로 일시 정지한 프로그램을 재개할 때 fg 명령어를 사용합니다.

 해보기

xeyes 프로그램을 백그라운드로 실행한 후 fg 명령어로 포그라운드로 전환해봅시다.

```
$ xeyes & ↵
[1] 22418
$ fg ↵
xeyes
```

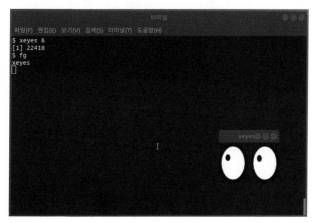

그림 3-5 xeyes 프로그램을 포그라운드로 전환하기

xeyes 프로그램이 포그라운드로 실행되면 셸은 대기 상태에 들어가서 키보드 입력을 받지 않습니다.

더 해보기

앞에서도 설명했지만 Ctrl + Z 키로 일시 정지한 프로그램은 fg 명령어를 실행해서
정지한 이전 상태로 복귀합니다. 이 명령어는 상황에 따라 무척 편리합니다. 예를 들
어 less 명령어로 states라는 꽤 긴 텍스트 파일을 읽던 도중에 Ctrl + Z 키로 일시
정지하고 fg 명령어로 재개해봅시다.

```
$ less states ⏎
```

(a) 긴 텍스트 파일을
    less 명령어로 읽기

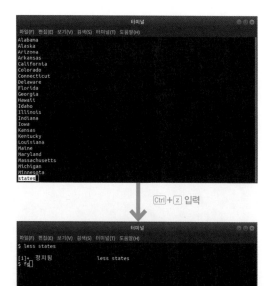

(b) Ctrl + Z로 중단,
    fg 명령어로 재개

그림 3-6 프로그램 정지와 재개

fg 명령어를 입력하면 정지하기 전에 less 명령어로 보고 있던 위치 그대로 돌아갑
니다. 이런 사용법은 작은 화면에서 여러 작업을 할 때 무척 유용합니다.

fg [작업번호]

경로 셸 내부 명령어

사용 예

현재 작업을 포그라운드로 실행합니다.

```
$ fg
```

작업 번호 2 작업을 포그라운드로 실행합니다.

```
$ fg %2
```

정지한 프로그램을 백그라운드로 재개하기

bg

Ctrl + z 키 등으로 일시 정지한 프로그램을 백그라운드로 재개하려면 bg 명령어를 사용합니다.

 해보기

xeyes 프로그램을 포그라운드로 실행한 후 Ctrl + z 키로 정지하고 다시 bg 명령어로 재개해봅시다.

```
$ xeyes ⏎
^Z                          ←── Ctrl + z 를 입력해서 일시 정지
[1]+  정지됨             xeyes
$ bg  ⏎                     ←── 백그라운드로 재개
[1]+ xeyes &
$                           ←── 셸 프롬프트가 표시된다.
```

그림 3-7 xeyes 프로그램을 백그라운드로 재개하기

fg 명령어와 다르게 재개한 프로그램이 백그라운드로 실행되므로 그대로 다른 작업이

가능합니다.

 더 해보기

bg 명령어는 작업 번호를 직접 지정할 수 있습니다. 예를 들어 xeyes 프로그램을 2개 실행하고 둘 다 중단한 상태에서 작업 하나를 bg 명령어로 재개해봅시다.

```
$ xeyes ⏎
^Z                          ←── Ctrl + Z 를 입력해서 일시 정지
[1]+  정지됨                 xeyes
$ xeyes ⏎
^Z                          ←── Ctrl + Z 를 입력해서 일시 정지
[2]+  정지됨                 xeyes
$ jobs
[1]-  정지됨                 xeyes
[2]+  정지됨                 xeyes
$ bg  %1                    ←── 작업 번호 1 작업을 백그라운드로 재개
[1]-  xeyes &
$ jobs
[1]-  실행중                 xeyes &
[2]+  정지됨                 xeyes
$
```

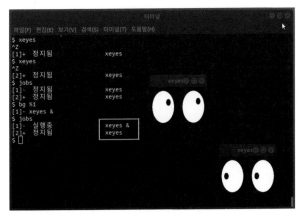

그림 3-8 xeyes 프로그램을 2개 실행하고 하나를 백그라운드로 재개

예제처럼 bg 명령어 인수에 작업 번호 지정이 가능합니다. 인수를 지정하지 않으면 현재 작업(+)을 선택합니다. +는 '[1]+'처럼 작업 번호 옆에 붙어 있는 +를 뜻합니다. 작업 번호 지정 방법은 jobs 명령어(91쪽)를 참조하기 바랍니다.

bg [작업번호]

경로 셸 내부 명령어

사용 예

현재 작업을 백그라운드로 실행합니다.

```
$ bg
```

작업 번호 3 작업을 백그라운드로 실행합니다.

```
$ bg %3
```

프로세스 상태 표시하기

ps

지금까지 실행 중인 프로그램을 관리하는 방법으로 jobs 명령어와 작업 번호를 이용했습니다. 하지만 작업 번호는 셸마다 독자적으로 관리하므로 다른 셸 터미널에서는 사용이 불가합니다. 실행 중인 프로그램을 어떤 셸에서 실행했는지에 관계없이 모든 셸에서 조작하려면 프로세스 ID가 필요합니다. 프로세스 ID는 ps 명령어로 확인합니다.

 해보기

ps 명령어로 현재 실행 중인 프로세스 상태를 표시해봅시다.

```
$ ps ⏎
  PID TTY         TIME CMD
 7302 pts/0   00:00:00 bash
 7362 pts/0   00:00:00 ps
```

표시되는 프로세스 정보는 실행 중인 프로세스 상태에 따라 다릅니다.

위 예제에서 PID는 프로세스 ID, TTY는 프로세스가 실행된 터미널, TIME은 CPU 시간, CMD는 실행한 명령어를 나타냅니다.

더 해보기

어떤 특정 명령어의 프로세스 ID를 조사하려면 ps 명령어에 a, u, x, w라는 네 가지 옵션을 지정해서 문자열을 검색하는 grep 명령어(169쪽)와 함께 사용합니다. 예를 들어 xeyes 프로그램을 실행한 상태로 xeyes 프로그램의 프로세스 ID를 확인해봅시다.

```
$ xeyes & ↵
[1] 2040
$ ps auxw | grep xeyes ↵
maltman 2040 0.0 0.2 46520 2144 pts / 0 S  10:00 0:00 xeyes
maltman 2042 0.0 0.0 16908  916 pts / 0 S+ 10:00 0:00 grep xeyes
```

ps auxw | grep 명령어명(|, 216쪽)을 실행하면 지정한 명령어명을 포함한 프로세스 정보만 표시합니다. 왼쪽에서 두 번째 항목(별색 항목)이 프로세스 ID입니다. 응답 불능에 빠진 프로세스를 종료하고 싶다면 ps 명령어와 grep 명령어를 조합해서 프로세스 ID를 조사한 후 해당하는 프로세스 ID로 kill -KILL 프로세스 ID(106쪽)를 실행해서 강제 종료합니다.

그리고 a 옵션은 모든 사용자의 프로세스, u 옵션은 사용자명 같은 정보, x 옵션은 제어 터미널이 없는 프로세스(데몬 등)를 표시하는 옵션입니다. w 옵션은 프로세스마다 표시하는 내용을 늘리는 옵션[3]입니다. ps 명령어를 사용한다면 이런 옵션을 함께 사용하는 습관을 들이기 바랍니다. 그러면 대부분 프로세스 정보를 확인할 수 있습니다. 프로세스에 관련한 더욱 상세한 설명은 110쪽을 참조하세요.

---

3 옮긴이_ w 옵션 개수를 늘리면 표시 내용이 더 늘어납니다. ps auxw와 ps auxww를 실행해서 비교해보기 바랍니다.

ps [옵션] [프로세스ID...]

주요 옵션

u	사용자명과 시작 시각 등을 표시합니다.
a	모든 사용자의 프로세스 정보를 표시합니다.
x	제어 터미널이 없는 프로세스 정보(데몬 등)를 표시합니다.
l	더 상세한 정보를 표시합니다.
f	프로세스의 부모 자식 관계를 트리 형태로 표시합니다.
w	프로세스 정보 표시 내용을 늘립니다.
j	부모 프로세스, 프로세스 그룹 같은 정보를 표시합니다.
m	스레드를 표시합니다.
t*tty*	*tty* 터미널이 제어하는 프로세스만 표시합니다.
U *user*	*user* 사용자가 실행한 프로세스만 표시합니다.

주요 표시 항목

USER	사용자명
UID	사용자 ID
PID	프로세스 ID
PPID	부모 프로세스 ID
TT, TTY	제어 터미널

STAT	프로세스 상태		보조 정보	
	R	실행 가능 상태	<	우선 순위가 높은 프로세스
	S	슬립 상태	N	우선 순위가 낮은 프로세스
	D	디스크 내부	L	메모리 내에 락lock이 걸린 페이지가 있음
	T	정지 상태	s	섹션 리더
	Z	좀비 상태	l	멀티 스레드

+	포그라운드 프로세스
TIME	CPU 시간
COMMAND, CMD	명령어
%CPU	CPU 이용률
%MEM	메모리 이용률
SIZE	가상 이미지 크기(text + data + stack)
RSS	실제 메모리(내재 세트) 크기
START	시작 시각
FLAGS	플래그
NI	프로세스 우선 순위(nice 값 114쪽)
WCHAN	프로세스가 대기 상태일 때 커널 함수명
PAGEIN	페이지 폴트page fault 횟수
TSIZ	텍스트 크기
DSIZ	데이터 크기
LIM	메모리 제한

사용 예

프로세스 ID가 1000인 프로세스 상태를 표시합니다.

```
$ ps 1000
```

xeyes 프로그램 프로세스 상태를 표시합니다.

```
$ ps auxw ¦ grep xeyes
```

터미널 에뮬레이터(pts/1)가 제어하는 프로세스를 표시합니다.

```
$ ps t1
```

모든 프로세스를 트리 형태로 표시하고 less 명령어로 봅니다.

```
$ ps auxf ¦ less
```

모든 프로세스와 스레드 정보를 표시합니다.

```
$ ps auxwm
```

프로그램 종료하기

kill, killall

실행 중인 프로그램을 종료하려고 Ctrl + C 키를 눌렀지만 반응이 없다면 kill 명령어나 killall 명령어를 사용합니다.

 해보기

xeyes 프로그램을 백그라운드로 실행하고 kill 명령어에 프로세스 ID를 지정해서 종료해봅시다(그림 3–9).

```
$ xeyes & ⏎
[1] 23258          ← 프로세스 ID가 23258번
$ kill 23258 ⏎
$ jobs ⏎
[1]+  종료됨              xeyes
$
```

kill 명령어 인수에 작업 번호도 사용할 수 있습니다.

```
$ xeyes & ⏎
[1] 2575
$ kill %% ⏎        ← 현재 작업 종료(예제에서는 작업 번호 1)
$ jobs ⏎
[1]+  종료됨              xeyes
$
```

방금 실행한 프로그램을 바로 종료하는 일은 거의 없으므로 jobs 명령어나 ps 명령어로 작업 번호나 프로세스 ID를 확인해서 kill 명령어를 사용합니다.

(a) xeyes 프로그램을
   백그라운드로 실행

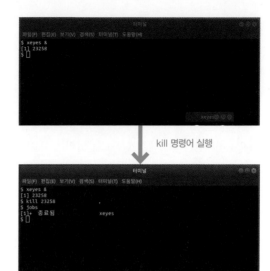

kill 명령어 실행

(b) kill 명령어로 강제 종료

그림 3-9 kill 명령어로 프로세스 ID를 지정해서 강제 종료하기

killall 명령어는 프로그램 이름을 지정해서 종료합니다. 실행 중인 같은 이름의 프로그램을 모두 종료합니다. xeyes 프로그램을 두 번 실행하고 모두 한꺼번에 종료해봅시다.

```
$ xeyes & ⏎
[1] 2811
$ xeyes & ⏎
[2] 2812
$ killall xeyes ⏎
[1]-    종료됨                xeyes
[2]-    종료됨                xeyes
$ jobs ⏎
$                 ←── killall 명령어로 모두 종료했으므로 아무것도 표시되지 않는다.
```

 더 해보기

지금까지 프로그램을 종료하는 명령어로 `kill` 명령어와 `killall` 명령어를 소개했습니다. 하지만 이런 명령어의 원래 역할은 프로세스에 신호(시그널)를 보내는 것입니다. **시그널**signal은 프로세스에 어떤 상태를 알리는 목적으로 OS에서 마련한 기능입니다.

`kill` 명령어를 사용할 때 시그널 지정을 생략하면 TERM 시그널을 보냅니다. TERM 시그널은 프로세스에 종료를 알리는 시그널이므로 예제처럼 프로그램을 종료합니다. 예를 들어 STOP 시그널을 보내면 실행 중인 프로그램을 일시 정지합니다. 그러면 xeyes 프로그램을 실행해서 STOP 시그널을 보내 봅시다(그림 3-10).

```
$ xeyes &
[1] 23782
$ kill -STOP %%        ◀── 현재 작업에 STOP 시그널을 보낸다.
$ jobs
[1]+  정지됨              xeyes
$
```

그림 3-10 kill 명령어에 -STOP 옵션을 사용해서 실행

Ctrl + z 키로 포그라운드 작업을 정지했을 때처럼 xeyes 프로그램이 정지했습니다. `kill` 명령어는 그 외에도 다양한 시그널을 보낼 수 있으므로 상황에 맞게 사용하기 바랍니다.

<table>
<tr><td rowspan="2">서
식</td><td>**kill** [옵션] [프로세스ID(작업번호)...]</td></tr>
<tr><td>**killall** [옵션] [프로세스명...]</td></tr>
</table>

경로 셸 내부 명령어(kill), /usr/bin/kill, /usr/bin/killal

주요 옵션(공통)

-signal *-s signal*	지정한 *signal* 시그널을 프로세스에 보냅니다.
-l	시그널 목록을 표시합니다.

주요 시그널

TERM	프로세스에 종료 신호를 보냅니다.
QUIT	프로세스에 종료 신호를 보냅니다(core 작성).
KILL	프로세스에 강제 종료 신호를 보냅니다.
HUP	프로세스에 재시작 신호를 보냅니다.
STOP	프로세스에 정지 신호를 보냅니다.
CONT	프로세스에 재개 신호를 보냅니다.
INT	프로세스에 끼어들기 신호를 보냅니다.

사용 예

프로세스 ID 200, 작업 번호 1인 프로세스를 종료합니다(TERM 시그널을 보냅니다).

```
$ kill 200
$ kill %1
```

응답하지 않는 프로세스(프로세스 ID 256)를 종료합니다.

```
$ kill -KILL 256
```

실행 중인 데몬 등의 설정을 변경했을 때 해당 프로세스(작업 번호 2)를 재시작합니다.

```
$ kill -HUP %2
```

동작 중인 모든 xeyes 프로그램을 종료합니다.

```
$ killall xeyes
```

프로세스란

프로세스를 조금 상세히 설명하겠습니다. 프로세스는 간단히 설명하면 '실행 중인 프로그램의 단위'입니다. 그러면 프로그램과 프로세스는 어떻게 다를까요? xeyes 명령어를 두 번 실행한 상태를 예시로 알아봅시다.

xeyes 명령어를 실행할 때마다 디스크에 저장된 실행 파일을 읽습니다. 파일에는 화면에 눈동자를 표시하는 방법과 마우스 움직임에 따라 눈동자 방향을 바꾸는 방법 등이 적혀 있습니다. 이런 일련의 작업을 컴퓨터에 실행시키는 방법이 적힌 파일 또는 실행 내용이 **프로그램**program입니다.

그런데 화면에 표시된 눈동자를 잘 보면 마우스 움직임에 따라 서로 다른 방향을 보면서 반응합니다. 즉, 동일한 프로그램으로 실행했지만 서로 독립적으로 동작합니다. 이렇게 프로그램을 실행한 하나하나를 **프로세스**process라고 부릅니다. OS는 명령어를 실행할 때 프로세스를 생성하고 **프로세스 ID**라는 번호로 구분해서 관리합니다. xeyes 명령어를 두 번 실행하면 프로세스도 두 개 생성됩니다.

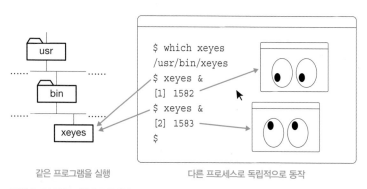

같은 프로그램을 실행   다른 프로세스로 독립적으로 동작

그림 3-11 프로그램과 프로세스

OS 프로세스 관리

프로세스는 명령어를 실행하면 생성되고 프로그램 처리가 모두 끝나면 삭제됩니다. 프로세스가 생성될 때 프로세스 ID 이외에도 몇 가지 정보를 컴퓨터에 저장합니다. 이런 정보에는 프로세스를 생성한 사용자, 프로세스 우선 순위, 실행 시작 시각, 명령어명 등이 있습니다. OS는 이런 정보로 프로세스를 관리합니다. 프로세스 정보는 ps 명령어로 확인합니다. ps 명령어에 auxw 옵션을 사용하면 현재 동작하는 모든 프로세스를 표시합니다.

```
$ ps auxw ⏎
USER       PID %CPU %MEM    VSZ   RSS TTY     STAT START   TIME COMMAND
root         1  0.0  0.2 225816  5824 ?       Ss   09:34   0:04 /sbin/init auto
noprompt
root         2  0.0  0.0      0     0 ?       S    09:34   0:00 [kthreadd]
root         3  0.0  0.0      0     0 ?       I<   09:34   0:00 [rcu_gp]
root         4  0.0  0.0      0     0 ?       I<   09:34   0:00 [rcu_par_gp]
root         6  0.0  0.0      0     0 ?       I<   09:34   0:00 [kworker/0:0H-kb]
(생략)
maltman   7216  0.0  0.1 261888  2568 ?       S    16:14   0:00 (sd-pam)
maltman   7227  0.0  0.2  24400  5516 pts/0   S    16:14   0:00 bash
```

예제에서는 중간에 생략했지만 실제로 ps 명령어를 실행하면 수십에서 수백 줄이 출력됩니다. 이렇게 많은 프로세스가 존재하는데도 컴퓨터에 설치된 CPU 개수는 몇 개 되지 않습니다. 그렇다면 이렇게 많은 프로세스를 어떻게 실행하고 있을까요? 이러한 일이 가능한 이유는 리눅스가 수많은 프로세스를 동시에 실행할 수 있게 설계된 시스템이기 때문입니다. 리눅스처럼 여러 프로세스를 동시에 실행할 수 있는 OS를 **멀티태스킹 오퍼레이팅 시스템**Multitasking Operating System이라고 부릅니다.[4]

하지만 엄밀하게 따지면 모든 프로세스가 동시에 실행되는 것은 아닙니다. 멀티태스킹 OS가 여러 프로세스를 고속으로 전환하며 실행해서 동시에 실행하는 듯이 보이

---

4 태스크와 프로세스는 같은 의미입니다.

는 것입니다. 어떤 프로세스를 어떤 순서로 전환할지 정하는 것은 **스케줄링**scheduling 이라고 부릅니다. 스케줄링은 kill 명령어로 프로세스에 보내는 시그널이나 nice 명령어로 설정한 우선 순위(114쪽) 등에 따라 조절합니다.

프로세스 부모 자식 관계

프로세스가 서로 독립적으로 동작하는 구조는 OS가 하드웨어 자원(리소스resource) 을 프로세스마다 할당해주기 때문에 유지 가능합니다. 이런 구조 덕분에 프로세스끼리 서로 영향을 주지 않아서 안정적인 시스템을 운용하는 데 무척 중요한 기능을 합니다.

하지만 프로세스끼리 전혀 관계가 없는 것은 아닙니다. 부모 자식 관계가 존재합니다. 보통 프로세스는 다른 프로세스를 통해서 실행합니다. 실행하는 쪽이 **부모 프로세스**, 실행된 쪽이 **자식 프로세스**가 됩니다. 프로세스 상속 관계는 ps 명령어에 l 옵션이나 f 옵션을 사용하면 확인 가능합니다. 두 옵션을 사용해서 실행해봅시다.

```
$ ps lf ⏎
F   UID  PID   PPID PRI  NI   VSZ   RSS WCHAN  STAT TTY      TIME COMMAND
4  1001 7227   7214  20   0  24400  5516 wait   S    pts/0    0:00 bash
0  1001 7481   7227  20   0  30212  1528 -      R+   pts/0    0:00  \_ ps lf
```

실행 결과에서 ps lf의 부모 프로세스 ID(PPID)는 7227이고 해당하는 프로세스는 bash(셸)입니다. 실행 결과가 트리 구조로 나타나서 상속 관계를 알아보기 쉽습니다. 책에서는 다루지 않지만 ps 명령어와 alxf 옵션으로 모든 프로세스의 상속 관계를 확인할 수 있습니다.

부모 프로세스는 자식 프로세스 동작에 일부 영향을 줍니다. 예를 들어 부모 프로세스를 종료하면 모든 자식 프로세스도 동시에 종료됩니다.

스레드와 프로세스 관계

최근에는 CPU 코어를 여러 개 탑재해 비슷한 처리를 병렬로 실행하는 **병렬 처리**를 이용해서 프로그램 실행 시간을 줄여 **빠르게** 동작합니다. 하지만 병렬 처리를 할 때마다 매번 프로세스를 새로 만든다면 프로세스를 위한 정보 생성이나 메모리를 확보하는 시간과 공간이 필요하고 프로세스 사이에 자원 공유도 불가능한 단점이 있습니다.

따라서 **빠르고** 효율적으로 병렬 처리를 하려면 **스레드**thread를 선택하는 것이 좋습니다. 스레드는 프로그램의 처리 단위입니다. 자식 프로세스와 마찬가지로 어떤 프로세스에서 생성되지만, 스레드를 생성한 부모 프로세스나 같은 프로세스 안에서 병렬로 동작하는 스레드끼리 자원을 공유할 수 있어서 **빠르고** 효율적인 처리가 가능합니다. 병렬로 동작하는 스레드를 **멀티 스레드**multi thread라고 부릅니다.

참고로 OS 입장에서는 스레드와 프로세스를 같이 취급하므로 모두 스케줄링 대상입니다. ps 명령어에 m 옵션을 사용하면 스레드 관련 정보 확인이 가능하므로 x 옵션과 함께 실행해보기 바랍니다.

 ## 사용자와 프로세스 제어

프로세스는 컴퓨터에 탑재된 CPU나 메모리 등을 이용해서 프로그램을 실행합니다. CPU가 명령을 처리하는 시간이나 메모리 같은 자원은 한정적입니다. 특정 프로세스가 자원을 독점하거나 또는 어떤 사용자가 프로세스를 마구 작성하면 다른 프로세스 동작이 느려지거나 시스템 장애가 발생할지도 모릅니다.

리눅스는 네트워크 서비스를 제공하는 서버로 자주 사용하는 시스템이기 때문에 문제가 생긴 프로세스가 없는지 감시하고 문제가 생기면 적절히 대처하는 것이 관리자의 중요 임무입니다. 그뿐만 아니라 리눅스는 여러 사용자가 동시에 로그인해 사용할 수 있는 시스템입니다. 따라서 자원을 혼자 많이 소모하면 다른 사용자에게도 영향을 주니 사용자도 프로세스 관리를 의식하는 것이 좋습니다. 슈퍼유저는 모든 프로세스에 접근할 수 있고 일반 사용자는 자신이 생성한 프로세스를 kill 명령어 등으로 제어 가능합니다.

우선 순위를 변경해서 프로그램 실행하기

nice

프로그램 우선 순위priority를 내리고 싶을 때 nice 명령어를 사용합니다.

 해보기

nice 명령어 인수에 실행하고 싶은 명령어를 지정하면 해당 프로그램 우선 순위를 변경해서 실행합니다. nice 명령어 사용 여부로 xeyes 프로그램이 어떻게 달라지는지 비교해봅시다. 우선 순위를 확인하려면 ps 명령어에 l 옵션을 사용합니다.

```
$ xeyes & ↵
[1] 5738
$ nice xeyes & ↵
[2] 5739
$ ps l 5738 5739
F  UID   PID   PPID PRI  NI   VSZ   RSS WCHAN    STAT TTY     TIME COMMAND
0  500   5738  5093 15   0    3168  1436 poll_s S    pts/0    0:00 xeyes
0  500   5739  5093 25   10   3168  1436 poll_s SN   pts/0    0:00 xeyes
```

NI 항목(별색 부분)은 우선 순위를 뜻하는데 책에서는 이 값을 nice 값이라고 부릅니다. nice 값의 범위는 −20에서 19이고 값이 작을수록 우선 순위가 높기 때문에 −20이 최고 우선 순위 값입니다. nice 명령어 없이 그냥 실행하면 nice 값이 0이고 nice 명령어와 함께 실행하면 기본값 0에 10을 더해 nice 값 10이 됩니다.

 더 해보기

단순히 nice 명령어를 써서 프로그램을 실행하면 nice 값이 10이 되는 것을 확인했습니다. 10 이외의 nice 값을 설정하려면 옵션을 사용합니다. nice 값에 19를 지정해서 xeyes 프로그램을 실행해봅시다.

```
$ nice -19 xeyes & ↵        ←── -(하이픈)에 바로 이어서 19를 지정
[1] 5627
$ ps l 5627 ↵
F   UID   PID   PPID PRI  NI    VSZ   RSS WCHAN  STAT TTY       TIME COMMAND
0   500  5627   5093  34  19   3168  1440 -       RN   pts/0    0:00 xeyes
```

지정한 대로 nice 값이 19가 됐습니다.

nice [옵션] 명령어 [명령어인수...]

경로 /usr/bin/nice

주요 옵션

-number   명령어 nice 값에 *number*로 지정한 값을 설정해서 명령어를 실행합니다.

-n *number*

사용 예

xeyes 프로그램 우선 순위를 낮춰서(nice 값에 10을 더함) 실행합니다.

```
$ nice xeyes
```

xeyes 프로그램 nice 값에 3을 더해서 실행합니다.

```
$ nice -3 xeyes
```

TIP

슈퍼유저가 아닌 사용자는 우선 순위를 올릴 수 없습니다. 우선 순위를 올리면 알 수 없는 문제가 생길 수 있으므로 추천하지 않습니다.

Column 특별한 프로세스: 데몬

일반 프로세스는 명령어를 실행할 때마다 생성되고 프로그램을 종료하면 삭제되지만 때로는 항상 동작하는 프로세스도 필요합니다. 늘 동작할 프로세스를 **데몬**daemon이라 부르며 리눅스를 시작할 때 생성해서 일부러 끄지 않는 한 셧다운할 때까지 계속 동작합니다. 리눅스 데몬은 상당히 많습니다. 특정 시각에 명령어를 실행하는 crond(119쪽)나 원격 접속용 sshd(339쪽)도 데몬입니다.

특정 시간만큼 재우기

sleep

sleep 명령어는 지정한 시간만큼 정지(잠들기)합니다. 포그라운드로 실행하면 프롬프트가 동작하지 않으므로 결과적으로 셸이 정지한 상태와 같습니다.

 해보기

sleep 명령어로 3초간 정지해봅시다.

```
$ sleep 3 ⏎
$                    ← 3초 뒤 프롬프트가 표시된다.
```

실행해보면 프롬프트가 3초간 정지한 후 다시 동작합니다.

더 해보기

앞의 예제는 단위를 지정하지 않아서 초 단위로 실행됐지만 정지할 시간을 초, 분, 시, 일 단위로도 지정 가능합니다. 예를 들어 1분 5초간 정지시켜봅시다. 분과 초를 지정하고 싶다면 각각 m과 s 단위를 사용합니다.

```
$ sleep 1m 5s ⏎
$                    ← 1분 5초 뒤 프롬프트가 표시된다.
```

1분 5초 후 프롬프트가 나타납니다. 이렇게 sleep 명령어는 인수로 지정한 시간을 합친 시간만큼 정지합니다.

sleep 시간[단위]...

경로 /usr/bin/sleep

시간 단위

초	s
분	m
시	h
일	d

사용 예

2시간 5분 동안 정지합니다.

```
$ sleep 2h 5m
```

1분 30초 동안 정지합니다.

```
$ sleep 1.5m
```

3분 동안 정지한 후 '3min!'이라고 표시합니다.

```
$ sleep 3m; echo '3min!'
```

지정한 시각마다 명령어 실행하기

crontab

리눅스를 비롯한 유닉스 계열 OS는 지정한 시각이나 정기적으로 명령어를 실행하는 cron 프로그램이 존재합니다.[5] cron은 OS를 시작할 때 함께 실행되는데 명령어와 명령어를 실행할 시각이 적힌 설정 파일(/etc/crontab 파일)을 읽어서 설정한 시각이 되면 해당 명령어를 실행합니다. crontab 명령어는 사용자가 cron을 설정할 때 사용하는 명령어입니다.

 해보기

crontab 명령어를 사용해봅시다. crontab 명령어를 실행하기 전에 실행 시각과 명령어를 적은 파일을 작성합니다. 에디터를 사용해서 다음 내용이 담긴 ~/.crontab 파일을 저장합니다.

● ~/.crontab 파일 ●
```
* * * * * echo "`date`: executed automatically." >> $HOME/crontest.txt
3 * * * * echo "`date`: 3 min." >> $HOME/crontest.txt
```

파일 형식은 다음과 같습니다.

> **분 시 일 월 요일 명령어1**
>
> **분 시 일 월 요일 명령어2**
>
> **...**
>
> **분 시 일 월 요일 명령어n**

예를 들어 5월 5일 10시 48분 토요일에 command 명령어를 실행한다면 다음과 같이 지정합니다.

> **48 10 5 5 sat command**

---

5 cron을 사용하려면 crond라는 데몬(116쪽)이 실행 중이어야 합니다.

요일은 영어 단어 또는 일요일을 0(또는 7), 월요일을 1, 화요일을 2 … 토요일을 6 으로 표현하는 숫자를 사용합니다.

cron으로 실행하는 command 명령어는 사용자 셸 설정 파일에 있는 셸 변수, 환경 변수(245쪽)를 무시하므로 command 지정에는 절대 경로나 셸 스크립트(261쪽)를 사용하면 좋습니다. 정기적으로 command 명령어를 실행하려면 *(애스터리스크^{asterisk})를 사용합니다. 예를 들어 매월 1일 12시에 command 명령어를 실행한다면 이렇게 시각을 지정합니다.

　　　0 12 1 * * command

따라서 ~/.crontab 파일의 첫 번째 줄은 분(1분 단위)마다 명령어를 실행한다는 뜻이고 두 번째 줄은 매 시간 3분이 되면 명령어를 실행한다는 뜻입니다. 이렇게 만든 파일을 cron 설정 파일로 등록하려면 다음처럼 입력합니다.

```
$ crontab ~/.crontab ⏎
```

명령어를 실행해서 cron 작업이 등록되면 앞으로 지정한 시각이 될 때마다 다음과 같은 내용이 ~/crontest.txt 파일에 출력됩니다. cat 명령어로 확인해봅시다.

```
$ cat ~/crontest.txt ⏎
2020. 12. 26. (토) 14:02:01 KST: executed automatically.
2020. 12. 26. (토) 14:03:02 KST: 3 min.
```

 더 해보기

등록된 시각 및 명령어 목록을 표시하려면 -l 옵션을 사용합니다. cron 작업을 등록하거나 취소하기 전에 꼭 -l 옵션으로 현재 등록된 내용을 확인하는 습관을 들이기 바랍니다. 혹시 모를 실수를 했을 때 이렇게 표시한 내용을 바탕으로 복구할 수 있기 때문입니다.

```
$ crontab -l ⏎
* * * * * echo "'date' : executed automatically." >> $HOME/crontest.txt
3 * * * * echo "'date' : 3 min." >> $HOME/crontest.txt
```

출력된 내용은 앞서 작성한 파일 내용과 동일하지만 ~/.crontab 파일을 읽어서 출력한 것이 아니라 cron 설정 파일에 등록된 내용입니다. ~/.crontab 파일을 삭제하고 crontab -l 명령어를 실행해보면 알 수 있습니다. cron 등록을 취소하려면 -r 옵션을 사용합니다.

```
$ crontab -r ⏎
```

예제에서 소개한 cron 작업은 계속해서 파일을 출력하므로 이 명령어를 실행해서 등록을 취소해두기 바랍니다.

crontab [-u 사용자명] 파일
crontab [-u 사용자명] [기타옵션]

경로 /usr/bin/crontab

주요 옵션

-l	등록된 실행 시각과 명령어 목록을 표시합니다.
-r	등록을 취소합니다.
-e	파일이 아니라 (환경 변수 EDITOR에 지정된) 에디터로 직접 편집합니다.
-u *user*	*user* 사용자의 cron을 수정합니다. 슈퍼유저 권한이 필요합니다.

사용 예

~/.crontab 파일에 적힌 실행 시각과 명령어로 등록합니다.

```
$ crontab ~/.crontab
```

등록된 실행 시각과 명령어를 표시합니다.

```
$ crontab -l
```

현재 등록된 내용을 취소합니다.

```
$ crontab -r
```

maltman 사용자가 등록한 cron 내용을 표시합니다.

```
# crontab -u maltman -l⁶
```

> **TIP**
>
> /etc/cron.allow 파일과 /etc/cron.deny 파일로 cron 명령어 제약 사항을 관리합니다. cron.allow 파일에는 한 줄에 하나씩 cron 명령어 사용을 허가할 사용자명, cron.deny 파일에는 거부할 사용자명을 작성합니다. cron.allow 파일만 존재하면 파일에 이름이 있는 사용자만 cron 명령어를 사용할 수 있습니다. 반대로 cron.deny 파일만 존재하면 파일에 이름이 없는 사용자면 모두 cron 명령어를 사용할 수 있습니다. 보통은 cron.allow만 설정하면 되는데 두 파일을 모두 슈퍼유저 권한으로 편집합니다.

---

6 옮긴이_ # 프롬프트는 root(슈퍼유저) 사용자일 때 표시되는 프롬프트입니다. 앞으로 예제에서 나오는 # 프롬프트는 모두 해당 명령어를 슈퍼유저 권한으로 실행한다는 뜻입니다.

## Chapter 04

사용자·시스템 정보 표시, 변경하기

현재 시각 표시, 변경하기

date

현재 시각을 표시, 변경하는 명령어는 date입니다.

해보기

우선 현재 시각을 표시해봅시다.

```
$ date ⏎
2020. 12. 26. (토) 14:29:02 KST
```

인수 없이 date 명령어를 실행하면 현재 시각을 표시합니다.

🐧 더 해보기

슈퍼유저는 date 명령어로 컴퓨터 내부 시계를 변경할 수 있습니다. su 명령어(292쪽)로 슈퍼유저가 되어서 2019년 1월 31일 오전 6시 15분으로 변경해봅시다.[1]

```
$ su ⏎
Password:        ← 슈퍼유저 암호 입력
# date 013106152019 ⏎
      └┘└┘└┘└┘└┘
      ↑ ↑ ↑ ↑  ↑
      월 일 시 분 년도

2019. 1. 31. (화) 06:15:00 KST
```

date 명령어 인수에 올바른 형식으로 시각을 지정하면 시스템 현재 시각을 변경합니다. 시각 지정 형식은 TIP을 참조하세요.

---

1 우분투 기본 설정은 su 명령어로 슈퍼유저가 될 수 없으므로 대신에 sudo 명령어와 -i 옵션(295쪽)을 사용해서 실행합니다.

date [시각]

경로 /usr/bin/date

주요 옵션

-u   협정 세계시(UTC)를 표시합니다. 한국 표준시(KST)는 여기서 9시간을 더합니다.

사용 예

현재 시각을 표시합니다.

```
$ date
```

현재 시각을 2021년 3월 31일 23시 59분으로 설정합니다.

```
# date 033123592021
```

> **TIP**
>
> 시각 지정은 다음처럼 정해진 표기 방법을 사용합니다.
>
> 월일시분[[년도 앞 두 자리]년도 뒤 두 자리][.초][2]
>
> 년도는 앞의 두 자리를 생략하면 뒤의 두 자리 값에 따라 적절히 결정됩니다. 그리고 년도를 모두 생략하면 현재 년도를 사용하고 초를 생략하면 00초가 됩니다. 2021년 3월 31일 18시 27분 00초를 지정하는 방법을 몇 가지 소개합니다.
>
> - 033118272021.00
> - 0331182721.00
> - 0331182721

---

2   옮긴이_ touch 명령어와 비슷한 표기 방법이지만 년도 위치가 다르므로 주의하기 바랍니다.

달력 표시하기

cal

달력을 표시하려면 cal 명령어를 사용합니다.

 해보기

달력을 표시해봅시다.

```
$ cal ↵
     12월 2020
일 월 화 수 목 금 토
       1  2  3  4  5
 6  7  8  9 10 11 12
13 14 15 16 17 18 19
20 21 22 23 24 25 26
27 28 29 30 31
```

인수 없이 cal 명령어를 실행하면 예제처럼 이달(예제는 2020년 12월) 달력을 표시합니다. 오늘 날짜는 색상을 반전해서 출력합니다.

 더 해보기

이번에는 2020년 5월 달력을 표시해봅시다.

```
$ cal 5 2020 ↵
     5월 2020
일 월 화 수 목 금 토
             1  2
 3  4  5  6  7  8  9
10 11 12 13 14 15 16
```

```
17 18 19 20 21 22 23
24 25 26 27 28 29 30
31
```

이처럼 월, 년도 순서로 인수를 지정하면 해당하는 달의 달력을 출력합니다.

cal [옵션] [[월] 년도]

주요 옵션

-y   올해 달력을 표시합니다.

사용 예

이번 달 달력을 표시합니다.

```
$ cal
```

올해 달력을 표시합니다.

```
$ cal -y
```

2021년 달력을 표시합니다.

```
$ cal 2021
```

2021년 7월 달력을 표시합니다.

```
$ cal 7 2021
```

사용자 정보를 표시하려면 whoami 명령어, groups 명령어, id 명령어를 사용합니다. id 명령어는 whoami 명령어와 groups 명령어 기능을 포함합니다.

 해보기

우선 나의 사용자명을 whoami 명령어로 표시해봅시다.

```
$ whoami ⏎
maltman
```

명령어를 실행하면 자신의 사용자명(예제는 maltman)을 출력합니다. 이번에는 소속 그룹을 표시하는 groups 명령어를 사용해봅시다.

```
$ groups ⏎
users
```

maltman 사용자는 users 그룹 소속이라는 것을 알 수 있습니다. 예제에서 출력된 그룹은 하나밖에 없지만 사용자에 따라서는 여러 그룹명이 표시됩니다.

더 해보기

id 명령어를 사용하면 whoami 명령어나 groups 명령어보다 상세한 정보를 표시합니다.

```
$ id ⏎
uid=500(maltman) gid=100(users) 그룹들=100(users)    ...(생략)
```

id 명령어를 인수 없이 실행하면 자신의 사용자 ID(사용자명), 그룹 ID(그룹명), 소속된 그룹 ID(그룹명)를 표시합니다. 실행 결과에 있는 uid는 사용자 ID(user ID)로, 시스템이 각 사용자에게 발급한 번호입니다. 이 번호는 다른 사용자와 겹치지 않는 고유한 값입니다. gid는 그룹 ID(group ID)이며 자신이 속한 그룹 번호를 표시합니다. 자신이 작성한 파일이나 디렉터리에는 이 그룹 ID가 기본적으로 지정됩니다. 그리고 소속 그룹은 자신이 소속된 모든 그룹 ID가 출력됩니다.

whoami
groups [사용자명]
id [옵션] [사용자명]

경로 /usr/bin/whoami, /usr/bin/groups, /usr/bin/id

주요 옵션(id 명령어)

-G	소속 그룹 ID만 표시합니다.
-g	그룹 ID만 표시합니다.
-u	사용자 ID만 표시합니다.
-n	다른 옵션과 함께 사용하면 ID가 아니라 이름으로 표시합니다.

사용 예

자신의 사용자명을 표시합니다.

```
$ whoami
```

자신이 소속된 그룹명을 표시합니다.

```
$ groups
```

user 사용자가 소속된 그룹명을 표시합니다.

```
$ groups user
```

자신의 사용자 정보를 상세히 표시합니다.

```
$ id
```

user 사용자의 사용자 정보를 상세히 표시합니다.

```
$ id user
```

로그인한 사용자 정보를 표시하기

현재 로그인한 사용자 정보를 표시하려면 w 명령어를 사용합니다.

 해보기

그러면 실제로 w 명령어를 실행해봅시다.

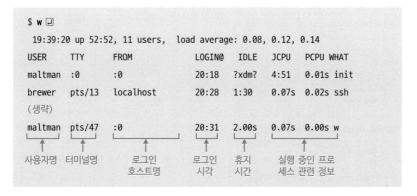

```
$ w ⏎
 19:39:20 up 52:52, 11 users,  load average: 0.08, 0.12, 0.14
 USER     TTY     FROM           LOGIN@  IDLE  JCPU   PCPU WHAT
 maltman  :0      :0             20:18   ?xdm? 4:51   0.01s init
 brewer   pts/13  localhost      20:28   1:30  0.07s  0.02s ssh
 (생략)
 maltman  pts/47  :0             20:31   2.00s 0.07s  0.00s w
```

사용자명 터미널명 로그인 호스트명 로그인 시각 휴지 시간 실행 중인 프로세스 관련 정보

w 명령어는 우선 시스템 가동 시간 정보로 **uptime** 명령어(146쪽) 실행 결과를 표시합니다. 그런 다음 사용자 정보로 로그인한 사용자명과 프로세스 내용, 휴지 시간 등을 표시합니다. **휴지 시간**idle time은 사용자가 아무것도 하지 않은 시간입니다. 또한 사용자 정보 표시는 해당 사용자가 실행한 프로세스 개수만큼 출력합니다.

 더 해보기

w 명령어 다음에 사용자명을 넣고 실행하면 그 사용자 정보만 보여줍니다. 그러면 maltman 정보를 살펴봅시다.

```
$ w maltman ⏎
 22:10:43 up 33:36, 11 users,  load average: 0.05, 0.08, 0.12
USER     TTY      FROM           LOGIN@   IDLE   JCPU   PCPU WHAT
maltman  :0       :0             22:18    ?xdm?  4:51   0.01s init
maltman  pts/47   :0             22:21    3.00s  0.03s  0.00s w maltman
```

maltman 사용자 정보만 표시됐습니다. 여러 사용자가 로그인한 상태에서 w 명령어를 사용하면 어떤 사용자가 있고 무엇을 하는지 알 수 있습니다.

w [옵션] [사용자명]

주요 옵션

-h	헤더(uptime 명령어 실행 결과와 항목명)를 표시하지 않습니다.
-f	로그인 호스트명을 표시하거나 표시하지 않습니다(기본값의 반전).
-s	표시하는 정보를 줄입니다(쇼트 포맷).

사용 예

현재 로그인한 사용자 정보를 표시합니다.

```
$ w
```

maltman 사용자 정보만 표시합니다.

```
$ w maltman
```

헤더 없이 간략한 사용자 정보를 출력합니다.

```
$ w -sh
```

암호 변경하기

passwd

로그인 암호를 변경하려면 passwd 명령어를 사용합니다.

 해보기

자신의 암호를 변경해봅시다.

```
$ passwd ⏎
maltman에 대한 암호 변경 중
Current password: ⏎        ← 현재 사용하는 암호 입력(입력한 내용은 화면에
                              표시되지 않음)
새 암호: ⏎                  ← 새로운 암호 입력
새 암호 재입력: ⏎           ← 새로운 암호 재입력
passwd: 암호를 성공적으로 업데이트했습니다
```

passwd 명령어를 실행할 때 출력되는 메시지는 배포판에 따라 다르지만 입력하는 값과 내용은 유사합니다. 암호를 변경하려면 현재 암호와 새로운 암호를 입력한 후 입력 확인용으로 다시 한 번 새로운 암호를 입력합니다. 그러면 다음번에 로그인할 때 새로운 암호를 사용하게 됩니다.

 더 해보기

만약 일반 사용자가 암호를 잊었다면 슈퍼유저(292쪽)가 해당 사용자의 암호를 새롭게 지정할 수 있습니다. 예를 들어 maltman 사용자가 자신이 설정한 암호가 기억이 나지 않는다면 슈퍼유저가 maltman 사용자 암호를 재설정합니다.

```
# passwd maltman ⏎
maltman에 대한 암호 변경 중
```

새 암호: ↵   ← 새로운 암호 입력
새 암호 재입력: ↵   ← 다시 한 번 입력
passwd: 암호를 성공적으로 업데이트했습니다

슈퍼유저만이 다른 사용자 암호를 변경할 수 있습니다. 만약 슈퍼유저 암호가 기억
이 나지 않는다면 298쪽 칼럼을 참조하기 바랍니다.

passwd [사용자명]

사용 예

자신의 암호를 변경합니다.

```
$ passwd
```

user 사용자 암호를 변경합니다(슈퍼유저만 실행 가능).

```
# passwd user
```

≫ Column ⊙ 암호 관련 이야기

사용자 암호는 무척 중요한 정보입니다. 사용자 암호를 외부 침입자(해커)가 손에 넣으면 시스템에 사용자인 척 로그인해서 치명적인 문제를 일으킬지도 모르고 혹은 범죄에 이용되어 사회적 문제가 될 수도 있습니다. 암호는 늘 조심해서 관리하고 쉽게 유추하기 어려운 암호를 사용하는 것이 좋습니다. 쉽게 유추하기 어려운 암호는 다음과 같은 조건을 만족하는 암호입니다.

- 길이가 긴 암호
- 사전에 실리지 않는 단어 사용
- 대문자, 소문자, 기호, 숫자 혼용

한편 다음과 같은 암호는 쉽게 뚫릴 가능성이 있으므로 사용하지 않는 편이 좋습니다.

- 사용자명이나 이름 철자 순서를 바꾼 것
- 사람 이름 같은 고유 명사
- 사전에 등록된 단어
- 문자열 반복(예: aaaa)
- 생일이나 전화번호

하지만 아무리 추측하기 어려운 암호를 사용해도 입력하는 것을 누군가가 훔쳐보거나 메모지에 적어놔서 노출될 수 있으므로 일상생활에서도 주의하기 바랍니다. 또한 암호를 다른 서비스(온라인 쇼핑, 웹메일 등)에서 공통으로 사용하는 것도 좋지 않습니다. 어떤 서비스에서 암호가 누출되면 다른 서비스도 동시에 뚫리는 피해를 받기 때문입니다.

일반 사용자는 사용 권한이 적으니 슈퍼유저 암호 관리만 철저히 하면 된다는 생각도 올바르지 않습니다. 평소에 주의해서 암호를 관리하는 습관이 직장이나 학교에서 관리하는 시스템을 사용할 때도 도움이 됩니다.

디스크 용량, 사용량 표시하기

df, du

디스크 용량, 사용량 관련 정보를 표시하려면 df 명령어, du 명령어를 사용합니다.

 해보기

애플리케이션을 설치하거나 큰 파일을 작성할 때 여유 공간이 충분한지 확인하려면
디스크 용량을 보여주는 df 명령어를 사용합니다.

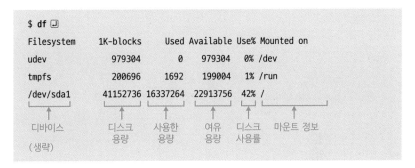

인수 없이 df 명령어를 실행하면 현재 마운트한 모든 파일 시스템 관련 정보(디바이
스, 최대 디스크 용량, 현재 디스크 사용량, 남은 디스크 용량, 디스크 사용률, 마운
트mount)를 표시합니다. 예제에서는 파일 시스템 3개를 표시했습니다. 디스크 용량
단위는 킬로바이트입니다.

마운트는 파일 시스템(하드 디스크나 DVD 등)을 디렉터리 구조에 연결한 것입니다.
상세한 내용은 '파일 시스템 마운트하기(384쪽)'에서 설명합니다.

 더 해보기

df 명령어가 파일 시스템 용량을 조사하는 명령어라면 du 명령어는 어떤 디렉터리

가 얼마나 디스크를 사용하는지 조사하는 명령어입니다. 앞으로도 자주 사용하게 될
예로 자신의 홈 디렉터리 디스크 사용량을 확인해봅시다.

```
$ cd ⏎
$ pwd ⏎
/home/maltman
$ du ⏎
8      ./cornfield
12     .
```

du 명령어를 인수 없이 실행하면 현재 디렉터리의 디스크 사용량을 표시합니다. 결
과는 서브 디렉터리별로 출력하고 숫자는 해당 디렉터리가 차지한 디스크 사용량(킬
로바이트)입니다. du 명령어와 -a 옵션을 사용하면 파일별 디스크 사용량을 표시합
니다.

```
$ du -a ⏎
0      ./bottle
4      ./cornfield/cocktail
8      ./cornfield
12     .
```

반대로 서브 디렉터리나 파일 정보는 필요 없고 지정한 디렉터리 이하가 차지하는
디스크 사용량만 알고 싶다면 -s 옵션을 사용합니다.

```
$ du -s ⏎
12     .
```

그러면 예제처럼 서브 디렉터리나 파일 표시 없이 합계 디스크 사용량만 표시합니
다. 특정 디렉터리의 디스크 사용량 확인은 du 명령어 인수에 해당 디렉터리 경로를
지정합니다. 예를 들어 cornfield 디렉터리를 확인해봅시다.

```
$ du cornfield ⏎
8      cornfield
```

<table>
<tr><td rowspan="2">서
식</td><td>**df [옵션]**</td></tr>
<tr><td>**du [옵션] [디렉터리]**</td></tr>
</table>

경로 /usr/bin/df, /usr/bin/du

주요 옵션(df 명령어)

-a	모든 파일 시스템 관련 정보를 표시합니다.
-h	사람이 읽기 쉬운 단위로 표시합니다. 1024배수로 단위가 변합니다.[3]
-H	사람이 읽기 쉬운 단위로 표시합니다. 1000배수로 단위가 변합니다.[4]
-t *fstype*	파일 시스템 종류(380쪽)가 *fstype*인 파일 시스템만 표시합니다.

주요 옵션(du 명령어)

-a	서브 디렉터리 단위가 아니라 파일마다 디스크 사용량을 표시합니다.
-b	표시할 디스크 사용량 단위를 바이트로 지정합니다.
-h	표시 내용을 사람이 읽기 쉬운 단위로 표시합니다. 1000배수로 단위가 변합니다. -b 옵션과 함께 사용하면 1024배수로 단위가 변합니다.
-s	서브 디렉터리별 사용량 표시를 생략하고 합계 크기만 표시합니다.
-d *n*	*n*단계 서브 디렉터리까지 디스크 사용량을 표시합니다.

사용 예

각 파일 시스템 디스크 사용량을 표시합니다.

```
$ df
```

현재 디렉터리 이하 디스크 사용량을 표시합니다.

```
$ du
```

---

3 옮긴이_ 2의 n제곱으로 전통적인 컴퓨터가 사용하는 단위입니다. 키비바이트(KiB), 메비바이트(MiB), 기비바이트
(GiB) 등이 해당합니다.
4 옮긴이_ 계산 편의를 위해 10의 n제곱으로 사용하는 단위입니다. 킬로바이트(KB), 메가바이트(MB), 기가바이트
(GB) 등이 해당합니다.

/home/user 디렉터리 이하 디스크 사용량을 표시합니다.

```
$ du /home/user
```

현재 디렉터리 이하 디스크 사용량을 용량이 큰 순서대로 정렬합니다.

```
$ du | sort -nr
```

사용자 로그인 이력 표시하기

last

시스템에 어떤 사용자가 언제 로그인해서 얼마나 사용했는지와 같은 정보를 **로그인 이력**이라고 합니다. 로그인 이력을 표시하려면 last 명령어를 사용합니다.

 해보기

last 명령어를 인수 없이 실행해봅시다.

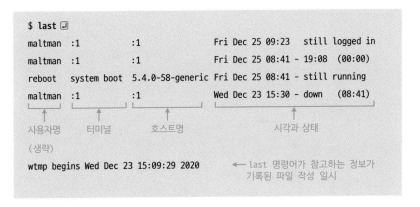

last 명령어는 로그인한 사용자, 로그인 시각, 로그아웃 시각 등을 표시합니다.[5] 예제의 maltman 사용자는 12월 25일(금) 9시 23분에 로그인해서 아직 로그인 중입니다.

그리고 last 명령어는 시스템 재부팅 시각, 셧다운 시각, 런레벨 변화 시각 같은 정보를 각각 가상 사용자인 reboot, shutdown, runlevel로 표시합니다. **런레벨**runlevel 은 시스템이 어떤 상태인지 나타내는 값으로 런레벨 0은 시스템 정지(셧다운) 상태,

---

5 세 번째 열(:1이나 5.4.0-58-generic이 있는 열)은 보통 호스트명을 표시하지만 사용자명이 reboot라면 커널명 같은 다른 정보를 표시합니다.

런레벨 6은 시스템 다시 시작(리부트) 상태, 런레벨 1은 싱글 유저 모드 상태입니다. 보통은 런레벨 5로 동작합니다.

예제에서 last 명령어가 출력 결과로 maltman 사용자의 로그인, 로그아웃 정보뿐만 아니라 reboot라는 가상 사용자의 정보도 표시하는데 이는 reboot 사용자의 로그인 시각이 아니라 시스템이 다시 시작된 시각을 의미합니다. 즉, 이 시스템은 12월 25일(금) 8시 41분에 다시 시작됐습니다.

last [옵션] [사용자명]

주요 옵션

-n	*n*행 분량의 로그인 이력을 표시합니다.
-x	런레벨 변경을 표시합니다.

사용 예

시스템 로그인 이력을 표시합니다.

```
$ last
```

user 사용자 관련 로그인 이력을 표시합니다.

```
$ last user
```

TIP

사용하는 환경에 따라서 '해보기'에서 본 결과물과 다르게 /var/log/wtmp 파일을 열 수 없다는 에러 메시지가 표시됩니다. 이건 last 명령어가 참조하는 파일이 존재하지 않아서 발생하는 에러이므로 정보를 기록할 파일을 만들면 해결됩니다. last 명령어가 사용하는 파일은 /var/log/wtmp 파일입니다. 슈퍼유저 권한으로 다음처럼 touch 명령어를 활용해 파일을 작성합시다.

```
# touch /var/log/wtmp
```

시스템 가동 시간 표시하기

uptime

시스템 가동 시간은 시스템을 부팅하고 나서 얼마나 오래됐는지 나타냅니다. 명령어는 uptime입니다.

 해보기

uptime 명령어를 인수 없이 실행해봅시다.

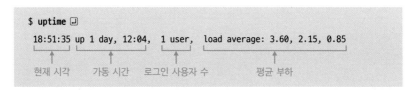

출력된 결과는 현재 시각, 가동 시간, 로그인 사용자 수, 평균 부하 정보입니다. **평균 부하**load average는 시스템에 얼마나 부하가 걸리는지(시스템이 얼마나 많은 일을 하고 있는지) 의미하는 지표로, 왼쪽부터 차례대로 1분간, 5분간, 15분간 평균 부하 값입니다.

더 해보기

uptime 명령어는 옵션으로 표시할 정보를 변경합니다. -p 옵션으로 실행하면 시스템이 가동된 시간을 표시합니다.

```
$ uptime -p ⏎
up 1 day, 12 hours, 26 minutes
```

시스템을 1일 12시간 26분 동안 사용 중입니다. 그리고 -s 옵션으로 실행하면 시스템이 시작된 시각을 표시합니다.

```
$ uptime -s ↵
2020-12-26 06:46:55
```

시스템은 2020년 12월 26일 6시 46분 55초에 부팅됐습니다.

uptime [옵션]

주요 옵션

-p	가동 시간만 표시합니다.
-s	시스템을 시작한 시각만 표시합니다.

사용 예

시스템 가동 시간을 표시합니다.

```
$ uptime
```

> ### 🐟 Column ⦿ 하드웨어 정보를 확인하는 명령어
>
> 컴퓨터에는 CPU, 메모리, 하드 디스크 같은 다양한 하드웨어가 있습니다. 하드웨어 현재
> 상태를 파악하거나 새롭게 증설한 하드웨어를 컴퓨터가 제대로 인식하는지 하드웨어 관련
> 정보를 확인하고 싶을 때 사용하는 리눅스 명령어가 있습니다. 예를 들어 lscpu 명령어를
> 실행하면 CPU 모델명, 처리 속도(클럭 수) 같은 CPU 상세 정보를 표시합니다. free 명
> 령어는 총 메모리양, 현재 사용량 같은 정보를 표시합니다. 이러한 명령어는 옵션이나 인
> 수 없이 실행 가능하므로 직접 실행해보기 바랍니다. 실행 결과로 표시되는 내용의 상세한
> 설명이나 명령어 옵션은 man 명령어나 간단 도움말(30쪽)을 참조하세요.
>
> 그 외에도 lshw 명령어는 머더보드 등 다양한 하드웨어의 상세 정보, lscpi 명령어는
> PCI 디바이스 목록을 표시합니다(실행되지 않으면 11장을 참조해서 패키지를 설치하기
> 바랍니다).
>
> 앞서 소개한 명령어 외에도 하드웨어 정보를 확인하는 명령어는 많지만 이 책에서는 디스
> 크 정보를 확인하는 du 명령어와 df 명령어(139쪽), 네트워크 인터페이스를 확인하는 ip
> 명령어와 ifconfig 명령어(353쪽), USB 디바이스 정보를 확인하는 lsusb 명령어(403
> 쪽) 사용법을 설명합니다.

시스템 정보 표시하기

uname

시스템 정보, OS 릴리스 번호, 하드웨어 정보 등을 표시하려면 uname 명령어를 사용합니다.

 해보기

우선 시스템명을 표시해봅시다.

```
$ uname ⏎
Linux
```

uname 명령어를 인수 없이 실행하면 현재 가동 중인 시스템명을 표시합니다. 이 책
에서는 우분투를 사용하니 출력 결과는 Linux입니다.

더 해보기

uname 명령어는 옵션을 지정하면 시스템명 외에도 다양한 정보를 표시합니다. -a
옵션은 모든 정보를 표시합니다.

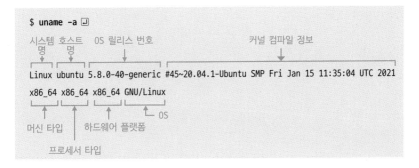

-a 옵션을 지정하면 시스템명, 호스트명, OS 릴리스 번호, 커널 컴파일 정보, 머신
타입, 프로세서 타입, 하드웨어 플랫폼, OS 관련 정보를 표시합니다.

uname [옵션]

경로 /usr/bin/uname

주요 옵션

-n	호스트명을 표시합니다.
-r	OS 릴리스 번호를 표시합니다.
-v	커널 컴파일 정보를 표시합니다.
-m	머신 타입을 표시합니다.
-p	프로세서 타입을 표시합니다.
-a	모든 정보를 표시합니다.

사용 예

시스템명을 표시합니다.

```
$ uname
```

모든 시스템 정보를 표시합니다.

```
$ uname -a
```

## Chapter 05

파일 다루기 고급 편

긴 파일 내용 표시하기

more, less

긴 텍스트 파일을 한 화면씩 끊어서 출력하고 싶으면 more 명령어 또는 less 명령어를 사용합니다.

 해보기

미국 51개 주 이름을 알파벳 순서대로 나열한 states 파일을 에디터(430쪽)로 작성
해서 저장하고 more 명령어로 표시해봅시다.

```
$ more states ⏎
Alabama
Alaska
(생략)
Minnesota
--More--(38%)
```

cat 명령어(47쪽)처럼 more 명령어는 인수로 지정한 파일 내용을 표시합니다. cat
명령어와 다른 점은 파일 내용이 한 화면에 다 표시되지 않으면 한 화면 분량을 출력
한 후 일시 정지하고 다음 지시를 대기하는 프롬프트 상태가 된다는 것입니다. 다음
화면을 보려면 Space 키를 누릅니다. 파일 끝까지 표시하면 프로그램을 자동 종료하
고 셸 프롬프트로 돌아갑니다. 도중에 종료하고 싶으면 q 키를 누릅니다. 이번에는
less 명령어를 사용해서 states 파일을 표시해봅시다.

```
$ less states ⏎
Alabama
Alaska
(생략)
Mississippi
States
```

cat 명령어나 more 명령어처럼 less 명령어도 인수로 지정한 파일 내용을 표시합니다. 파일 내용이 한 화면에 다 표시되지 않으면 more 명령어처럼 화면 분량만큼 출력하고 일시 정지해서 다음 지시를 기다리는 프롬프트 상태가 됩니다. Space 키를 눌러서 다음 화면을 표시하는 것도 같습니다. 다만, less 명령어는 파일 마지막까지 표시하더라도 자동으로 종료하지 않으므로 q 키를 눌러서 종료합니다.

more 명령어보다 less 명령어가 기능이 더 많습니다. 상세한 조작법은 156쪽을 확인하기 바랍니다.

🐧 더 해보기

텍스트 파일을 표시할 때 문자열 검색도 가능합니다. less 명령어를 사용해서 states 파일에서 Montana 문자열을 검색해봅시다. / 키로 문자열 검색을 시작합니다. 그러면 화면 제일 아래에 있는 프롬프트가 "/ " 모양으로 변합니다. 검색하고 싶은 문자열 Montana를 입력합니다.

```
$ less states ↵
Alabama
Alaska
(생략)
Mississippi
/Montana
```

엔터 키를 누르면 입력한 문자열 Montana를 검색합니다.

```
Montana
Nebraska
(생략)
Washington DC
:
```

예제처럼 검색한 문자열 Montana가 화면 제일 위에 표시됩니다. 이때 같은 문자열을 계속 검색하려면 n 키를 누릅니다. more 명령어나 less 명령어는 다른 명령어

실행 결과를 화면 단위로 나눠서 볼 때도 사용합니다. 이때 명령어 실행 결과를 다른 명령어로 전달하는 |(216쪽)를 사용합니다.

```
$ ls -F /bin | less ↵
bash*
brltty*
(생략)
:
```

서
식

more [옵션] [파일...]
less [옵션] [파일...]

경로 /usr/bin/more, /usr/bin/less

주요 옵션(more 명령어)

-s	연속한 빈 줄을 표시하지 않습니다.

주요 옵션(less 명령어)

-X	프로그램 종료 후에도 표시한 내용을 지우지 않습니다.
-xn	탭tab을 n개의 스페이스(빈칸)로 치환해서 표시합니다(기본값은 8).
-S	긴 줄을 자동 줄 바꿈하지 않고 그대로 한 줄로 표시합니다.[1]
-s	연속한 빈 줄을 표시하지 않습니다.

사용 예

file 텍스트 파일을 한 화면씩 표시합니다.

```
$ more file
$ less file
```

ls 명령어 출력 결과를 한 화면씩 표시합니다.

```
$ ls /bin | more
$ ls /bin | less
```

---

1 옮긴이_ 잘려서 보이지 않는 부분은 좌우 커서 키를 눌러서 화면에 표시되는 영역을 변경하면 확인 가능합니다.

파일 표시 중에 사용하는 조작 단축키[2]

동작	less	more[3]
다음 화면으로 이동하기	`f`, `Ctrl`+`f`, `Space`	`z`, `Space`, `Ctrl`+`f`
이전 화면으로 이동하기	`b`, `Ctrl`+`b`	`b`, `Ctrl`+`b`
다음 한 줄 이동하기	`↵`, `j`, `Ctrl`+`n`	`↵`, `Ctrl`+`j`
이전 한 줄 이동하기	`k`, `Ctrl`+`p`	
다음 화면 반만 이동하기	`d`, `Ctrl`+`d`	`d`, `Ctrl`+`d`[4]
이전 화면 반만 이동하기	`u`, `Ctrl`+`u`	
파일 맨 위로 이동하기	`g`, `<`	
파일 맨 아래로 이동하기	`G`, `>`	
pattern 문자열 전방 검색	`/`*pattern*	`/`*pattern*
pattern 문자열 후방 검색	`?`*pattern*	
문자열을 재검색	`n`	
문자열을 역방향으로 재검색	`n`	
직전 검색 시작 위치로 돌아가기	`'` `'`	`'`
현재 파일명과 현재 위치 표시	`:` `f`, `=`, `Ctrl`+`g`	`:` `f`
현재 줄 수 표시		`=`
도움말 표시	`h`	`h`, `?`
종료하기	`q`, `Q`	`q`, `Q`
인수로 지정한 파일의 다음 파일 표시	`:` `n`	`:` `n`
인수로 지정한 파일의 이전 파일 표시	`:` `p`	`:` `p`
방금 전에 실행한 조작 단축키 재실행		`.`

---

2 emacs나 vi 에디터와 유사한 조작 단축키를 주로 설명합니다. 조작법 키를 입력하기 전에 숫자를 입력하면 그 숫자만큼 화면 이동량이 달라집니다.

3 버전에 따라서는 more 명령어도 꽤 많은 기능을 제공합니다.

4 more 명령어는 지정한 줄 수(생략하면 11줄)만큼 다음으로 이동합니다.

파일 앞부분 표시하기

head

텍스트 파일 앞부분을 출력하려면 head 명령어를 사용합니다.

 해보기

states 파일[5] 앞부분을 표시해봅시다.

```
$ head states ⏎
 1 Alabama
 2 Alaska
(생략)
10 Georgia
```

head 명령어는 인수로 지정한 파일에서 앞부분만 표시합니다. 표시할 줄 수를 지정하지 않으면 기본으로 10줄만 표시합니다.

더 해보기

표시할 줄 수를 지정하려면 -n 옵션을 사용합니다.

```
$ head -3 states ⏎
 1 Alabama
 2 Alaska
 3 Arizona
```

실행 결과를 보면 states 파일의 첫 3줄만 출력합니다. head 명령어는 다른 명령어 실행 결과를 앞부분만 표시할 때도 사용합니다. 이때도 ¦(216쪽)를 사용합니다.

---

5 명령어가 어떻게 동작하는지 알아보기 쉽게 각 줄에 줄 번호를 추가한 파일을 사용합니다.

```
$ last | head -2 ⏎
maltman :0 :0   Sun Nov 24 00:14   still logged in
maltman :0 :0   Wed Nov 20 07:54 - 00:10 (3+16:15)
```

예제에서는 최근 로그인한 사용자를 표시하는 last 명령어(123쪽) 실행 결과에서
첫 두 줄만 표시합니다.

head [옵션] [파일…]

주요 옵션

-n	파일을 앞에서 n줄까지 표시합니다.
-n +n	파일을 앞에서 n줄까지 표시합니다.
-n -n	파일을 끝에서 n줄까지 제외하고 표시합니다.
-c +n	파일을 앞에서 n바이트까지 표시합니다.
-c -n	파일을 끝에서 n바이트까지 제외하고 표시합니다.

사용 예

텍스트 파일 file 앞부분(10줄)을 표시합니다.

```
$ head file
```

텍스트 파일 file 첫 3줄을 표시합니다.

```
$ head -3 file
```

last 명령어 실행 결과 앞부분(10줄)을 표시합니다.

```
$ last ¦ head
```

파일 끝부분 표시하기

tail

텍스트 파일 끝부분을 출력하려면 tail 명령어를 사용합니다.

해보기

states 파일 끝부분을 표시해봅시다.

```
$ tail states ⏎
42 Tennessee
43 Texas
(생략)
50 Wyoming
```

tail 명령어는 인수로 지정한 파일 내용 끝부분만 출력합니다. 표시할 줄 수를 지정하지 않으면 끝에서 10줄 분량을 출력합니다.

더 해보기

표시할 줄 수를 지정하려면 -n 옵션을 사용합니다.

```
$ tail -3 states ⏎
48 West Virginia
49 Wisconsin
50 Wyoming
```

예를 들어 n대신 3을 지정하면 예제처럼 states 파일 끝에서 3줄 분량을 표시합니다. 또한 tail 명령어는 다른 명령어 실행 결과를 끝부분만 확인할 때도 이용하며 |(216쪽)를 사용합니다.

```
$ dmesg ¦ tail -3 ⏎
[24050.525494] usb 2-2.1: SerialNumber: 000181729932
[24050.780728] e1000: ens33 NIC Link is Up 1000 Mbps Full Duplex, Flow
Control: None
[24050.960894] IPv6: ADDRCONF(NETDEV_CHANGE): ens33: link becomes ready
```

예제는 시스템 메시지를 표시하는 **dmesg** 명령어(308쪽) 실행 결과를 끝에서 3줄 분량만큼 표시했습니다.

tail [옵션] [파일...]

주요 옵션

-f	파일 끝부분까지 표시해도 종료하지 않고 계속해서 파일에 데이터가 추가될 때마다 갱신된 내용을 표시합니다.
-n	파일을 끝부분에서 n줄까지 표시합니다.
-n +n	파일을 앞부분에서 n줄 이후를 표시합니다.
-n -n	파일을 끝부분에서 n줄 이후를 표시합니다.
-c +n	파일을 앞부분에서 n바이트 이후를 표시합니다.
-c -n	파일을 끝부분에서 n바이트 이후를 표시합니다.

사용 예

텍스트 파일 file 끝부분(10줄)을 표시합니다.

```
$ tail file
```

텍스트 파일 file 끝에서 5줄을 표시합니다.

```
$ tail -5 file
```

텍스트 파일 file에 데이터가 추가될 때마다 표시를 갱신합니다.

```
$ tail -f file
```

ps 명령어 실행 결과 마지막 부분을 표시합니다.

```
$ ps -ejH | tail
```

파일 정렬하기

텍스트 파일 내용을 정렬하려면 sort 명령어를 사용합니다.

 해보기

우선 다음과 같은 data 파일을 작성합니다.

● DATA 파일 ●

```
10 50 70
40 20 30
30 10 50
```

이 파일을 재정렬해서 표시해봅시다.

```
$ sort data ⏎
10 50 70
30 10 50
40 20 30
```

sort 명령어는 인수로 지정한 파일을 각 줄의 모든 필드를 비교할 대상으로 삼아서 정렬한 결과를 표시합니다. **필드**field란 스페이스나 탭으로 구분한 텍스트 부분을 뜻합니다. 필드 텍스트가 숫자라면 숫자가 작은 순서로, 알파벳이라면 알파벳 순서로 정렬합니다.

더 해보기

특정 필드만 정렬 기준 대상으로 삼아서 정렬하려면 **-k** 옵션을 사용합니다.

예제는 두 번째, 세 번째 필드(별색 부분)를 정렬 기준 대상으로 삼았습니다. sort 명령어의 필드는 1번부터 시작합니다.

sort [옵션] [파일...]

경로 /usr/bin/sort

주요 옵션

-t *sep*	필드를 구분하는 문자로 *sep*를 지정합니다. 기본값은 공백 문자와 탭 문자를 사용합니다.
-k *pos1*[,*pos2*]	정렬 기준 대상 필드를 지정합니다. *pos2*를 생략하면 지정한 필드 이후가 모두 대상입니다. 필드 위치는 1에서 시작합니다.
-b	줄 시작 부분에 있는 공백 문자는 무시합니다.
-r	역순으로 정렬합니다.
-f	알파벳 대소문자 차이를 무시합니다.

사용 예

텍스트 파일 file의 각 줄을 모든 필드를 기준으로 정렬합니다.

```
$ sort file
```

텍스트 파일 file을 지정한 필드(2~4번째)를 기준으로 정렬합니다.

```
$ sort -k 2,4 file
```

중복 내용을 제거해서 표시하기

uniq

텍스트 파일에서 중복을 제거해서 표시하려면 uniq 명령어를 사용합니다. **유니크**^{unique}란 '유일한'이라는 의미로 같은 내용이 앞뒤 줄에 연속해서 존재하면 그중 하나만 표시합니다.

 해보기

우선 다음과 같은 north 파일을 작성합니다.

```
● north 파일 ●
    Minnesota
    Montana
    Montana
    Minnesota
```

중복을 제거해서 north 파일 내용을 표시해봅시다.

```
$ uniq north ⏎
    Minnesota
    Montana
    Minnesota
```

uniq 명령어는 인수로 지정한 파일에서 각 줄을 전후로 비교해서 같은 내용이라면 줄을 하나로 합쳐서 출력합니다.

더 해보기

uniq 명령어는 전후로 중복된 줄을 하나로 합쳐서 표시하는 기능 외에도 전후로 중복되지 않은 줄만 표시하거나(-u 옵션) 중복된 줄만 표시하는(-d 옵션) 기능도 있습니다.

```
$ uniq -u north ⏎
Minnesota
Minnesota
$ uniq -d north ⏎
Montana
```

uniq [옵션] [입력파일 [출력파일]]

경로 /usr/bin/uniq

주요 옵션

-u	중복되지 않은 줄만 출력합니다.
-d	중복된 줄만 출력합니다.
-c	중복된 줄 수를 각 줄 옆에 표시합니다.
-f n	각 줄 시작 위치에서 n개 필드만큼 건너뛰어서 비교합니다. 공백 문자와 탭 문자가 필드 구분 문자입니다. 필드 위치는 1에서 시작합니다.
-s n	각 줄 시작 위치에서 n개 문자를 건너뛰어 비교합니다.
-w n	각 줄에서 n개 문자를 비교합니다. 기본값은 줄 전체를 비교합니다.

사용 예

텍스트 파일 north 각 줄을 전후로 비교해 중복을 제거해서 표시합니다.

```
$ uniq north
```

파일 내 문자열 검색하기

grep

텍스트 파일 안에 있는 문자열을 검색하려면 grep 명령어를 사용합니다.

 해보기

우선 다음 내용의 south 파일을 작성합니다.

```
● south 파일 ●
  Alabama
  Louisiana
  Mississippi
```

파일에 Louisiana 문자열이 존재하는지 검색해봅시다.

```
$ grep Lousiana south ↵
Louisiana
```

grep 명령어는 첫 번째 인수로 지정한 문자열이 두 번째 인수로 지정한 파일에 있는지 검색해서 해당하는 문자열을 포함한 줄을 찾습니다. 한눈에 파악하기 어려운 큰 파일에서 해당하는 문자열이 있는지 확인할 때 편리합니다.

 더 해보기

grep 명령어는 정규 표현식regular expression(172쪽)으로 문자열 패턴 검색이 가능합니다. states 파일에 Virginia로 시작하는 줄이 존재하는지 찾아봅시다.

```
$ grep Virginia states ↵
Virginia
West Virginia
$ grep ^Virginia states ↵
Virginia
```

정규 표현식으로 ^문자열은 줄이 **문자열**로 시작한다는 의미입니다.

grep [옵션] 문자열패턴 [파일...]

경로 /usr/bin/grep

주요 옵션

-v	지정한 문자열 패턴을 포함하는 줄을 제외하고 표시합니다.
-n	줄 번호를 함께 표시합니다.
-l	지정한 문자열을 포함한 파일명을 표시합니다.
-i	대소문자 구분 없이 검색합니다.
-r	서브 디렉터리 안에 있는 파일도 모두 대상으로 재귀적으로 검색합니다.
-s	에러 메시지를 표시하지 않습니다.

사용 예

텍스트 파일 file에 malt로 시작하는 줄이 있는지 검색해서 표시합니다.

```
$ grep ^malt file
```

ps 명령어 실행 결과에서 xeyes 문자열을 포함한 줄을 표시합니다.

```
$ ps auxw ¦ grep xeyes
```

텍스트 파일 file에서 malt라는 문자열을 포함한 줄과 줄 번호를 표시합니다.

```
$ grep -n malt file
```

≫ Column · 정규 표현식

정규 표현식은 구체적인 문자열이 아니라 문자열 패턴(어떤 규칙을 포함한 문자열)을 구성하는 기호를 사용해서 문자열을 표현합니다. 예를 들어 a, ab, abb, abbb, abbbbbbb처럼 a 다음에 b가 0개 이상 계속 등장하는 문자열 집단을 표현하려면 기호 *를 사용해서 다음처럼 표시합니다.

```
ab*
```

즉, 기호 *는 직전 문자를 0번 이상 반복한다는 의미입니다.

정규 표현식은 기호를 조합해서 사용할 수도 있습니다. 임의의 한 문자를 뜻하는 기호 .과 기호 *를 조합해서 a로 시작해서 z로 끝나는 문자열을 표현하는 문자열 패턴은 다음과 같습니다.

```
a.*z
```

이렇게 하면 az, abcz, amaltmanz, aOOOz처럼 다양한 문자열에 대응합니다. 다음 표로 정규 표현식에서 자주 사용하는 기호를 정리했습니다.

정규 표현식	의미
^문자열	**문자열**로 줄이 시작함
문자열$	**문자열**로 줄이 끝남
.	임의의 한 글자
문자*	**문자**가 0번 이상 반복
[문자]	[ ] 안에 있는 **문자** 중 하나라도 일치 (예: [abc]는 a나 b나 c에 해당)
[문자1-문자2]	**문자1**과 **문자2** 사이에 있는 글자 하나 (예: [1-9]는 1과 9 사이 숫자에 해당)

그리고 정규 표현식 문자열에 공백이나 기호 *가 들어간다면 셸에서 해석되지 않도록 '(작은따옴표, 싱글쿼테이션single quotation) 또는 "(큰따옴표, 더블쿼테이션double quotation)으로 감쌉니다(예: *, 257쪽).

텍스트 파일 길이 조사하기

wc

텍스트 파일 길이(줄 수, 단어 수, 문자 수)를 조사하려면 wc 명령어를 사용합니다.

 해보기

states 파일 길이를 조사해봅시다.

```
$ wc states ⏎
 50  60 472 states
```

wc 명령어는 인수로 지정한 파일의 길이를 표시합니다. 실행 결과는 왼쪽에서 차례대로 줄 수, 단어 수, 문자 수를 뜻합니다. 다만 한국어 같은 멀티바이트 문자를 포함하면 바이트 수로 표시합니다. 그리고 문자 수에는 줄 바꿈 문자 같은 제어 문자도 포함합니다(이스케이프 시퀀스 247쪽).

더 해보기

줄 수, 단어 수, 문자 수를 각각 표시하려면 줄 수는 -l 옵션, 단어 수는 -w 옵션, 문자 수는 -c 옵션을 사용합니다.

```
$ wc -l states ⏎
50 states
$ wc -w states ⏎
60 states
$ wc -c states ⏎
472 states
```

¦(216쪽)를 사용해서 명령어 실행 결과가 몇 줄인지 확인하는 사용법도 있습니다.

```
$ last ¦ wc -l ↵
15
```

wc [옵션] [파일...]

경로 /usr/bin/wc

주요 옵션

-l	줄 수를 표시합니다.
-w	단어 수를 표시합니다.
-c	문자 수를 표시합니다. 멀티바이트 문자를 포함하면 바이트 수가 됩니다.
-m	문자 수를 표시합니다. 멀티바이트 문자를 포함해도 문자 수가 됩니다.

사용 예

텍스트 파일 file의 길이(줄 수, 단어 수, 문자 수)를 조사합니다.

```
$ wc file
```

last 명령어 실행 결과 길이(줄 수, 단어 수, 문자 수)를 조사합니다.

```
$ last ¦ wc
```

두 파일 차이점 찾기

diff

두 파일(디렉터리)의 차이점은 `diff` 명령어로 알 수 있습니다.

 해보기

우선 다음과 같이 south1과 south2 파일을 작성합니다.

● south1 파일 ●
```
Alabama
Lousiana
Mississippi
```

● south2 파일 ●
```
Alabama
Texas
Mississippi
```

이 두 파일에 어떤 차이가 있는지 알아봅시다.

```
$ diff south1 south2 ↵
2c2                          ← 2c2
< Lousiana                        └─ south2의 두 번째 줄
---                               └─ 교환(change)
> Texas                           └─ south1의 두 번째 줄
```

예제처럼 `diff` 명령어는 첫 번째 인수와 두 번째 인수로 지정한 파일 내용을 비교해서 차이점을 표시합니다.

만약 바이너리 파일을 인수로 지정하면 둘이 서로 다른 파일일 때 내용을 표시하는 대신에 'Binary files 파일1 and 파일2 differ(바이너리 파일1과 파일2는 다른 파일)' 메시지만 표시합니다.

더 해보기

diff 명령어는 두 디렉터리에서 이름이 같은 파일끼리 비교 가능합니다. 우선 dir1 디렉터리와 dir2 디렉터리를 작성하고 조금 전에 만든 south1, south2 파일을 각 디렉터리에 south라는 이름으로 복사합니다(cp 명령어). dir2 디렉터리에는 north 파일도 작성해둡시다(touch 명령어).

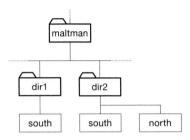

그림 5-1 dir1, dir2 디렉터리 구조

이제 diff 명령어로 dir1과 dir2 디렉터리 차이점을 알아봅시다.

```
$ mkdir dir1 dir2 ⏎
$ cp south1 dir1/south ⏎
$ cp south2 dir2/south ⏎
$ touch dir2/north ⏎        ←── dir2 디렉터리에 north 파일 작성
$ ls -F ⏎
dir1/  dir2/
$ diff dir1 dir2 ⏎
Only in dir2: north        ←── north 파일은 dir2 디렉터리에만 존재
diff dir1/south dir2/south
2c2
< Lousiana
---
> Texas
```

이렇게 두 디렉터리의 차이점을 알고 싶다면 diff 명령어 인수에 디렉터리 경로를 지정합니다. 여기서 디렉터리 차이점이란 파일 존재 여부 차이, 파일명이 같은 파일 사이의 내용 차이를 의미합니다.

diff [옵션] 파일1 파일2
diff [옵션] 디렉터리1 디렉터리2

경로 /usr/bin/diff

주요 옵션

-i	대소문자 차이를 무시합니다.
-r	서브 디렉터리도 비교합니다.
-s	두 파일 내용이 같으면 같다는 정보를 표시합니다.
-b	줄 끝에 있는 공백 문자 차이를 무시합니다.
-w	모든 공백 문자 차이를 무시합니다.
-B	빈 줄 개수 차이를 무시합니다.
-q	파일 내용 일치 여부만 표시합니다.
-u	통합 diff^{unified diff} 형식으로 출력합니다.

사용 예

file1과 file2 파일의 내용 차이를 조사합니다.

```
$ diff file1 file2
```

dir1과 dir2 디렉터리의 차이를 조사합니다.

```
$ diff dir1 dir2
```

file1과 file2 파일 차이를 통합 diff 형식으로 표시합니다.

```
$ diff -u file1 file2
```

통합 형식이란 수정한 내용을 파악하기 쉽도록 차이점이 존재하는 줄의 앞뒤 줄도 포함해서 출력
합니다. 이때 삭제된 줄이라면 −(마이너스), 추가된 줄이라면 +(플러스) 기호를 줄 앞에 표시합니
다. diff 명령어 기본 출력 형식보다 한눈에 보기 편하므로 요즘은 이런 출력 형식을 널리 사용합
니다.

```
$ diff -u south1 south2 ⏎
--- south1      2020-12-28 15:37:40.608174385 +0900
+++ south2      2020-12-28 15:37:49.314388241 +0900
@@ -1,4 +1,4 @@
 Alabama
-Lousiana
+Texas
 Mississippi
```

파일 소유자, 소속 그룹 변경하기

chown, chgrp

파일이나 디렉터리에는 소유자, 소속 그룹, 권한 같은 속성이 있습니다. **소유자**는 파일을 소유한 사용자를 뜻하는데 소유자만(슈퍼유저 제외) 해당 파일의 소속 그룹이나 권한 같은 속성을 변경할 수 있습니다. 파일이나 디렉터리 속성을 조사하려면 ls 명령어를 -l 옵션과 함께 실행합니다.

 해보기

파일(디렉터리) 소유자를 변경하려면 chown 명령어를 사용합니다. 다만 chown 명령어는 슈퍼유저만 사용 가능합니다. states 파일 소유자를 maltgirl로 변경해봅시다.

```
# ls -l states ↵
-rw-r--r-- 1 maltman users 472 11월 12 03:37 states
              ↑ 소유자
# chown maltgirl states ↵
# ls -l states ↵
-rw-r--r-- 1 maltgirl users 472 11월 12 03:37 states
```

chown 명령어는 두 번째 인수에 지정한 파일(디렉터리) 소유자를 첫 번째 인수에 지정한 사용자로 변경합니다.

 더 해보기

같은 그룹에 속한 사용자끼리 파일(디렉터리)을 공유하고 싶다면 파일(디렉터리) 소속 그룹을 변경합니다. 소속 그룹을 변경하려면 chgrp 명령어를 사용합니다. 예를 들어 states 파일 소속 그룹을 beer 그룹으로 변경해봅시다.[6]

---

6 maltman 사용자는 beer 그룹에도 소속한다고 가정합니다.

```
$ ls -l states ↵
-rw-r--r-- 1 maltman users 472 11월 12 03:37 states
                        └─ 그룹
$ chgrp beer states ↵
$ ls -l states ↵
-rw-r--r-- 1 maltman beer 472 11월 12 03:37 states
```

chgrp 명령어는 두 번째 인수에 지정한 파일(디렉터리)을 첫 번째 인수에 지정한 그룹 소속으로 변경합니다.

chown [옵션] 사용자명[:그룹명] 파일(디렉터리)...
chgrp [옵션] 그룹명 파일(디렉터리)...

경로 /usr/bin/chown, /usr/bin/chgrp

주요 옵션(공통)

-R   서브 디렉터리 이하도 한꺼번에 변경합니다.

사용 예

file 파일 소유자를 user 사용자로 변경합니다(슈퍼유저만 실행 가능).

```
# chown user file
```

file 파일 소속 그룹을 group 그룹으로 변경합니다(사용자가 group에 소속되어 있을 때만 가능).

```
$ chgrp group file
```

file 파일 소유자를 user로, 소속 그룹을 group으로 한꺼번에 변경합니다(슈퍼유저만 실행 가능).

```
# chown user:group file
```

파일 권한 변경하기

chmod

파일이나 디렉터리를 쓰지 못하게 하거나 다른 사용자가 읽지 못하게 하려면 파일 또는 디렉터리에 권한을 설정합니다.

파일 권한 확인하기

먼저 states 파일 권한을 ls 명령어로 확인해봅시다.

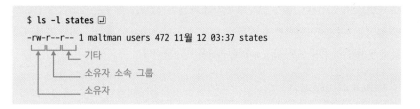

```
$ ls -l states ⏎
-rw-r--r-- 1 maltman users 472 11월 12 03:37 states
         기타
         소유자 소속 그룹
         소유자
```

권한 상태는 소유자, 그룹, 기타 각각에 읽기(r), 쓰기(w), 실행(x) 허가 조건이 있습니다. 허가 상태면 각 문자(r, w, x)가 표시되고 허가가 없는 항목은 −이 출력됩니다.

읽기 권한은 파일 내용을 less 같은 명령어에서 표시할 수 있는가, 쓰기 권한은 파일을 에디터 등으로 수정할 수 있는가, 실행 권한은 파일을 다른 명령어에서 실행할 수 있는가를 뜻합니다. 예제에서 states 파일은 소유자는 읽고 쓰기가 가능하지만 소속 그룹 및 기타 사용자는 읽기만 가능합니다.

파일 권한 변경하기

현재 권한을 변경하려면 chmod 명령어를 사용합니다. 예를 들어 states 파일 권한을 그룹 쓰기 허가(모드 설정: g+w)로 변경해봅시다.

```
$ chmod g+w states ⏎
$ ls -l states ⏎
-rw-rw-r-- 1 maltman users 472 11월 12 03:37 states
```

chmod 명령어는 두 번째 인수에 지정한 파일 권한을 첫 번째 인수에 지정한 모드 설정으로 변경합니다. 첫 번째 인수에 지정하는 모드 설정은 다음 형식을 사용합니다.

대상 + 설정 방법 + 허가 조건

먼저 권한을 변경할 '대상'을 지정합니다. 소유자라면 u, 소속 그룹은 g, 기타는 o를 지정합니다. 또한 여러 대상을 동시에 지정하거나 전부(a)를 대상으로 지정 가능합니다. 아무것도 지정하지 않으면 전부를 지정한 것과 같습니다. 마지막으로 권한 설정 방법을 지정합니다. 현재 권한에 추가할 때는 +, 삭제할 때는 -, 지정할 조건으로만 설정할 때는 =(이퀄equal)을 사용합니다. 예를 들어 states 파일을 기타 사용자가 읽지 못하게 하려면 모드 설정 o-r로 권한을 변경합니다.

```
$ chmod o-r states ⏎
$ ls -l states ⏎
-rw-rw---- 1 maltman users 472 11월 12 03:37 states
```

모드 설정에 8진수를 지정하는 방법도 사용합니다. 8진수 각 숫자는 권한 패턴과 [표 5-1]에 정리한 내용을 참조 바랍니다. 여기서 x는 2^0 = 1, w는 2^1 = 2, r은 2^2 = 4가 되고 8진법 숫자는 이것을 더한 값입니다. 예를 들어 -wx는 2 + 1 = 3, r-x는 4 + 1 = 5입니다. 모드 설정은 소유자, 그룹, 기타를 대상으로 각각 8진수를 지정해서 숫자 3개를 나열한 형태로 사용합니다.

이번에는 8진수를 사용해서 states 파일을 소유자만 읽고 쓸 수 있도록 권한을 변경해봅시다(모드 설정 600).

```
$ chmod 600 states ⏎
$ ls -l states ⏎
-rw------- 1 maltman users 472 11월 12 03:37 states
```

표 5-1 8진수를 사용한 권한 지정법

8진수	rwx
0	---
1	--x
2	-w-
3	-wx
4	r--
5	r-x
6	rw-
7	rwx

디렉터리 권한 변경하기

디렉터리 권한을 변경하면 다음과 같은 기능을 제한합니다.

- 디렉터리로 이동하기
- ls 명령어 등의 디렉터리 참조
- 디렉터리 내부에 파일 또는 디렉터리 작성

디렉터리 권한은 읽기(r) 허가가 있으면 디렉터리를 참조할 수 있습니다. 쓰기(w) 허가가 있으면 디렉터리 내부에서 파일 또는 디렉터리를 작성 및 수정 가능합니다. 실행(x) 허가가 있으면 해당 디렉터리로 이동 가능합니다.

일반적인 디렉터리 권한은 rwxr-xr-x인데 소유자가 아니면 디렉터리 이동 및 참조는 가능해도 쓰기는 불가능합니다. 그리고 rwx------처럼 자신(소유자) 이외는 접근 불가능한 디렉터리도 있습니다.

그러면 malt 디렉터리 권한을 변경해서 소유자만 접근할 수 있게 만들어봅시다.

```
$ chmod 700 malt ⏎
$ ls -ld malt ⏎
drwx------ 2 maltman users 472 11월 12 08:13 malt
```

chmod [옵션] 모드설정 파일(디렉터리)...

경로 /usr/bin/chmod

주요 옵션

-R   서브 디렉터리 이하도 한꺼번에 변경합니다.

권한 설정

[연산자 사용법]

대상(ugoa) + 설정 방법(+—=) + 허가조건(rwx)

- 대상: 소유자(u), 소속 그룹(g), 기타(o), 모두(a)
- 설정 방법: 추가(+), 삭제(-), 새로 설정(=)
- 허가조건: 읽기(r), 쓰기(w), 실행(x)

[8진수 사용법]

소유자(0~7) + 소속 그룹(0~7) + 기타(0~7)

- 0: ---, 1: --x, 2: -w-, 3: -wx, 4: r--, 5: r-x, 6: rw-, 7: rwx

사용 예

file 파일 권한을 소유자가 쓰기 가능하도록 변경합니다.

```
$ chmod u+w file          ←— 연산자를 사용한 방법
```

file 파일 권한을 소유자가 읽고 쓰기 가능, 소속 그룹 및 기타 사용자는 읽기만 가능하게 변경합니다.

```
$ chmod 644 file          ←—8진수를 사용한 방법
```

파일 압축하고 풀기

gzip, gunzip, bzip2, bunzip2, xz, unxz

네트워크로 파일을 전송하거나 한동안 사용하지 않을 파일을 어딘가 저장해둘 때 파일을 압축하면 파일 크기가 줄어서 작업 효율도 좋아지고 컴퓨터 자원도 절약 가능합니다. 이번에는 리눅스에서 표준적으로 사용하는 gzip 형식(.gz), bzip2 형식(.bz2), xz 형식(.xz)으로 압축하고 푸는 방법을 소개합니다.[7]

gzip 형식(확장자 .gz) 압축, 압축 풀기

파일을 gzip 형식(확장자 .gz)으로 압축하려면 `gzip` 명령어를 사용합니다. 예를 들어 rgb.txt 텍스트 파일[8]을 압축해봅시다.

```
$ ls -l rgb.txt ⏎
-rw-r--r-- 1 maltman users 17394 11월 25 14:37 rgb.txt
$ gzip rgb.txt ⏎
$ ls -l rgb.txt.gz ⏎
-rw-r--r-- 1 maltman users 4969 11월 25 14:37 rgb.txt.gz
```

`gzip` 명령어는 인수로 지정한 파일을 압축해서 **파일명.gz** 압축 파일을 작성합니다. rgb.txt 파일이 지워지고 rgb.txt.gz가 만들어지는데 파일 정보를 보면 파일 크기가 줄어든 것을 알 수 있습니다. 이번에는 압축 파일 rgb.txt.gz를 압축 해제해봅시다.

```
$ gunzip rgb.txt.gz ⏎
$ ls -l rgb.txt ⏎
-rw-r--r-- 1 maltman users 17394 11월 25 14:37 rgb.txt
```

---

7 윈도우에서 사용하는 zip 형식은 zip 명령어와 unzip 명령어를 사용합니다.

8 예제에서 사용하는 rgb.txt는 /usr/share/X11/rgb.txt(또는 /etc/X11/rgb.txt)를 복사해서 사용합니다.

gunzip 명령어는 인수로 지정한 gzip 형식 압축 파일을 풀어서 원래 파일로 되돌립니다.

bzip2 형식(확장자 .bz2) 압축, 압축 풀기

파일을 bzip2 형식(확장자 .bz2)으로 압축하려면 bzip2 명령어를 사용합니다. rgb.txt 텍스트 파일을 압축해봅시다.

```
$ bzip2 rgb.txt ⏎
$ ls -l rgb.txt.bz2 ⏎
-rw-r--r-- 1 maltman users 4686 11월 25 14:37 rgb.txt.bz2
```

bzip2 명령어는 인수로 지정한 파일을 압축해서 파일명이 **파일명.bz2**인 파일을 작성합니다. 이번에는 압축 파일 rgb.txt.bz2를 압축 해제해봅시다.

```
$ bunzip2 rgb.txt.bz2 ⏎
$ ls -l rgb.txt ⏎
-rw-r--r-- 1 maltman users 17394 11월 25 14:37 rgb.txt
```

bunzip2 명령어는 인수로 지정한 bzip2 형식 압축 파일을 풉니다.

xz 형식(확장자 .xz) 압축, 압축 풀기

파일을 xz 형식(확장자 .xz)으로 압축하려면 xz 명령어를 사용합니다. rgb.txt 텍스트 파일을 압축해봅시다.

```
$ xz rgb.txt ⏎
$ ls -l rgb.txt.xz ⏎
-rw-r--r-- 1 maltman users 4000 11월 25 14:37 rgb.txt.bz2
```

xz 명령어는 인수로 지정한 파일을 압축해서 파일명이 **파일명.xz**인 파일을 작성합니다. 이번에는 압축 파일 rgb.txt.xz를 압축 해제해봅시다.

```
$ unxz rgb.txt.xz ↵
$ ls -l rgb.txt ↵
-rw-r--r-- 1 maltman users 17394 11월 25 14:37 rgb.txt
```

unxz 명령어는 인수로 지정한 xz 형식 압축 파일을 풉니다. 일반적으로 gzip 형식, bzip2 형식, xz 형식 순서로 압축 효율이 높아집니다.

gzip 명령어, bzip2 명령어, xz 명령어는 파일 하나를 압축하는 명령어입니다. 디렉터리나 여러 파일을 하나로 묶어 압축하고 싶으면 우선 **tar** 명령어(194쪽)로 디렉터리나 파일을 하나로 뭉친 파일을 작성한 후 압축 명령어로 압축합니다.

gzip [옵션] [파일...]
gunzip [옵션] [파일...]
bzip2 [옵션] [파일...]
bunzip2 [옵션] [파일...]
xz [옵션] [파일...]
unxz [옵션] [파일...]

경로 /usr/bin/gzip, /usr/bin/gunzip, /usr/bin/bzip2,
/usr/bin/bunzip2, /usr/bin/xz, /usr/bin/unxz

주요 옵션

모든 명령어 공통

-v   압축하거나 압축을 풀 때 상세한 정보를 표시합니다.

gunzip, bunzip2, unxz 명령어 공통

-c   압축을 해제해서 표준 출력으로 출력합니다. 압축 파일은 원본 그대로 남아 있습니다.

사용 예

file 파일을 gzip 형식(확장자 .gz)으로 압축합니다.

```
$ gzip file
```

gzip 형식(확장자 .gz)으로 압축한 file.gz를 압축 해제합니다.

```
$ gunzip file.gz
```

file 파일을 bzip2 형식(확장자 .bz2)으로 압축합니다.

```
$ bzip2 file
```

bzip2 형식(확장자 .bz2)으로 압축한 file.bz2를 압축 해제합니다.

```
$ bunzip2 file.bz2
```

file 파일을 xz 형식(확장자 .xz)으로 압축합니다.

```
$ xz file
```

xz 형식(확장자 .xz)으로 압축한 file.xz를 압축 해제합니다.

```
$ unxz file.xz
```

압축 파일 내용 출력하기

zcat, bzcat, xzcat

압축된 텍스트 파일을 그대로 두고 그 안에 어떤 내용이 들었는지 표시하고 싶을 때 zcat 명령어(.gz 형식), bzcat 명령어(.bz2 형식), xzcat 명령어(.xz 형식)를 사용합니다. 이런 명령어를 사용하면 압축 파일을 풀지 않아도 |(216쪽)로 다른 명령어에 압축 해제된 내용을 넘길 수 있습니다(cat 명령어로 바이너리 데이터를 그대로 터미널에 출력하면 제어 문자 때문에 표시에 문제가 생기므로 주의하기 바랍니다).

gzip 형식(확장자 .gz) 파일 내용 출력하기

gzip 형식(확장자 .gz) 압축 파일인 rgb.txt.gz를 표시하려면 zcat 명령어[9]를 사용합니다. gunzip 명령어와는 달리 zcat 명령어는 압축 파일 rgb.txt.gz를 압축 해제하지 않고 그대로 둡니다.

```
$ zcat rgb.txt.gz ↵
! $Xorg: rgb.txt,v 1.3 2000/08/17 19:54:00 cpqbld Exp $
255 250 250              snow
248 248 255              ghost white
(생략)
$ ls -l rgb.txt.gz ↵
-rw-r--r-- 1 maltman users 4969 11월 25 14:37 rgb.txt.gz
```

bzip2 형식(확장자 .bz2) 파일 내용 출력하기

bzip2 형식(확장자 .bz2) 압축 파일인 rgb.txt.bz2를 표시하려면 bzcat 명령어[10]를 사용합니다.

9, 10 less 명령어도 압축 파일 그대로 내용을 확인할 수 있습니다.

```
$ bzcat rgb.txt.bz2 ⏎
```

xz 형식(확장자 .xz) 파일 내용 출력하기

xz 형식(확장자 .xz) 압축 파일인 rgb.txt.xz를 표시하려면 **xzcat** 명령어[11]를 사용합니다.

```
$ xzcat rgb.txt.xz ⏎
```

---

11 **less** 명령어도 압축 파일 그대로 내용을 확인할 수 있습니다.

zcat [파일...]
bzcat [파일...]
xzcat [파일...]

경로 /usr/bin/zcat, /usr/bin/bzcat, /usr/bin/xzcat

사용 예

gzip 형식(확장자 .gz)으로 압축한 파일 file.gz 내용을 표시합니다.

```
$ zcat file.gz
```

bzip2 형식(확장자 .bz2)으로 압축한 파일 file.bz2 내용을 표시합니다.

```
$ bzcat file.bz2
```

xz 형식(확장자 .xz)으로 압축한 파일 file.xz 내용을 표시합니다.

```
$ xzcat file.xz
```

파일 묶고 풀기

tar

여러 파일과 디렉터리를 tar 형식(확장자 .tar)이라고 부르는 아카이브 파일에 모아서 저장하거나 아카이브 파일을 다시 원래대로 풀려면 tar 명령어를 사용합니다.

 해보기

states1, states2, states3 파일을 states.tar 아카이브 파일에 하나로 묶어봅시다.

```
$ tar cf states.tar states1 states2 states3 ⏎
```

tar 명령어에서 c 옵션은 아카이브를 작성한다는 뜻입니다. f 옵션은 그다음 인수에 지정한 파일명으로 아카이브 파일을 작성합니다. 인수 순서를 실수하면 파일이 사라지는 문제가 생기므로 조심합시다. 이번에는 states.tar 아카이브 파일을 dir 디렉터리에 풀어봅시다.

```
$ cd dir ⏎
$ tar xf ../states.tar ⏎
$ ls ⏎
states1 states2 states3
```

x 옵션은 아카이브를 푼다는(전개) 뜻입니다. f 옵션 뒤에 지정한 아카이브 파일을 원래대로 풉니다.

 더 해보기

tar 명령어는 파일을 하나로 묶고 푸는 과정과 동시에 압축, 압축 해제도 가능합니다. z 옵션을 사용하면 gzip 형식, j 옵션은 bzip2 형식, J 옵션은 xz 형식을 다룹니다. 인터넷에서 다운로드한 소스 코드는 이렇게 tar 형식+gzip 형식(확장자가 .tar.gz

또는 .tgz) 압축 파일이 많습니다. 이런 파일을 한꺼번에 압축 해제 및 전개하려면
다음처럼 입력합니다.

```
$ tar xzf software.tar.gz ↵
```

tar [옵션] [파일...]

주요 옵션

f *file*	아카이브 파일 *file*을 지정합니다.
c	새로운 아카이브 파일을 작성합니다.
r	지정한 파일을 아카이브 파일에 추가합니다.
x	지정한 파일을 아카이브 파일에서 풉니다. 파일을 지정하지 않으면 모든 파일을 풉니다.
t	지정한 파일을 아카이브 파일에서 찾아서 있으면 해당하는 파일명을 표시합니다. 파일 지정이 없으면 모두 표시합니다.
v	명령어를 실행할 때 상세한 정보를 표시합니다.
J	xz 형식 압축, 압축 해제를 지원합니다.
j	bzip2 형식 압축, 압축 해제를 지원합니다.
z	gzip 형식 압축, 압축 해제를 지원합니다.

사용 예

file1, file2 파일을 묶어서 아카이브 파일 file.tar을 작성합니다.

```
$ tar cf file.tar file1 file2
```

지정한 file3 파일을 아카이브 파일 file.tar에 추가합니다.

```
$ tar rf file.tar file3
```

아카이브 파일 file.tar에서 모든 파일을 전개합니다.

```
$ tar xf file.tar
```

아카이브 파일 file.tar 내부 목록을 표시합니다.

```
$ tar tf file.tar
```

tar 형식 + gzip 형식인 file.tar.gz를 압축 해제 및 전개합니다.

```
$ tar zxf file.tar.gz
```

tar 형식 + bzip2 형식인 file.tbz2를 압축 해제 및 전개합니다.

```
$ tar jxf file.tbz2
```

파일에 별명 붙이기

파일에 별명을 붙이는(링크를 거는) 명령어는 ln입니다. 이 명령어는 어떤 파일을 다른 파일명으로 참조하거나 다른 디렉터리에서 전체 경로 지정을 하지 않아도 손쉽게 참조하고 싶을 때 사용합니다. 여러 사용자가 같은 파일을 공유하고 싶을 때도 편리합니다.

cp 명령어로 파일을 복사하면 파일 시스템에 동일한 파일이 생기지만 ln 명령어는 파일 자체를 복사하는 대신에 참조만 만들어서 파일 시스템을 효율적으로 사용합니다.

 해보기

states 파일에 america라는 다른 파일명을 붙여봅시다.

```
$ ln -s states america ⏎
$ ls -l ⏎
합계 4
lrwxrwxrwx 1 maltman users      6 11월 25 14:53 america -> states
-rw-r--r-- 1 maltman users    472 11월 25 09:25 states
```

ln 명령어는 첫 번째 인수로 지정한 원본 파일에 두 번째 인수로 지정한 파일명으로 링크(별명)를 겁니다. 원본 파일을 **오리지널 파일**original file이라고 하고 별명으로 작성한 파일을 **링크 파일**link file이라고 부릅니다. 예제에서는 -s 옵션으로 ln 명령어를 실행했는데 그러면 링크 형식이 **심볼릭 링크**symbolic link(기호화된 링크)가 됩니다. 일반적으로 링크를 건다고 하면 심볼릭 링크를 의미합니다.

심볼릭 링크의 링크 파일과 오리지널 파일의 대응 관계를 확인하고 싶으면 ls 명령어에 -l 옵션을 지정해서 실행합니다. 또한 ls 명령어 옵션에 따라서는 다른 파일과 구분해서 표시합니다.

```
$ ls -F ↵
america@    states
```

이렇게 -F 옵션을 사용하면 심볼릭 링크 파일에는 파일명 뒤에 @ 기호가 붙습니다.
그러면 에디터로 america 파일을 열어서 첫 번째 줄에 있는 'Alabama'를 전부 대문
자로 바꾸고 저장해봅시다. 그런 다음 두 파일 내용을 head 명령어로 확인합니다.

```
$ head -3 america ↵      ←america 파일 첫 3줄 표시
ALABAMA
Alaska
Arizona
$ head -3 states ↵       ←states 파일 첫 3줄 표시
ALABAMA
Alaska
Arizona
```

예제 결과를 보면 오리지널 파일도 내용이 변경됐습니다. 이처럼 america 파일은
states 파일을 참조(링크)하는 것을 알 수 있습니다.

 더 해보기

링크 형식에는 심볼릭 링크와 **하드 링크**hard link가 있습니다. ln 명령어를 실행할 때
옵션에 아무것도 지정하지 않으면 하드 링크 형식으로 링크를 작성합니다.

```
$ ln states USA ↵
$ ls -l ↵
합계 8
-rw-r--r-- 2 maltman users   472 11월 25 09:25 USA
lrwxrwxrwx 1 maltman users     6 11월 25 14:53 america -> states
-rw-r--r-- 2 maltman users   472 11월 25 09:25 states
```

하드 링크와 심볼릭 링크 차이점은 오리지널 파일을 삭제할 때 알 수 있습니다. 그러
면 states 파일을 삭제해봅시다.

```
$ rm states ↵
$ cat USA ↵
ALABAMA
Alaska
(생략)
$ cat america ↵
cat: america: 그런 파일이나 디렉터리가 없습니다
```

이렇게 하드 링크는 오리지널 파일을 소유자가 삭제하더라도 참조하는 링크 파일이
존재하면 파일 실체는 남습니다. 반면에 심볼릭 링크는 링크 파일에서 참조하려고
하면 이미 오리지널 파일이 삭제됐으므로 존재하지 않는다는 에러가 발생합니다. 한
편, 하드 링크는 동일한 파일 시스템에서만 사용할 수 있지만 심볼릭 링크는 서로 다
른 파일 시스템끼리 링크를 걸어도 사용 가능합니다.

⪢ Column｜ 디렉터리 하드 링크 개수

디렉터리 하드 링크 개수는 ls -l로 확인합니다.

```
$ ls -dl dir1 ↵
drwxr-x-r-x 2 maltman users 4096  1월 29 07:06 dir1
            └─ 하드 링크 개수
```

예시에서는 하드 링크가 2개입니다. 디렉터리 dir1을 특수한 디렉터리인 dir1/.이 하드 링
크해서 그렇습니다. 디렉터리는 이런 경우를 제외하면 보통은 하드 링크하지 않습니다.

ln [옵션] 오리지널파일(디렉터리) 링크파일명

경로 /usr/bin/ln

주요 옵션

-s	심볼릭 링크로 별명을 작성합니다.
-f	이름이 같은 파일이 있으면 덮어쓰기합니다.
-i	이름이 같은 파일이 있으면 덮어쓰기 여부를 확인합니다.

사용 예

file 파일에 별명 name을 붙입니다(심볼릭 링크).

```
$ ln -s file name
```

file 파일에 별명 name을 붙입니다(하드 링크).

```
$ ln file name
```

파일 찾기

find

파일 시스템에서 파일을 검색하려면 find 명령어를 사용합니다.

 해보기

예를 들어 홈 디렉터리 아래에 있는 cocktail 파일을 검색해봅시다.

```
$ find ~ -name cocktail -print ⏎
/home/maltman/cornfield/cocktail
```

find 명령어는 첫 번째 인수로 지정한 디렉터리 ~ 아래에 있는 모든 파일 및 디렉터리를 대상으로 하여, 지정한 조건으로(-name cocktail, 파일 이름이 cocktail) 검색해서 지정한 처리를(-print, 화면에 파일 경로 출력) 합니다. 예제는 cocktail 파일을 검색해서 경로를 표시합니다.

더 해보기

검색 조건에는 파일명 이외에도 갱신 시각, 파일 소유자명 등도 가능합니다. 홈 디렉터리 이하를 대상으로 하루 전에 갱신된 파일을 검색해봅시다(하루 전에 new_bottle 파일을 작성했다고 가정합니다).

```
$ find ~ -mtime 1 -print ⏎
/home/maltman/new_bottle
```

예제는 갱신일로 검색하는 -mtime n 옵션을 사용합니다. n에는 며칠 전인지 지정합니다. 그리고 -exec 옵션을 사용하면 검색 결과로 찾은 파일 목록을 다른 명령어의 인수에 지정해서 명령어를 실행할 수 있습니다. 이번에는 홈 디렉터리 아래에 있는

new_bottle 파일을 삭제해(rm 명령어)봅시다.

```
$ find ~ -name new_bottle -exec /bin/rm {} \; ⏎
```

이번에는 **-exec** 옵션 뒤에 **rm** 명령어를 지정했습니다. 검색 결과로 찾은 파일명은 {}로 참조 가능합니다. ;(세미콜론semicolon)은 실행할 명령어 또는 인수가 끝났다는 것을 뜻하는 기호인데 같은 이름의 셸 명령어(225쪽)가 존재하므로 \(백슬래시 backslash)로 이스케이프escape[12]합니다.

---

12 옮긴이_ 이스케이프는 백슬래시(\) 뒤에 오는 문자를 문자 그대로 해석하라는 지시자입니다. 이스케이프하면 명령어나 프로그램에서 특수한 의미가 있는 문자를(여기서는 ;) 그냥 평범한 문자처럼 처리합니다.

find 검색시작디렉터리 검색조건 처리방법

경로 /usr/bin/find

주요 검색 조건

-name *name*	파일명이 *name*인 파일을 검색합니다.
-mtime *n*	갱신 시각이 *n*일 이전인[13] 파일을 검색합니다.
-user *user*	파일 소유자가 *user*인 파일을 검색합니다.
-regex *regexp*	경로명 전체가 정규 표현식 *regexp*와 일치하는 파일을 검색합니다.
-path *ptn*	경로명 전체가 문자열 *ptn*과 일치하는 파일을 검색합니다.

주요 처리 방법

-print	검색 결과를 표시합니다(기본값).
-print0	검색 결과를 null 문자로 나눠서 출력합니다. xargs 명령어(224쪽)를 참조하기 바랍니다.
-ls	검색 결과로 찾은 파일 정보를 표시합니다.
-exec *command* [*arg*] \;	검색 결과로 *command* 명령어를 실행합니다. 인수 *arg*에 { }를 지정하면 검색 결과가 치환되어 들어갑니다.
-execdir *command* [*arg*] \;	-exec 옵션과 같지만 처리 대상 파일이 존재하는 디렉터리로 이동해서 *command* 명령어를 실행한 결과가 됩니다.
-ok *command* [*arg*] \;	-exec 옵션과 같지만 *command* 명령어를 실행하기 전에 실행 여부를 확인합니다.

---

13 옮긴이_ mtime에서 사용하는 n일은 파일 날짜 단위가 아니라 현재 시각을 기준으로 n일 전 24시간 범위가 대상입니다. 현재 시각이 1월 5일 07:00라면 find -mtime 3은 파일 갱신일(타임스탬프)이 1월 1일 07:00(4일 전=96시간) ~ 1월 2일 07:00(3일 전=72시간) 사이인 파일을 대상으로 검색합니다.

사용 예

dir 디렉터리 이하를 검색해서 파일명이 filename인 파일을 찾습니다.

```
$ find dir -name filename -print
```

dir 디렉터리 이하를 검색해서 갱신 시각이 하루 전인 파일을 찾습니다.

```
$ find dir -mtime 1 -print
```

dir 디렉터리 이하를 검색해서 파일명이 filename인 파일을 찾아서 rm 명령어를 실행합니다.

```
$ find dir -name filename -exec /bin/rm {} \;
```

현재 디렉터리 이하를 검색해서 확장자가 .c인 파일을 찾습니다.

```
$ find ./ -regex "./.*\.c$"
```

파일 문자 코드 변경하기

iconv

한국어를 사용하는 대표적 문자 코드로 유니코드Unicode(UTF-8, UTF-16 등), EUC-KR, CP949 등이 있습니다. 리눅스는 UTF-8을 주로 사용하지만 윈도우나 맥OS는 조금 다릅니다. 따라서 리눅스와 윈도우 사이에서 텍스트 파일을 주고받을 때 문자 코드를 변경해야 한다면 iconv 명령어[14]를 사용합니다.

 해보기

다음과 같은 한국어 파일 korean.txt를 에디터로 작성합니다.

```
• korean.txt 파일 •
서울시
서대문구
```

파일 문자 코드를 확인하려면 file 명령어에 -i 옵션을 사용합니다.

```
$ file -i korean.txt ⏎
korean.txt: text/plain; charset=utf-8
```

출력 결과에서 **charset=** 뒤에 나온 문자열이 문자 코드[15]입니다. 그러면 korean.txt 파일 문자 코드를 윈도에서 사용하는 CP949 코드로 변경해서 >(리다이렉트redirect, 212쪽)를 사용해서 korean_cp949.txt 파일로 저장해봅시다.

```
$ iconv -f UTF-8 -t CP949 korean.txt > korean_cp949.txt ⏎
$ file -i korean_cp949.txt ⏎
korean_cp949.txt: text/plain; charset=iso-8859-1
```

---

14 옮긴이_ iconv 명령어가 설치되어 있지 않으면 11장 패키지 설치를 참조해서 설치하세요.

15 옮긴이_ 인코딩(encoding)이라고 부르기도 합니다.

iconv 명령어를 -f 옵션에 원본 문자 코드, -t 옵션에 변환할 문자 코드를 지정해서 실행하면 표준 출력으로 변환 결과를 출력합니다. 이때 변환 대상 문자 코드에 대응하는 문자가 없으면 에러가 발생합니다. 이런 변환 불가능한 글자는 제외하고 변환하려면 -c 옵션을 함께 사용합니다.[16]

```
$ iconv -c -f UTF-8 -t CP949 korean.txt > korean_cp949.txt ⏎
```

---

16 옮긴이_ 문자 코드에 따라 표현 가능한 문자 범위가 달라서 발생하는 문제입니다. 전 세계 문자를 다 표현할 수 있는 유니코드를 표현 가능한 범위가 좁은 문자 코드로 변환할 때 주로 발생합니다.

iconv [옵션] [파일]

주요 옵션

-f	원본 문자 코드를 지정합니다.
-t	변환 대상 문자 코드를 지정합니다.
-l	사용 가능한 모든 문자 코드명을 출력합니다.
-c	변환 불가능한 문자를 제외합니다.

사용 예

UTF-8 인코딩된 file1을 CP949 코드로 변환해서 file2로 저장합니다.

```
$ iconv -f UTF-8 -t CP949 file1 > file2
```

UTF-8 인코딩된 file1을 변환 불가능한 문자는 제외하고 EUC-KR 코드로 변환해서 file2로 저장합니다.

```
$ iconv -c -f UTF-8 -t EUC-KR file1 > file2
```

EUC-KR 인코딩된 file1을 UTF-8 코드로 변환해서 file2로 저장합니다.

```
$ iconv -f EUC-KR -t UTF-8 file1 > file2
```

file1 문자 코드 정보를 표시합니다.

```
$ file -i file1
```

## Chapter 06

편리한 명령어 사용법

표준 입력, 표준 출력, 표준 에러 출력

명령어는 입력을 받아서 처리하고 결과를 출력합니다. 리눅스를 비롯한 유닉스 계열 OS에는 이런 입출력을 통일된 방식으로 다루는 **표준 입력**standard input stream(STDIN), **표준 출력**standard output stream(STDOUT), **표준 에러 출력**standard error stream(STDERR) 이렇게 세 종류의 입출력이 있습니다.

많은 리눅스 명령어가 표준 입력으로 입력을 받고 표준 출력으로 결과를 출력하고 표준 에러 출력으로 에러 메시지를 출력합니다. 보통은 표준 입력은 키보드, 표준 출력과 표준 에러 출력은 터미널(화면)과 연결됩니다(그림 6-1).

그림 6-1 표준 입력, 표준 출력, 표준 에러 출력 개념

그러면 sort 명령어 동작을 봅시다.

```
$ sort ⏎
California ⏎        ← 키보드로 입력
Minnesota ⏎        ← 키보드로 입력
Alabama ⏎          ← 키보드로 입력. 엔터 키를 누른 다음에 Ctrl + d
Aladabama          ← sort 명령어 실행 결과(표준 출력)
California          ← sort 명령어 실행 결과(표준 출력)
Minnesota          ← sort 명령어 실행 결과(표준 출력)
```

예제처럼 정렬할 값을 키보드로 입력하고 마지막에 입력 종료를 뜻하는 Ctrl + d 키를 누르면 입력한 값을 정렬해서 결과를 화면에 표시합니다. sort 명령어는 파일뿐만 아니라 표준 입력으로 받은 값도 처리해서 정렬한 결과를 표준 출력으로 내보냅니다.

표준 입력, 표준 출력, 표준 에러 출력은 어디서 받아서 어디로 내보낼지 여부를 명령줄에서 전환 가능합니다. 입출력을 파일로 전환하는 기능을 **리다이렉트**(212쪽), 다른 명령어 입출력으로 전환(연결)하는 기능을 **파이프**(216쪽)라고 부릅니다(그림 6-2).

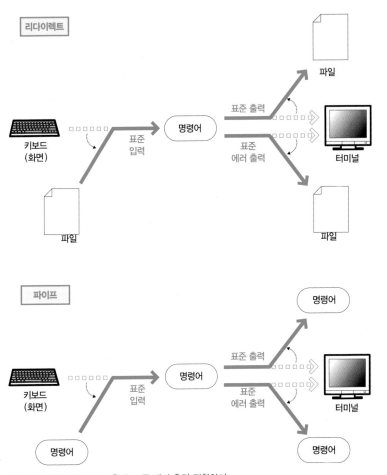

그림 6-2 표준 입력, 표준 출력, 표준 에러 출력 전환하기

명령어 입출력을 파일로 전환하기

<, >, >>, >&

명령어는 키보드로 입력을 받아서 화면에 결과를 출력합니다. 하지만 명령어에 입력할 양이 많거나 출력한 결과를 파일로 저장하고 싶을 때 표준 입력 또는 표준 출력을 파일로 전환합니다. 전환에는 리다이렉트(<, >)를 사용합니다.

 해보기

예를 들어 ps 명령어 출력 결과를 pslog 파일에 저장해봅시다.

```
$ ps > pslog ↵
$ cat pslog ↵
   PID TTY          TIME CMD
  2351 pts/0    00:00:00 bash
  3112 pts/0    00:00:00 ps
```

표준 출력을 파일로 전환하려면 리다이렉트 기호 >를 사용합니다. 그리고 출력을 저장할 파일 이름을 > 뒤에 지정합니다. 예제라면 표준 출력을 화면에서 파일로 전환했으니 ps 명령어를 실행해도 결과는 화면에 출력되지 않습니다. pslog 파일을 확인해보면 ps 명령어 출력 결과가 저장됐음을 알 수 있습니다.

이번에는 표준 입력을 전환해서 cat 명령어 입력을 pslog 파일에서 받아봅시다.

```
$ cat < pslog ↵
   PID TTY          TIME CMD
  2351 pts/0    00:00:00 bash
  3112 pts/0    00:00:00 ps
```

표준 입력을 파일로 전환하려면 리다이렉트 기호 <를 사용합니다. 그리고 입력할 파일은 < 뒤에 지정합니다. 예제에서 cat 명령어 실행 결과는 인수로 파일을 지정했을

때와 동일한 결과입니다.

리다이렉트 기호 >를 사용했을 때 지정한 파일이 이미 존재하면 덮어쓰기합니다. 덮어쓰기가 아니라 파일 끝에 추가하고 싶으면 리다이렉트 기호 >>를 사용합니다.

```
$ date >> pslog ↵
$ cat pslog ↵
   PID TTY          TIME CMD
  2351 pts/0    00:00:00 bash
  3112 pts/0    00:00:00 ps
2021. 01. 01. (금) 13:47:59 KST    ← date 명령어 실행 결과
```

pslog 파일에 **date** 명령어 실행 결과가 추가됐습니다.

 더 해보기

표준 출력이나 표준 에러 출력은 번호를 지정해서 각각 리다이렉트할 수 있습니다. beer 파일은 있지만 wine 파일은 없는 디렉터리를 작성해서 실험해봅시다.

```
$ ls -l wine beer > lslog ↵
ls: 'wine'에 접근할 수 없습니다: 그런 파일이나 디렉터리가 없습니다 ←
$ cat lslog ↵                          표준 에러 출력은 화면에 표시된다.
-rw-r--r-- 1 maltman users 0  1월  1 14:48 beer
```

리다이렉트 기호 >나 >>는 표준 출력만 파일로 리다이렉트해서 표준 에러 출력을 사용하는 에러 메시지는 화면에 그대로 표시됐습니다. lslog 파일에는 표준 출력으로 출력한 내용이 저장됩니다.

리다이렉트 기호 앞에 **파일 디스크립터**file descriptor 번호를 지정하면 표준 출력 또는 표준 에러 출력을 골라서 파일로 출력 전환 가능합니다.

```
$ ls -l wine beer 2> errlog ↵
-rw-r--r-- 1 maltman users 0  1월  1 14:48 beer
$ cat errlog ↵
ls: 'wine'에 접근할 수 없습니다: 그런 파일이나 디렉터리가 없습니다
```

리다이렉트 기호 > 앞에 표준 에러 출력의 파일 디스크립터 번호인 2를 지정하면 표준 에러 출력은 errlog 파일로 전환하고 표준 출력은 그대로 화면에 출력합니다.

리다이렉트 기호 >& 앞뒤에 파일 디스크립터 번호를 지정하면 표준 에러 출력을 표준 출력으로 또는 표준 출력을 표준 에러 출력으로 전환합니다.

```
$ ls -l wine beer > lslog 1>&2 ⏎
ls: 'wine'에 접근할 수 없습니다: 그런 파일이나 디렉터리가 없습니다
-rw-r--r-- 1 maltman users 0  1월  1 14:48 beer      ◀── 표준 출력이 표준 에러
                                                          출력 경로로 출력된다.
$ cat lslog ⏎   ◀── 표준 출력을 리다이렉트한 파일에는 아무 내용이 없다.
```

리다이렉트 기호를 여러 개 지정했지만 출력 전환 실행은 뒤에서 시작하여 순서는 다음과 같습니다. 표준 출력(1)을 표준 에러 출력(2)으로 전환 → 표준 출력(어디에도 연결되지 않은)을 lslog 파일로 출력 전환합니다. 다음 명령어 실행 결과와 비교해봅시다.

```
$ ls -l wine beer 2>&1 > lslog ⏎
ls: 'wine'에 접근할 수 없습니다: 그런 파일이나 디렉터리가 없습니다
$ ls -l wine beer > errlog 2>&1 ⏎        └─ 표준 출력으로 출력
```

리다이렉트 순서를 뒤에서 보면 첫 줄은 '표준 출력(1)을 lslog 파일로 출력 전환' → '표준 에러 출력(2)을 표준 출력(1)으로 전환'하고 두 번째 줄은 반대 순서로 동작합니다. lslog 파일과 errlog 파일 내용을 비교해봅시다.

```
$ cat lslog ⏎
-rw-r--r-- 1 maltman users 0  1월  1 14:48 beer
$ cat errlog ⏎
ls: 'wine'에 접근할 수 없습니다: 그런 파일이나 디렉터리가 없습니다
-rw-r--r-- 1 maltman users 0  1월  1 14:48 beer
```

좀 더 복잡한 리다이렉트 사용법도 있지만 이 정도만 파악해도 충분합니다.

명령어 < 파일
명령어 [번호]> 파일
명령어 [번호]>> 파일
명령어 [번호]>&[번호] 파일

사용 예

cat 명령어 표준 입력을 file 파일로 전환합니다.

```
$ cat < file
```

ls 명령어 표준 출력을 file 파일에 출력합니다(파일이 존재하면 덮어쓰기).

```
$ ls > file
```

ls 명령어 표준 출력을 file 파일에 출력합니다(파일 끝에 추가하기).

```
$ ls >> file
```

ls 명령어 표준 에러 출력을 errfile 파일에 출력합니다.

```
$ ls 2> errfile
```

ls 명령어 표준 출력 결과를 file 파일에 출력하고 나서 표준 에러 출력을 표준 출력에 연결합니다.

```
$ ls 2>&1 > file
```

ls 명령어 표준 에러 출력을 표준 출력으로 전환하고 표준 출력을 file 파일에 내보냅니다. 일반 출력과 에러 출력 모두 file 파일에 출력합니다. 다음 두 명령어는 같은 의미입니다.

```
$ ls > file 2>&1
$ ls >& file
```

ls 명령어 표준 에러 출력을 디바이스 파일인 /dev/null[1]로 출력 전환해서 에러 메시지를 표시하지 않습니다.

```
$ ls 2> /dev/null
```

---

1 디바이스 파일 /dev/null은 218쪽 칼럼을 참조하기 바랍니다.

두 명령어 조합하기

| , |&

리눅스 명령어는 단독으로도 다양한 기능을 제공하지만 명령어끼리 조합하면 무척 다채롭게 사용할 수 있습니다. 두 명령어를 조합하려면 첫 번째 명령어 출력 결과를 두 번째 명령어의 입력으로 전달하고, 두 번째 명령어는 이 값을 처리해서 최종 출력 결과를 표시하는 흐름으로 실행하면 됩니다. 이렇게 명령어끼리 조합할 때 |[2]를 사용합니다.

 해보기

현재 프로세스 정보를 표시하는 ps 명령어 출력 결과에서 maltman 사용자 관련 프로세스만 표시해봅시다.

```
$ ps aux | grep maltman | tail -n 4 ⏎
maltman   2351  0.0  0.2  24160  5252 pts/0    S    09:24   0:00 bash
maltman   3193  0.0  0.1  40964  3456 pts/0    R+   15:35   0:00 ps aux
maltman   3194  0.0  0.0  15724  1044 pts/0    S+   15:35   0:00 grep maltman
maltman   3194  0.0  0.0  15724  1044 pts/0    S+   15:35   0:00 tail -4
```

예제처럼 조합하고 싶은 명령어를 파이프로 연결해서 실행합니다. 여기서 첫 번째 명령어(ps) 표준 출력이 두 번째 명령어(grep) 표준 입력과 이어집니다.

더 해보기

두 개뿐만 아니라 더 많은 명령어도 파이프 연결이 가능합니다. 이번에는 현재 프로세스 정보에서 maltman 사용자 프로세스가 몇 개나 있는지 찾아서 출력해봅시다.

---

2 |는 Shift + \ 키로 입력합니다.

```
$ ps aux | grep maltman | wc -l ↵
5
```

예제는 명령어 3개를 조합한 것 치고는 너무 간단한 출력 결과이지만 이렇게 |를 사용하면 기존 명령어에는 없던 기능을 활용할 수 있습니다.

명령어 | 명령어
명령어 |& 명령어

사용 예

첫 번째 ps 명령어 표준 출력을 두 번째 wc 명령어 표준 입력으로 연결합니다.

```
$ ps | wc
```

file 파일 내용을 알파벳 순서로 정렬해서 중복을 제거해서 표시합니다.

```
$ sort file | uniq
```

ls 명령어 에러 출력만 less 명령어 표준 입력에 연결해서 표시합니다.

```
$ ls -l file1 file2 2>&1 > /dev/null | less
```

ls 명령어 출력과 에러 출력 둘 다 less 명령어 표준 입력에 연결해서 표시합니다. 두 명령어는 같은 의미입니다.

```
$ ls -l file1 file2 2>&1 | less
$ ls -l |& less
```

> **Column 디바이스 파일 /dev/null**
>
> /dev 디렉터리 아래에는 autofs, disk, sda, null 같은 다양한 파일이 있는데 이런 파일을 **디바이스 파일**device file이라고 합니다. 하드웨어 디바이스 드라이버나 가상 디바이스를 파일처럼 읽고 쓰기 가능한 가상 파일입니다. ls -l로 출력해보면 파일 종류 문자가 b 또는 c입니다.
>
> /dev/null 디바이스 파일은 쓰기를 하면 무시하고 파일을 읽으면 파일이 끝났다는 기호 (EOF)를 돌려주는 가상 파일입니다. 명령어 출력이나 에러 메시지를 제어하고 싶을 때 표준 출력(표준 에러 출력)을 /dev/null에 리다이렉트합니다.

파일과 화면 양쪽에 출력하기

tee

보통 명령어 출력 결과는 화면에 출력합니다. 리다이렉트를 사용해서 출력을 파일로 전환하면 화면에는 출력되지 않습니다. 출력 결과를 화면에도 출력하고 파일로도 저장하고 싶다면 tee 명령어를 사용합니다.

 해보기

현재 프로세스 정보를 표시하는 ps 명령어 출력 결과를 화면에 출력하면서 pslog 파일로 저장해봅시다.

```
$ ps ¦ tee pslog ↵
  PID TTY          TIME CMD
 2351 pts/0    00:00:00 bash
 3255 pts/0    00:00:00 ps
 3256 pts/0    00:00:00 bash
$ cat pslog ↵
  PID TTY          TIME CMD
 2351 pts/0    00:00:00 bash
 3255 pts/0    00:00:00 ps
 3256 pts/0    00:00:00 bash
```

예제처럼 tee 명령어는 표준 입력으로 입력받은 내용을 화면(표준 출력)에 출력하면서 인수로 지정한 파일에 저장(덮어쓰기)합니다.

더 해보기

출력 결과를 덮어쓰기가 아니라 파일 마지막에 추가하려면 -a 옵션을 사용합니다. date 명령어 출력 결과를 pslog 파일에 추가해봅시다.

```
$ date ┆ tee -a pslog ↵
2021. 01. 01. (금) 17:34:56 KST
$ cat pslog ↵
  PID TTY          TIME CMD
 2351 pts/0     00:00:00 bash
 3255 pts/0     00:00:00 ps
 3256 pts/0     00:00:00 bash
2021. 01. 01. (금) 17:34:56 KST
```

tee [옵션] [파일…]

경로 /usr/bin/tee

주요 옵션

-a   입력을 파일 끝에 추가합니다.

사용 예

ls 명령어 출력 결과를 표준 입력으로 받아 화면(표준 출력)에 표시하면서 file 파일에 저장합니다.

```
$ ls ¦ tee file
```

ls 명령어 출력 결과를 표준 입력으로 받아 화면(표준 출력)에 표시하면서 file 파일 끝에 추가합니다.

```
$ ls ¦ tee -a file
```

표준 입력에서 인수를 받아서
실행하기

xargs

파일 내용이나 find 명령어 -print 옵션 처리 결과를 인수로 받아서 명령어를 실행하고 싶을 때가 있습니다. xargs 명령어는 인수로 '실행할 명령어명'과 '실행할 명령어가 사용할 고정 인수'를 지정해서 실행합니다. 그러면 표준 입력으로 입력받은 내용을 실행할 명령어에 동적으로 인수로 할당합니다. 명령어에 넘기는 인수 개수를 제한하거나 자동으로 분할 실행해서 편리합니다.

실행 결과를 인수로 사용하는 방법에는 7장에서 소개하는 ``(백쿼테이션back quotation 271쪽) 방법과 find 명령어 -exec 옵션을 사용하는 방법이 있습니다. 하지만 ``은 실행 결과(인수 개수)가 너무 많으면 에러가 발생하는 문제가, find 명령어 -exec 옵션은 파일마다 실행해서 한꺼번에 여러 파일명을 지정할 수 없다는 문제가 있습니다.

 해보기

states 파일에 적힌 미국 주 이름을 한 줄로 이어서 출력해봅시다.

```
$ cat states | xargs echo ↵
Alabama Alaska Arizona Arkansas California Colorado Connecticut Delaware
Florida Georgia Hawaii Idaho Illinois Indiana Iowa Kansas Kentucky Louisiana
Maine Maryland Massachusetts Michigan Minnesota Mississippi Missouri Montana
Nebraska Nevada New Hampshire New Jersey New Mexico New York North Carolina
North Dakota Ohio Oklahoma Oregon Pennsylvania Rhode Island South Carolina
South Dakota Tennessee Texas Utah Vermont Virginia Washington West Virginia
Wisconsin Wyoming
```

터미널 화면 크기에 따라 줄이 바뀌는 것처럼 보이지만 주 이름을 전부 이어서 한 줄로 출력했습니다. 이건 echo 명령어를 다음처럼 실행한 결과와 같습니다.

```
$ echo Alabama Alaska Arizona Arkansas California Colorado        (생략)
```

명령어와 인수를 조합한 글자 수가 너무 길어지면 자동으로 분할해서 출력도 몇 개 줄로 나뉩니다. -n 옵션으로 xargs 명령어가 한꺼번에 처리할 인수를 5개로 지정해 봅시다.

```
$ cat states | xargs -n 5 echo ⏎
Alabama Alaska Arizona Arkansas California
Colorado Connecticut Delaware Florida Georgia
(생략)
```

주 이름을 한 줄에 5개씩 출력합니다.

 더 해보기

앞 예제에서 생략한 출력 결과의 7, 8번째 줄은 다음과 같습니다.

```
New Jersey New Mexico New
York North Carolina North Dakota
```

잘 보면 New York가 반으로 나눠졌습니다. xargs 명령어는 스페이스나 탭 같은 공백 문자와 줄 바꿈 문자를 인수 구분 단위로 인식하기 때문입니다. 이런 문제를 방지하려면 -d 옵션으로 줄 바꿈 문자만 구분자로 인식하도록 지정합니다.

```
$ cat states | xargs -n 5 -d '\n' echo
```

' '으로 감싸면 \가 셸에서 해석되지 않습니다. 아니면 다음처럼 지정합니다(이스케이프 시퀀스 참조 247쪽).

```
$ cat states | xargs -n 5 -d \\n echo
```

xargs [옵션] [실행명령어]

주요 옵션

-0	null 문자[3]를 구분자로 사용합니다. 파일명처럼 공백 문자를 포함하는 인수를 사용할 때 지정합니다. 주로 find 명령어 -print0 옵션과 함께 사용합니다.
-d *d*	*d*를 구분자로 사용합니다. \처럼 셸에서 사용하는 특수 문자는 ' '로 감싸거나 이스케이프합니다.
-n *n*	최대 *n*개 인수를 읽을 때마다 명령어를 실행합니다.
-L *l*	최대 *l*줄을 읽을 때마다 명령어를 실행합니다.
-s *s*	명령어명을 포함해서 명령줄이 최대 *s*바이트가 되도록 제어해서 실행합니다.

실행 명령어

실행할 명령어명을 지정합니다. 실행 명령어가 계속 사용할 인수가 있으면 실행할 명령어명 뒤에 지정합니다. 실제로 실행하는 명령어는 **'실행 명령어' '고정 인수' '표준 입력으로 받은 인수'** 형식입니다.

표준 입력으로 받은 인수

¦(216쪽)나 리다이렉트(212쪽)를 이용해서 표준 입력으로 입력받은 값도 실행 명령어 인수로 사용 가능합니다. 처리할 인수가 많으면 몇 번으로 나눠서 입력받은 값을 교체해가며 명령어를 실행합니다.

사용 예

file 파일을 읽어서 5줄씩 모아 한꺼번에 출력합니다.

```
$ cat file ¦ xargs -L 5 echo
```

/usr/share 디렉터리 아래에 있는 .txt로 끝나는 파일(TXT 파일)을 홈 디렉터리에 text.tar 파일로 아카이브합니다.

```
$ cd /usr/share; find . -name '*.txt' -print0 ¦ sed -e '/\\/\\\\/' ¦ xargs -0
tar rf ~/text.tar
```

---

3 문자열 끝을 나타내는 제어 문자입니다.

명령어 연달아 실행하기

여러 명령어를 한꺼번에(한 줄에) 지정해서 순서대로 실행하고 싶다면 ;(세미콜론semicolon)을 사용합니다. 실행할 명령어를 실행할 순서대로 ;으로 나눠서 지정하면 차례대로 실행합니다.

 해보기

date 명령어에 이어서 pwd 명령어를 실행해봅시다.

```
$ date ; pwd ↵
2021. 01. 01. (금) 20:31:41 KST
/home/maltman
```

두 명령어가 순서대로 실행 결과를 출력합니다.

 더 해보기

;로 이어진 명령어는 ;의 왼쪽에 있는 명령어의 실행이 끝날 때까지 오른쪽 명령어를 실행하지 않습니다. 따라서 sleep 명령어로 실행 시각을 조절할 때 유용합니다.

```
$ date ; sleep 3m ; date ↵
2021. 01. 01. (금) 20:31:43 KST
2021. 01. 01. (금) 20:34:43 KST
```

date 명령어는 단독으로 실행하면 현재 시각을 표시합니다. 첫 date 명령어가 실행된 후 sleep 명령어로 3분간 정지했다가 두 번째 date 명령어가 실행되는 것을 알 수 있습니다.

명령어 ; 명령어

사용 예

3분 후에 echo 명령어로 메시지를 표시합니다.

```
$ sleep 3m; echo "Your instant cup noodle is ready!"
```

## Chapter 07

셸과 셸 스크립트 능숙하게 다루기

셸이란 무엇인가

리눅스를 비롯한 유닉스 계열 OS는 사용자가 명령어를 이용해서 컴퓨터와 대화합니다. 이런 대화 방식은 지금까지 다양한 명령어를 실행해보면서 체험했습니다. 사용자가 입력한 명령어는 직접 OS로 가지 않고 **셸**shell이라는 프로그램을 향합니다. **셸**은 사용자가 로그인할 때 자동으로 실행되며 눈에 안 띄지만 묵묵히 열심히 일하는 프로그램입니다. 사용자와 OS 사이의 대화를 중계하는 인터페이스 역할을 담당합니다. 따라서 명령어 입력을 보조하는 다양한 기능이 있습니다. 이 장에서는 셸이 제공하는 고수준 기능을 살펴보면서 편리하게 명령어를 실행하는 방법을 소개합니다.

셸에는 몇몇 종류가 있고 셸에 따라서 제공하는 기능과 사용 방법이 조금씩 다릅니다. 어떤 셸을 사용할지는 취향 문제지만 **bash** 셸이 기본인 시스템이 많으므로 이 책은 bash 셸 사용법을 설명합니다. 어떤 셸이더라도 하나에 익숙해지면 다른 셸도 큰 문제없이 사용 가능합니다. 셸은 무척 많은 기능을 제공하지만 이번 장에서는 일상적으로 사용하는 기능 위주로 설명합니다.

명령줄 편집하기

명령어를 입력하다 보면 일부분만 바꾸거나 틀린 내용을 수정하고 싶을 때가 있습니다. 이렇게 명령어를 일부분만 편집하려면 과거에 입력한 명령어를 불러오고 바꾸고 싶은 곳을 수정할 방법이 필요합니다(과거에 실행한 명령어 다시 이용하기 234쪽).

기본 조작

문자 단위로 커서를 이동하거나 문자를 삭제하는 조작법을 [표 7-1]로 정리했습니다.

표 7-1 기본 조작

커서 이동	Ctrl + b , ←	왼쪽으로 한 글자 이동
	Ctrl + f , →	오른쪽으로 한 글자 이동
	Ctrl + a	줄 처음으로 이동
	Ctrl + e	줄 마지막으로 이동
글자 삭제	Ctrl + d	커서 오른쪽에 있는 한 글자 삭제
	Ctrl + h	커서 왼쪽에 있는 한 글자 삭제
문자열 삭제, 붙여넣기	Ctrl + k	커서 오른쪽에 있는 문자열 삭제
	Ctrl + u	커서 왼쪽에 있는 문자열 삭제
	Ctrl + y	마지막으로 삭제한 문자열 붙여넣기

단어 사이 커서 조작

커서 이동, 문자 삭제는 단어 단위로도 조작 가능합니다(표 7-2).

표 7-2 단어 사이 커서 이동 조작

커서 이동	Esc b , Ctrl + ←	한 단어 분량 왼쪽으로 이동
	Esc f , Ctrl + →	한 단어 분량 오른쪽으로 이동
단어 삭제	Ctrl + w	커서 왼쪽에 있는 한 단어 삭제
	Esc Delete 또는 Esc Back space	단어 위 커서 위치 기준으로 왼쪽 문자열 삭제
	Esc d	단어 위 커서 위치 기준으로 오른쪽 문자열 삭제

명령줄 자동 완성

bash에는 **명령줄 자동 완성 기능**이 있습니다. 무척 강력한 기능으로 명령어, 파일, 디렉터리명을 끝까지 입력하지 않아도 나머지를 자동으로 완성해주는 기능입니다.

⊘ Tab 키로 자동 완성

자동 완성 기능을 사용하려면 명령어 입력 도중에 Tab 키를 누릅니다.

```
$ da Tab Tab      ←  Tab 키를 누르면 명령어 자동 완성 후보가 여러 개 있어서
                      경고음이 출력된다. 다시 한 번 Tab 키를 누르면 자동 완성
                      후보가 표시된다.
dash    dasher   date
$ dat Tab         ←  da 뒤에 t를 입력하고 Tab 키를 누른다.
$ date ↵          ←  자동 완성 후보가 하나밖에 없으면 자동 완성된다.
```

da로 시작하는 명령어가 dash, dasher, date 세 종류가 있다고 가정할 때 명령줄에 **da**를 입력하고 Tab 키를 누르면 자동 완성 후보가 확정되지 않아서 경고음을 출력합니다. 이때 다시 Tab 키를 누르면 da로 시작하는 명령어 목록을 표시합니다. 목록을 참조해서 사용자가 입력할 명령어를 찾을 수 있습니다. 만약 **date** 명령어를 실행하고 싶다면 이어서 **t**를 입력하고 Tab 키를 누릅니다. 그러면 자동 완성 후보가 하나로 정해지므로 **date**라고 자동 완성합니다. 정리해봅시다.

- 자동 완성 후보가 하나뿐이라면 나머지 부분을 완성한다.
- 자동 완성 후보가 둘 이상이면 공통된 접두사 부분까지 완성한다.
- 자동 완성 후보가 둘 이상일 때 Tab 키를 두 번 누르면 자동 완성 후보 목록을 표시한다.

자동 완성 후보가 디렉터리 이름이라면 완성된 문자열 마지막에 /가 붙고 명령어라면 바로 옵션이나 인수를 입력하도록 공백을 추가합니다. 시험 삼아 자동 완성 기능을 사용해서 /etc/NetworkManager/system-connections 디렉터리로 이동해봅시다.

```
$ cd /  [Tab] [Tab]     ← 루트 디렉터리 /를 입력하고 [Tab]키를 누르면 자동 완성 후보가
                           여러 개이므로 경고음이 출력된다. 다시 한 번 [Tab]키를 누르면
                           루트 디렉터리 아래의 디렉터리 목록이 표시된다.

bin/     dev/     lib/          media/    proc/    sbin/    sys/      var/

boot/    etc/     lib64/        mnt/      root/    snap/    tmp/

cdrom/   home/    lost+found/   opt/      run/     srv/     usr/

$ cd /e [Tab]                  ← e를 입력하고 [Tab]키

$ cd /etc/                     ← 후보가 하나이므로 /etc/가 자동으로 완성된다.

$ cd /etc/N [Tab]              ← 이어서 N을 입력하고 [Tab]키

$ cd /etc/NetworkManager/  ← 후보가 하나이므로 /etc/NetworkManager/까지
                              자동으로 완성된다.

$ cd /etc/NetworkManager/ [Tab] [Tab]   ← [Tab]키를 두 번 누르면 디렉터리 아래에 있는
                                           파일, 디렉터리 목록이 표시된다.

conf.d/            dispatcher.d/       dnsmasq-shared.d/    dnsmasq.d/

system-connections/

$ cd /etc/NetworkManager/s [Tab]   ← s를 입력하고 [Tab]키

$ cd /etc/NetworkManager/system-connections/ [↵]
                            ┗ 후보가 하나이므로 자동으로 완성된다.
```

이렇게 깊은 계층 구조 디렉터리를 이동할 때도 자동 완성 기능은 무척 편리합니다.

기타 자동 완성 방법

[Tab]키를 사용하는 방법 이외에도 파일명이나 명령어명에만 사용 가능한 자동 완성 기능이 있습니다. [표 7–3]을 참조하기 바랍니다.

표 7-3 자동 완성 조작법

[Esc] [?]	자동 완성 후보 목록 표시
[Esc] [/]	파일명 자동 완성
[Ctrl] + [x] [/]	파일 자동 완성 후보 목록 표시
[Esc] [!]	명령어명 자동 완성
[Ctrl] + [x] [!]	명령어 자동 완성 후보 목록 표시
[Esc] [Tab]	이전에 실행한 명령어 자동 완성(명령어 이력 234쪽)
[Esc] [$]	변수명 자동 완성(셸 변수와 환경 변수 245쪽)
[Ctrl] + [x] [$]	변수 자동 완성 후보 목록 표시(셸 변수와 환경 변수 245쪽)

여러 파일과 디렉터리 동시에 조작하기

명령어 하나로 여러 파일과 디렉터리를 동시에 조작하려면 **와일드카드**wildcard라는 특수 기호로 파일명과 디렉터리명 또는 그 일부를 치환해서 일괄 지정합니다.

*로 0문자 이상의 임의 문자열 치환

와일드카드 예시로 * 사용법을 살펴봅시다.

```
$ ls -F ↵              ← 다음과 같은 파일과 디렉터리가 있다고 가정한다.
barley/      liquor.tex  water.txt
cocktail.tex malt/       wheat/
$ ls *.tex ↵           ← 지정한 패턴과 일치하면 대상이 된다.
cocktail.tex liquor.tex
```

*는 0문자 이상의 임의 문자열을 치환합니다. 즉, 어떤 글자나 문자이든지 치환된다는 뜻입니다. 0 문자 이상이라는 것은 해당하는 부분에 문자가 없어도 된다는 의미입니다. 예제에서는 .tex에 해당하는 문자열로 끝나는 모든 파일과 디렉터리가 조작 대상입니다.

예제처럼 파일, 디렉터리명에 공통 부분과 와일드카드를 조합하면 한꺼번에 처리 가능합니다. 이런 방법은 GUI에서는 하기 힘들지만 명령어로 컴퓨터와 대화하는 셸이라면 간단히 끝낼 수 있는 셸 특성을 잘 살린 조작법입니다. 다만 다음처럼 rm 명령어에 와일드카드를 사용하면 현재 디렉터리에 있는 모든 파일을 삭제합니다(닷 파일제외). 와일드카드는 편리하지만 실수하지 않도록 주의합시다.

```
$ rm * ↵               ← 경고: 착한 독자는 따라 하지 마세요.
```

따라서 이런 실수를 방지하려면 rm 명령어는 언제나 -i 옵션과 함께 사용하도록 단축어(명령어에 단축어 지정하기 239쪽)를 설정하는 것이 좋습니다.

🔯 기타 와일드카드

*는 뭐든지 치환하는 무척 강력한 와일드카드이지만 [표 7-4]처럼 치환 방법이 다른 와일드카드도 있습니다. ?(퀘스천question)은 임의의 한 글자를 뜻합니다. *와 달리 존재하는 글자 하나에만 대응합니다. []는 괄호 안에 지정한 문자 중 한 글자를 뜻하는 와일드카드입니다. 만약 [] 안에 지정한 글자가 ^(캐럿caret) 또는 !(엑스클러메이션exclamation)으로 시작하면 괄호 안에 지정하지 않은 문자 중 한 글자를 뜻합니다.

표 7-4 와일드카드 종류

기호	의미
*	0문자 이상의 임의 문자열
?	임의의 한 글자
[**문자**]	[ ] 안에 지정한 문자 중 하나
[^**문자**], [!**문자**]	[ ] 안에 지정하지 않은 문자 중 하나

실제 사용 예를 다음과 같이 정리했습니다(표 7-5).

표 7-5 치환 예제

패턴 지정	의미
g?f	'g한글자f'에 해당하는 문자열 (예: gAf, gif, gof)
??	임의의 두 글자
[gif]	g, i, f 중 한 글자
[a-z]	a에서 z까지 알파벳 소문자 한 글자 그 외에도 [A-Z], [0-9], [a-zA-Z] 표기법을 자주 사용
[^gif]	g, i, f 이외의 글자
[^a-z]	a에서 z까지 알파벳 소문자 이외 모든 문자

이런 기호를 조합해서 사용하면 더욱 유연하게 패턴을 지정할 수 있습니다.

과거에 실행한 명령어 다시 이용하기

과거에 실행한 명령어는 **명령어 이력**command history에 저장됩니다. 긴 명령어나 옵션, 인수를 반복해서 입력한다면 이렇게 과거에 실행했던 명령어 입력을 재사용하면 편리합니다.

과거 명령어 다시 실행하기

최근에 실행한 명령어를 재실행하려면 Ctrl + P (또는 ↑), Ctrl + n (또는 ↓)키를 사용합니다. 명령줄에서 Ctrl + P 키를 입력하면 방금 전에 실행한 명령어를 표시합니다. Ctrl + P 키를 반복해서 입력하면 입력한 만큼 이전에 실행했던 명령어로 되돌아가고 Ctrl + n 키를 입력하면 최근으로 한 단계 돌아옵니다.

- Ctrl + P 또는 ↑   이전에 실행한 명령어 한 단계 과거로 돌아감
- Ctrl + n 또는 ↓   이전에 실행한 명령어 한 단계 최근으로 돌아옴

다음 예제처럼 !으로 시작하는 명령어를 입력하면 과거에 실행한 명령어를 재사용할 수 있습니다.

```
$ !cat ⏎      ← cat 문자열로 시작하는 가장 최근에 실행한 명령어를 재실행
cat .bash_history
```

예제는 cat으로 시작하는 가장 최근에 실행한 명령어를 재실행하는 방법입니다. !으로 시작하는 명령어는 [표 7-6]처럼 지정 가능합니다.

표 7-6 !으로 시작하는 명령어

!!	직전에 실행한 명령어 실행
!n	이력 번호(236쪽) n번 명령어 실행
!-n	현재 이력 번호에서 n번 전의 명령어 실행
!str	str로 시작하는 가장 최근 명령어 실행
^str1^str2	마지막으로 실행한 명령어에서 str1을 str2로 치환해서 실행
!$	마지막으로 실행한 명령어의 마지막 인수 표시(인수가 없으면 명령어 자체)

Ctrl + r 키를 누르고 문자열을 입력하면 과거에 실행한 명령어를 검색할 수 있습니다. 검색 결과가 오른쪽에 표시되므로 ↵ 키를 눌러서 실행합니다.

```
$                                        ←— Ctrl + r 입력
(reverse-i-search)'ls': ls *.tex        ←— ls를 입력하면 ls *.tex가 표시된다.
```

명령어 이력 일괄 표시

history

과거에 실행한 명령어를 재사용할 때 지금까지 실행했던 명령어(명령어 이력)를 볼 수 있다면 편리할 것입니다. 명령어 이력을 표시하려면 history 명령어를 사용합니다.

 해보기

그러면 바로 명령어 이력을 표시해봅시다.

```
$ history ⏎
    1  ls -a
    2  pwd
    3  ps aux ¦ grep maltman
(생략)
  999  cd ..
 1000  history
```

인수 없이 history 명령어를 실행하면 bash는 과거에 실행한 명령어 이력 1000개[1]를 표시합니다. 각 줄에 표시된 숫자는 **이력 번호**입니다.

 더 해보기

과거 n회분 이력을 표시하려면 history 명령어에 표시할 개수를 지정합니다.

```
$ history 5 ⏎
  996  ls -F
  997  pwd
```

---

1 셸 변수 HISTSIZE에 지정한 값으로, 기본값은 1000입니다. 셸 변수 HISTSIZE가 설정되지 않으면 500개를 표시합니다.

```
 998  cd ..
 999  history
1000  history 5
```

예제에서는 history 명령어 뒤에 5를 지정해서 최근 5회분 이력을 표시했습니다.

history [옵션] [표시할명령어개수]

주요 옵션

-c	이력을 지웁니다.
-d *offset*	앞에서 *offset*번째까지 이력을 삭제합니다.
-a [*hfile*]	셸을 시작해서 지금까지 이력을 *hfile* 이력 파일에 추가합니다.
-r [*hfile*]	*hfile* 이력 파일에서 이력을 다시 읽습니다.
-w [*hfile*]	현재 이력을 *hfile* 이력 파일에 기록합니다. 파일이 존재하면 덮어쓰기합니다.

사용 예

명령어 이력 목록을 표시합니다.

```
$ history
```

과거 10회분 명령어 이력을 표시합니다.

```
$ history 10
```

직전에 실행한 명령어를 재실행합니다.

```
$ !!
```

이력 번호 497번 명령어를 실행합니다.

```
$ !497
```

TIP

명령어 이력은 자동으로 파일에 저장되며 이런 파일을 **이력 파일**이라고 부릅니다. 이력 파일은 bash라면 기본적으로 홈 디렉터리에 있는 .bash_history에 저장합니다. 셸 변수 HISTFILE에 다른 파일명을 지정하면 그 파일을 사용합니다. 이력 파일에 저장할 최대 이력 개수는 셸 변수 HISTSIZE에 설정한 값이 됩니다.

명령어에 단축어 지정하기

alias, unalias

명령어는 옵션과 인수를 포함해서 별명을 지정할 수 있습니다. 이런 별명을 **단축어**alias라고 부릅니다. 단축어를 사용하면 명령어를 외우기도 쉽고 입력도 편해집니다. 자주 사용하는 명령어와 옵션 조합을 단축어로 지정하는 방법은 리눅스에서는 상식입니다.

 해보기

ls -F 명령어와 옵션 조합을 ls라는 단축어로 지정해봅시다.

```
$ ls ↵
bottle      cornfield      tequila.txt
$ alias ls='ls -F' ↵
$ ls ↵
bottle      cornfield/     tequila.txt
```

예제에서 본 단축어는 자주 사용하는 단축어 예시입니다. 이렇게 설정하면 앞으로 ls는 모두 ls -F로 치환돼서 디렉터리와 파일을 한눈에 구분하기 편합니다. 그 외에도 자주 사용하는 단축어로 cp 명령어, mv 명령어, rm 명령어와 -i 옵션을 함께 사용하는 단축어가 있습니다.

```
$ alias ↵        ← 단순히 alias를 실행하면 현재 단축어가 모두 표시된다.
alias ls='ls -F'
(생략)
$ alias ls ↵
alias ls='ls -F'
```

인수 없이 단순히 alias 명령어를 실행하면 지금 설정된 모든 단축어 목록을 표시합니다. 그리고 이미 설정된 단축어명을 인수로 지정하면 해당 설정 내용만 표시합니다.

단축어명에서 설정 내용을 확인하는 방법으로 **type** 명령어(242쪽)도 사용 가능합니다.

 더 해보기

설정한 단축어 해제는 unalias 명령어를 사용합니다.

```
$ unalias ls ↵        ← 특정 단축어 해제
$ unalias -a ↵        ← 설정된 모든 단축어 해제
```

특정 단축어를 해제하려면 **unalias** 명령어 인수에 해제하고 싶은 단축어명을 지정합니다. 모든 단축어를 한꺼번에 해제하려면 -a 옵션을 사용합니다. 또한 명령어 앞에 \를 붙여서 실행하면 단축어를 해제하지 않아도 원래 명령어를 사용합니다.

```
$ ls ↵                   ← ls가 ls -F로 단축어 설정되어 있다.
bottle      cornfield/    tequila.txt
$ \ls ↵                  ← 앞에 \를 붙여서 실행하면 단축어 무효가 된다.
bottle      cornfield     tequila.txt
```

서식

alias [단축어명='명령어 지정']
unalias [옵션] 단축어명...

경로 셸 내부 명령어

주요 옵션(unalias 명령어)

-a   설정된 모든 단축어를 해제합니다.

사용 예

exit 명령어 단축어를 x라고 설정합니다.

```
$ alias x='exit'
```

이름이 ~로 끝나는 파일[2]을 홈 디렉터리 이하 모든 디렉터리에서 찾아 삭제하는 find 명령어 조합을 rmtilde 단축어로 설정합니다.

```
$ alias rmtilde='find ~ -name "*~" -exec /bin/rm {} \;'
```

단축어 x를 삭제합니다.

```
$ unalias x
```

단축어 rmtilde, x를 한꺼번에 삭제합니다.

```
$ unalias rmtilde x
```

---

2 ~로 끝나는 파일명은 emacs나 vim 같은 에디터로 파일을 편집할 때 원본 파일의 백업으로 자동 생성됩니다. 그냥 두면 디스크 용량만 차지하므로 정기적으로 삭제하는 것이 좋습니다.

명령어 종류 알아보기

type

명령어는 셸에 내장된 것과 리눅스에 설치된 것, 단축어로 설정한 명령어 등 몇 종류가 있습니다. 명령어 종류를 확인하려면 type 명령어를 사용합니다.

 해보기

몇 가지 명령어를 확인해봅시다.

```
$ type cat ⏎
cat 는/은 /bin/cat³
$ type cd ⏎
cd is a shell builtin
$ alias ls='ls -F' ⏎
$ type ls ⏎
ls 은/는 'ls -F' 의 별칭
```

예제 출력 결과에서 cat 명령어, cd 명령어, ls 명령어가 어떤 종류인지 확인했습니다. cat 명령어는 리눅스에 설치된 명령어로 /bin 디렉터리에 존재합니다. cd 명령어는 셸 내부 명령어(셸 내부 함수)입니다. 그리고 ls 명령어는 ls -F 단축어로 지정했기 때문에 별칭(단축어)이라고 표시됩니다.

더 해보기

이번에는 ls -F를 ls라는 단축어로 설정했다고 가정하고 -a 옵션으로 type 명령어를 실행해봅시다.

---

3 환경에 따라 cat이 해시됐다고 표시되는데 이는 빠른 실행을 위해 셸 해시 테이블에 캐시로 저장됐다는 의미입니다. 해시 테이블 내용을 확인하려면 셸 내장 명령어인 hash를 사용합니다.

```
$ type -a ls ↵
ls 은/는 `ls -F' 의 별칭
ls 는/은 /bin/ls
```

-a 옵션을 사용하면 인수로 지정한 명령어와 관련된 모든 종류 정보를 표시합니다.

type [옵션] 명령어명

경로 셸 내부 명령어

주요 옵션

-a	지정한 명령어명 관련 모든 종류 정보를 표시합니다.
-t	지정한 명령어명 종류만 표시합니다.
-p	지정한 명령어명 경로를 표시합니다.

사용 예

cat 명령어가 어떤 종류인지 확인합니다.

```
$ type cat
```

cat 명령어 관련 모든 종류 정보를 표시합니다.

```
$ type -a cat
```

셸 변수와 환경 변수

지금까지 셸이 제공하는 기능을 어떻게 사용하는지 설명했습니다. 이번에는 셸 동작을 **사용자화**customize하는 방법을 간단히 알아보겠습니다.

⊘ 셸 동작 사용자화

셸이나 리눅스 애플리케이션은 고유 변수를 사용해서 동작을 규정하거나 실행에 필요한 정보를 설정할 수 있습니다. 변수는 셸 변수와 환경 변수 두 종류가 있습니다. **셸 변수**는 변수를 설정한 셸에서만 유효하고 **환경 변수**는 해당 셸에서 실행한 프로세스(110쪽)에도 설정이 이어집니다. 이런 차이점에 따라 셸 변수는 셸 동작이나 정보를 설정하는 목적으로 사용하는 편이며 bash에도 다양한 변수가 있습니다(표 7-7). 그리고 환경 변수는 애플리케이션을 실행할 때 필요한 설정에 많이 사용합니다.

표 7-7 bash 내부 변수

변수명	설정하는 값 내용
BASH	bash 실행 파일명(절대 경로)
BASH_VERSION	bash 버전
USER	사용자명(로그인명)
HOME	사용자 홈 디렉터리(절대 경로)
OSTYPE	사용하는 OS 종류
HOSTTYPE	사용하는 컴퓨터 종류
PATH	명령어 검색 경로
PS1	프롬프트 표시 형식
HISTSIZE	저장할 이력 개수
HISTFILE	이력을 저장할 이력 파일(~/.bash_history가 기본값)
IGNOREEOF	Ctrl + d 키를 눌러도 셸이 종료되지 않도록 하는 설정
FIGNORE	자동 완성 후보에서 제외할 파일 확장자

여기서 소개한 변수는 bash에서 사용 가능한 변수 중 일부입니다. bash에서 사용하는 변수는 도움말을 참조하기 바랍니다. bash 도움말을 참조하려면 다음처럼 man 명령어를 실행합니다.

```
$ man bash ⏎
```

변숫값 표시하기

echo

셀 변수, 환경 변수 관계없이 변수에 설정한 값을 확인하려면 echo 명령어를 사용합니다.

 해보기

echo 명령어를 사용해서 변수에 설정한 값을 알아봅시다.

```
$ echo $BASH ⏎        ← BASH 변수에 설정된 값 표시
/bin/bash
$ echo BASH ⏎         ← BASH라는 문자열 표시
BASH
$ echo \$BASH ⏎       ← $BASH라는 문자열 표시
$BASH
```

변수 BASH는 bash에서 설정한 셀 변수입니다. 변수에 설정한 값을 참조하고 싶으면 이렇게 변수명 앞에 $를 붙입니다. 변수명 앞에 $를 붙이면 설정 내용을 **에코백**echo back(화면에 출력)할 수 있습니다. 단순히 변수명을 echo 명령어에 지정하면 일반 문자열처럼 취급해서 변수명 그대로 에코백합니다. $BASH라는 문자열을 에코백하려면 \를 사용해서 이스케이프합니다. $ 기호 앞에 \를 붙이면 $가 가진 특수한 의미를 무효로 만듭니다.

echo [옵션] 문자열($변수명) ("문자열 $변수명...")

경로 셸 내부 명령어, /usr/bin/echo

주요 옵션

-n   표시가 끝났을 때 줄 바꿈을 하지 않습니다.

-e   이스케이프 시퀀스를 유효화합니다.

사용 예

셸 변수 BASH에 설정한 값을 표시합니다.

```
$ echo $BASH
```

환경 변수 USER에 설정한 값을 표시합니다.

```
$ echo $USER
```

'USER=(환경 변수 USER 값)' 문자열을 표시합니다.

```
$ echo "USER=$USER"
```

이스케이프 시퀀스를 사용해서 표시합니다.

```
$ echo -e "malt\tcask"
```

> Column 이스케이프 시퀀스

echo 명령어 인수에는 **이스케이프 시퀀스**(\로 시작하는 문자열)라고 부르는 문자열을 사용할 수 있습니다. 주요 이스케이프 시퀀스를 다음 표로 정리했습니다. 이스케이프 시퀀스를 사용하면 경고음이나 백스페이스 같은 특수한 문자 표현이 가능합니다.

기호	의미	기호	의미
\a	경고음	\r	복귀 줄 바꿈
\b	백스페이스	\t	탭
\c	줄 시작 위치로 복귀	\v	수직 탭
\f	폼 피드form feed(용지 넘기기)	\\	백슬래시
\n	줄 바꿈		

셸 변수 표시하기

declare

현재 유효한 셸 변수를 조사하려면 declare 명령어를 사용합니다.

 해보기

인수 지정 없이 declare 명령어를 실행해봅시다. 출력되는 내용이 무척 길기 때문에 여기서는 head 명령어와 함께 사용해서 첫 5줄만 표시합니다.

```
$ declare | head -n 5 ⏎
BASH=/bin/bash
BASHOPTS=checkwinsize:cmdhist:complete_fullquote:expand_aliases:
extglob:extquote:force_fignore:histappend:interactive_comments:progcomp:
promptvars:sourcepath
BASH_ALIASES=()
BASH_ARGC=()
BASH_ARGV=()
```

인수 없이 declare 명령어를 실행하면 설정된 모든 셸 변수와 함수를 확인할 수 있습니다. 셸 변수는 다음과 같은 형식으로 표시합니다.

변수명=설정한 값

특정 변수를 표시하고 싶을 때는 grep 명령어(169쪽)와 조합해서 사용합니다. 예를 들어 셸 변수 PS1을 표시하려면 정규 표현식을 사용해서 다음처럼 실행합니다.

```
$ declare | grep ^PS1 ⏎
```

이 책에서는 다루지 않지만 declare 명령어는 원래 변수를 선언하는 명령어로, 변수에 읽기 전용 속성을 지정하는 등 다양한 속성을 설정합니다.

서식

declare

경로 셀 내부 명령어

사용 예

현재 유효한 모든 셀 변수를 표시합니다.

```
$ declare
```

> ➤ **Column** 🌑 **프롬프트 변경법**

셀 변수 PS1 값을 변경하면 프롬프트에 원하는 문자열이나 사용자명, 현재 디렉터리 같은
정보를 표시합니다. 'xxx' 문자열을 표시해봅시다.

```
$ PS1="xxx " ⏎
xxx
```

문자열을 지정할 때 입력하는 글자와 헷갈리지 않도록 마지막에 공백 문자도 함께 지정합
시다. 설정 가능한 값 중에 \로 시작하는 문자열은 특수한 의미가 있습니다. 이번에는 이런
문자열을 사용해서 다양한 정보를 표시해봅시다.

```
$ PS1="\u[\h:\w] " ⏎
maltman[cask:~]
```

예제는 \u를 사용자명, \h를 호스트명, \w를 현재 디렉터리로 치환해서 프롬프트에 표시
합니다. 그 외에도 \로 시작하는 문자열은 다음과 같습니다.

기호	의미	기호	의미
\d	날짜	\t, \T, \@	시간(24시간, 12시간, am/pm 형식)
\h	호스트명		
\n	줄 바꿈	\!	명령어 이력 번호
\s	셀 이름(bash)	\u	사용자명
		\w	현재 디렉터리명

환경 변수 표시하기

printenv

현재 유효한 환경 변수를 조사하려면 printenv 명령어를 사용합니다.

 해보기

인수 없이 printenv 명령어를 실행해봅시다.

```
$ printenv 🠔          ← 인수 없이 실행하면 모든 환경 변수를 표시한다.
(생략)
LC_MEASUREMENT=ko_KR.UTF-8
LESSCLOSE=/usr/bin/lesspipe %s %s
LC_PAPER=ko_KR.UTF-8
LC_MONETARY=ko_KR.UTF-8
XDG_MENU_PREFIX=gnome-
LANG=ko_KR.UTF-8
DISPLAY=:0
GNOME_SHELL_SESSION_MODE=ubuntu
COLORTERM=truecolor
(생략)
```

인수 없이 실행하면 설정된 모든 환경 변수를 다음과 같은 형식으로 출력합니다.

변수명=설정한 값

 더 해보기

이번에는 환경 변수명을 인수로 지정해서 printenv 명령어를 실행해봅시다.

```
$ printenv HOME 🠔      ← 환경 변수명을 인수로 지정하면 변수 내용이 출력된다.
/home/maltman
```

이렇게 printenv 명령어를 실행하면 지정한 환경 변수에 설정한 값을 표시합니다.

서식	**printenv [환경변수명]**

경로 /usr/bin/printenv

사용 예

현재 유효한 모든 환경 변수를 표시합니다.

```
$ printenv
```

HOME 환경 변수에 설정한 값을 표시합니다.

```
$ printenv HOME
```

셸 변수에 값 설정하기

=, unset

셸 변수에 값을 설정하는 방법을 알아봅시다.

해보기

셸 변수에 값을 설정하려면 = 왼쪽에 변수명, 오른쪽에 설정할 값을 지정합니다.

```
$ VARNAME=value123 ↵        ← 값은 문자도 숫자도 다 가능
$ echo $VARNAME ↵
value123
```

변수명은 알파벳 또는 _(언더스코어underscore)로 시작하고 알파벳, 숫자, _를 사용한
문자열만 가능합니다. 설정할 값은 어떤 문자라도 가능합니다.

더 해보기

이번에는 공백 문자를 포함한 문자열을 설정하고 이미 설정한 변숫값도 다시 이용해
보겠습니다.

```
$ MYNAME='Super Maltman' ↵        ← 공백 문자가 있으면 ' '으로 감싼다.
$ echo $MYNAME ↵
Super Maltman
$ MYLOGINNAME="My login name is: $USER" ↵     ← 기존 변수를 사용하려면
$ echo $MYLOGINNAME ↵                             " "으로 감싼다.
My login name is: Super Maltman
```

변숫값에 공백 문자가 들어가면 값을 ' '으로 감쌉니다. 또한 이미 설정한 변수를 사
용하려면 ""으로 감쌉니다. 상세한 내용은 칼럼을 참조하세요. 값을 설정한 셸 변수
를 삭제하려면 unset 명령어를 사용합니다.

```
$ unset MYNAME ↵
$ echo $MYNAME ↵          ←— 변수가 삭제되어 아무것도 출력되지 않는다.
```

변수명=설정할값
unset 변수명

경로 셸 내부 명령어(unset 명령어)

사용 예

셸 변수 ABC에 CFG로 값을 설정합니다.

```
$ ABC=CFG
```

셸 변수 ABC를 삭제합니다.

```
$ unset ABC
```

❯❯Column◦ 명령어 검색 경로 설정하기

실행하려고 하는 명령어가 현재 디렉터리에 존재하지 않으면 명령어가 존재하는 디렉터리명을 포함해서 절대 경로 또는 상대 경로로 명령어가 어디에 위치하는지 지정해야 명령어를 실행할 수 있습니다. 하지만 명령어가 설치된 디렉터리를 명령어 검색 경로에 등록하면 단순히 실행하려는 명령어명을 입력하기만 해도 셸이 명령어 검색 경로에 지정한 디렉터리에서 명령어를 찾아서 실행합니다. bash는 PATH 변수를 명령어 검색 경로로 사용합니다.

PATH에는 여러 디렉터리를 지정할 수 있으며 각 디렉터리를 : (콜론colon)으로 구분한 목록으로 지정합니다. 설정 파일(258쪽)에서 PATH 디렉터리 목록을 지정하는 것이 일반적입니다. 그러면 새로운 디렉터리를 추가하는 예를 봅시다.

```
$ echo $PATH ⏎
/usr/local/bin:/usr/bin:/bin          ◀── 이런 경로가 지정됐다고 가정
$ PATH=$HOME/bin:$HOME/pub/bin:$PATH ⏎  ◀── PATH에 $HOME/bin,
$ echo $PATH ⏎                            $HOME/pub/bin 추가
/home/maltman/bin:/home/maltman/pub/bin:/usr/local/bin:/usr/bin:/bin
```

도움말 파일이 존재하는 경로를 지정하는 MANPATH 변수도 이런 방식으로 설정합니다. 이번 칼럼과 프롬프트 변경법 칼럼(249쪽)에서 본 것처럼 셸 변수에 지정하는 값을 바꾸면 그에 따라 셸 동작이나 사용법이 변합니다. 도움말이나 인터넷 정보를 참조해서 자기가 쓰기 편리한 셸 변수 설정법을 찾아보기 바랍니다.

환경 변수 설정하기

export, env

환경 변수를 설정하려면 export 명령어나 env 명령어를 사용합니다.

 해보기

export 명령어로 환경 변수를 설정해봅시다.

```
$ export NAME=value ⏎          ← 변수를 환경 변수로 설정
$ export DEFINEDNAME ⏎         ← 기존 변수를 환경 변수로 설정
```

변수를 환경 변수로 설정하려면 **export** 명령어를 사용합니다. 그러면 **export** 명령어를 실행한 셸과 자식 프로세스[4]에서 해당 환경 변수가 유효합니다. 그리고 이미 셸 변수로 설정한 변수를 환경 변수로 설정 가능합니다. 이때는 단순히 변수명만 지정합니다.

 더 해보기

어떤 프로세스(명령어)를 실행하는 셸에서 환경 변수 설정 자체는 변함없고 앞으로 실행할 프로세스와 자식 프로세스에만 다른 환경 변수를 설정하려면 **env** 명령어를 사용합니다.

```
$ env LANG=C bash ⏎       ← 앞으로 실행할 프로세스와 자식 프로세스에만
                             유효한 환경 변수 설정
```

---

4 자식 프로세스는 셸에서 실행된 프로그램(명령어)이라고 생각하면 됩니다. OS는 실행 중인 프로그램을 프로세스 단위로 취급합니다. 일반적인 프로그램은 셸에서 실행되므로 실행한 프로그램의 프로세스는 해당 셸 프로세스의 자식 프로세스가 됩니다.

예제처럼 설정하면 명령어를 실행한 셸의 LANG 환경 변숫값은 변하지 않지만 실행한 bash와 자식 프로세스에서는 지정한 환경 변숫값이 유효합니다. 값이 설정된 환경 변수를 삭제하려면 셸 변수와 마찬가지로 unset 명령어(252쪽)를 사용합니다.

```
$ unset NAME ⏎
```

export 변수명[=설정한값]
env [옵션] 변수명=설정한값... 명령어명

경로 셸 내부 명령어(export 명령어), /usr/bin/env

주요 옵션(env 명령어)

-i	이미 설정된 모든 환경 변수를 무효화합니다.
-u *string*	환경 변수 *string*이 이미 설정되어 있으면 무효화합니다.

사용 예

환경 변수 PAGER 값을 less로 설정합니다(환경 변수 PAGER 값은 man 명령어 등에서 화면 표시에 이용하는 명령어가 됩니다).

🐟 Column ● 싱글쿼테이션과 더블쿼테이션

' '(싱글쿼테이션)으로 감싼 내용은 모두 일반 문자열로 취급합니다. 예를 들어 공백 문자를 포함한 문자열을 셸 변수에 대입하려면 문자열을 ' '으로 묶습니다.

```
$ MYNAME='Super Maltman' ⏎
$ echo $MYNAME ⏎
Super Maltman
```

그러나 싱글쿼테이션으로 감싼 변숫값은 전개하지 않습니다.

```
$ MYLOGINNAME='My login name is: $USER' ⏎
$ echo $MYLOGINNAME ⏎
My login name is: $USER   ←  환경 변수 USER를 전개하지 않아서
                             문자열 $USER 그대로 출력됐다.
```

변수를 전개하려면 " "(더블쿼테이션)으로 감쌉니다.

```
$ MYLOGINNAME="My login name is: $USER" ⏎
$ echo $MYLOGINNAME ⏎
My login name is: maltman   ←  환경 변수 USER를 전개해서 maltman이
                               출력됐다.
```

셀 설정 파일 읽기

source

로그인할 때마다 단축어나 변수 같은 설정을 직접 입력하지 않아도 됩니다. bash 설정 파일에 설정을 추가하면 로그인할 때 자동으로 적용되어 유용합니다.

설정 파일 종류와 역할

bash 설정 파일 종류는 다음과 같으며 각각 읽어서 적용하는 타이밍이 다릅니다. 이런 파일은 홈 디렉터리에 닷 파일로 저장합니다.[5]

- .bashrc   bash를 시작할 때마다 읽습니다.
- .profile   로그인할 때 한 번만 읽습니다.
- .bash_logout   로그아웃할 때 읽습니다.

.bashrc 파일은 bash를 시작할 때마다 읽습니다. 단축어 설정이나 bash 동작 관련 셀 변수 등은 이 파일에 설정합니다. 또한 .profile 파일은 로그인할 때 한 번만 읽습니다. 환경 변수 등은 한 번만 설정하면 자식 프로세스에 설정이 이어지므로 이 파일에 작성하면 좋습니다. .bash_logout 파일은 로그아웃할 때 읽습니다.

설정 파일 읽기

앞서 설명한 대로 설정 파일을 읽는 타이밍은 파일마다 정해져 있습니다. 설정 파일을 변경해도 변경한 내용은 바로 반영되지 않습니다. 셀 재시작 없이 설정 파일 내용을 반영하려면 source 명령어를 사용합니다. 예를 들어 .bashrc 파일을 읽어봅시다.

```
$ source ~/.bashrc ⏎
```

---

5   리눅스에서 사용하는 각종 설정 파일명이나 설정용 디렉터리명은 보통 .으로 시작합니다. 닷 파일은 ls 명령어를 단순히 실행하면 표시되지 않으므로 -a 옵션을 지정합니다.

이렇게 source 명령어 인수로 적용하고 싶은 설정 파일명을 지정합니다. 다만 반영되는 것은 source 명령어를 실행한 셸뿐이라서 실행 중인 다른 셸은 변함이 없습니다.

설정 파일 작성법

설정 파일을 작성하려면 에디터를 사용해 각 파일을 열어서 명령줄에 입력하던 내용을 그대로 파일에 기술합니다. 그러면 앞으로는 설정 파일에 쓴 순서대로 명령어를 실행합니다. 다음은 단순한 .bashrc, .profile 작성 예시입니다.

.bashrc 파일

```
if [ -f /etc/bashrc ]; then
    . /etc/bashrc
fi

PATH=/usr/local/bin:/usr/bin:/bin:/usr/sbin:/sbin:$PATH
PS1="\u[\h:\w]$ "         ← 프롬프트 설정
alias cp='/bin/cp -i'     ← 각종 단축어 설정
alias hist='history 20'
alias ls='/bin/ls -F'
alias mv='/bin/mv -i'
alias rm='/bin/rm -i'
alias x='echo "see you!" ; exit '
```

.profile 파일

```
if [ -f ~/.bashrc ]; then
    . ~/.bashrc
fi

PATH=$PATH:$HOME/bin
export PATH
export MANPATH=/usr/share/man
export LESS=-qx4
export MORE=-x4
export PAGER=less
stty erase ^H
```

source 설정파일

경로 셸 내부 명령어

~/.bashrc 설정 파일을 읽어서 적용합니다.

```
$ source ~/.bashrc
```

>≈≈Column ◦ 터미널에서 클립보드 사용하기

터미널에서 다양한 명령어를 실행하다 보면 같은 내용을 반복해서 사용하거나 깊은 계층 구조에 존재하는 디렉터리를 다루기도 합니다. 이때 셸 이력 기능이나 자동 완성 기능을 사용하면 키보드 조작이 줄어서 유용한데 복사 및 붙여넣기 기능도 사용하면 편리합니다.

윈도우처럼 리눅스 GUI도 여러 애플리케이션에서 Ctrl + c 키나 Ctrl + v 키로 클립보드를 사용해 복사, 붙여넣기를 합니다. 하지만 터미널에서는 셸 조작에 사용하는 키보드 단축키와 겹쳐서 방법이 조금 다릅니다. 터미널에서 텍스트를 클립보드에 복사하려면 Ctrl + Shift + c , 클립보드에서 텍스트를 붙여넣기하려면 Ctrl + Shift + v 키를 사용합니다.

셸 스크립트

지금까지 매번 명령어를 터미널에 입력해서 실행했지만 명령어를 텍스트 파일로 작성해서 한꺼번에 실행하는 방법도 있습니다. 이런 기능을 **셸 스크립트**^{shell script}라고 부릅니다. 셸은 단순한 명령어 실행 외에도 조건 분기나 반복문 같은 프로그래밍 언어 기본 기능이 있어서 간단한 프로그래밍 언어라고도 볼 수 있습니다. 셸 스크립트 파일을 활용하면 유연하게 처리할 수 있습니다.

셸 스크립트 작성과 실행

그러면 간단한 셸 스크립트를 작성해서 실행해봅시다. 먼저 다음을 참고해서 test1.sh 파일을 작성합니다.

> • test1.sh 파일 •
> ```
> #!/bin/sh
> ls
> pwd
> ```

첫 번째 줄은 #! 다음에 sh 셸 경로를 적습니다. 대부분 /bin/sh면 문제없습니다. /bin/sh 셸을 사용해서 셸 스크립트를 실행하겠다는 뜻입니다. 그러면 셸 스크립트를 실행해봅시다. 작성한 셸 스크립트를 처음으로 실행하기 전에 chmod 명령어로 실행 권한을 추가합시다.

```
$ chmod u+x test1.sh ⏎
```

./test1.sh라고 입력하면 셸 스크립트를 실행합니다.

```
$ ./test1.sh ⏎
barley   cocktail    liquor   malt   test1.sh   wheat
/home/maltman
```

이렇게 test1.sh에 있는 ls 명령어와 pwd 명령어를 연속으로 실행해서 각각 실행 결과를 출력합니다. test1.sh 파일은 명령어 검색 경로에 지정된 디렉터리에 존재하지 않으므로 실행하려면 상대 경로인 ./test1.sh 또는 절대 경로인 /home/maltman/test1.sh로 지정합니다.

셸 스크립트에서 변수 사용하기

셸 스크립트에서 변수를 사용하는 방법을 설명합니다.

 해보기

셸 스크립트에서도 =을 사용해서 셸 변수를 사용할 수 있습니다. 먼저 다음처럼
test2-1.sh 파일을 작성합니다.

┌─● test2-1.sh 파일 ●─────────────────────────────
```sh
#!/bin/sh

a=abc
str=def

echo $a
echo $str
echo ${a}ABC${str}

b=${a}${str}ghi
echo $b
```

파일에 실행 권한을 주고 실행해봅시다.

```
$ ./test2-1.sh ⏎
abc
def
abcABCdef
abcdefghi
```

예제는 a 변수에 abc, `str` 변수에 def라는 문자열을 대입했습니다. 스크립트를 작
성할 때 = 좌우에 공백이 있으면 안 되므로 주의하기 바랍니다.

변수 내용을 참조하려면 변수명에 $를 붙입니다. echo $a를 실행하면 a 변수에 대입한 값 abc를 출력합니다. 그리고 ${a}ABC${str}처럼 변수와 문자열을 혼용해서 사용하려면 변수명을 { }로 감쌉니다. 한편 b=${a}${str}ghi처럼 어떤 변수에 다른 변숫값을 대입하는 것도 가능합니다.

 더 해보기

일반 명령어처럼 셸 스크립트도 인수를 사용합니다. 다음처럼 test2-2.sh 파일을 작성합니다.

● test2-2.sh 파일 ●

```
#!/bin/sh

echo 1st argument is $1
echo 2nd argument is $2
echo The number of arguments is $#

shift
echo 1st argument is $1
```

파일에 실행 권한을 주고 실행해봅시다. 첫 번째 인수에 wheat, 두 번째 인수에 barley를 지정해서 실행합니다.

```
$ ./test2-2.sh wheat barley ⏎
1st argument is wheat
1st argument is barley
The number of arguments is 2
1st argument is barley
```

이렇게 명령어 인수에는 특수 변수 $1, $2, $3...을 사용합니다. 인수 개수는 $# 특수 변수로 확인합니다. shift 명령어를 사용하면 변수 $2 값이 변수 $1 값이 되고, $3 값은 변수 $2가 되는 등 하나씩 당겨집니다. 여러 인수 값을 처리할 때 다음에 설명하는 while 문에서 shift 명령어로 변숫값을 당겨서 $1 변수를 계속 사용하는 방법이 일반적입니다.

자주 쓰는 셸 스크립트용 특수 변수를 [표 7-8]에 정리했습니다.

표 7-8 셸 스크립트에서 사용하는 주요 특수 변수

$0	셸 스크립트명
$n	n번째 인수
$*	모든 인수 목록
$#	인수 개수
$?	직전에 실행한 명령어 상태(반환 값)
$$	셸 스크립트 프로세스 ID
$LINENO	변수를 사용한 줄 번호

셸에서 조건 판정하기

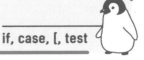

if, case, [, test

셸 스크립트에서 조건 판정으로 처리를 제어하는 방법을 설명합니다.

 해보기

셸 스크립트는 if 문을 사용해서 조건 분기합니다. 다음처럼 test3-1.sh 파일을 작성합니다.

● test3-1.sh 파일 ●

```
#!/bin/sh

if [ $1 = malt ]
then
    echo Argument is malt.
elif [ $1 = wheat ]
then
    echo Argument is wheat.
else
    echo Argument is neither malt nor wheat.
fi
```

파일에 실행 권한을 주고 인수로 문자열을 지정해서 실행해봅시다.

```
$ ./test3-1.sh malt ↵
Argument is malt.
$ ./test3-1.sh wheat ↵
Argument is wheat.
$ ./test3-1.sh barley ↵
Argument is neigher malt nor wheat.
```

인수에 malt를 지정하면 'Argument is malt.', wheat을 지정하면 'Argument is wheat.', 기타 문자열을 인수로 지정하면 'Argument is neither malt nor wheat.' 이라고 출력합니다.

이렇게 조건 판정 조건식은 []로 감쌉니다. [는 명령어,]는 명령어 인수이므로 [의 좌우,]의 왼쪽에는 반드시 한 칸 이상의 공백이 필요합니다. 예제는 $1 변수와 malt 문자열이 같은지 판정하는 =을 사용합니다.

조건 판정이 참이면 then 이후에 적힌 처리를 실행하고 거짓이면 다음 elif나 else 뒤에 있는 처리를 실행합니다. elif를 사용하면 또다른 조건 판정을 하고 어떤 조건 에도 해당하지 않으면 else 이후 처리를 실행합니다. elif와 else는 생략 가능합니다. if 문은 마지막에 fi로 끝납니다.

🐧 더 해보기

조건 판정은 []뿐만 아니라 test 명령어도 가능합니다. 다음처럼 test3-2.sh 파일을 작성합니다.

┌─● test3-2.sh 파일 ●─────────────────────────
```
#!/bin/sh

if test -f $1; then
    echo File $1 exists.
fi
```

실행 권한을 주고 파일을 실행해봅시다. 인수로 현재 디렉터리에 존재하는 파일명을 지정합니다.

```
$ ./test3-2.sh test3-1.sh ⏎
File test3-1.sh exists.
```

[명령어와 test 명령어는 기능이 동일하므로 조건식에서 참 거짓 판정에 사용합니다. test 명령어는 인수가 끝났다는 것을 의미하는] 인수가 필요 없습니다. test 명령어는 문자열 판정 외에도 파일 존재 여부, 숫자 크고 작음 여부 판정에도 사용합

니다. 예제에서는 **test** 명령어에 **-f** 옵션을 사용해서 지정한 파일이 존재하는지 판정합니다. 그리고 명령어 끝에 줄 바꿈 대신에 **;**을 사용해서 **if**와 **then**을 한 줄로 합쳤습니다. **;** 다음에는 공백 문자가 필요합니다. 변수 내용에 따라 조건 분기하려면 **case** 문을 사용합니다. 다음처럼 test3-3.sh 파일을 작성합니다.

```
• test3-3.sh 파일 •
#!/bin/sh

case $1 in
    wheat) echo Bread ;;
    barley) echo Beer ;;
    *) echo Nothing ;;
esac
```

case 문은 **case** 뒤에 평가할 변수를 지정하고 **in** 구문으로 감쌉니다. 이어서 패턴별로 처리할 내용을 작성하고 끝에 **;;**을 붙입니다. 그리고 마지막 패턴으로 *****를 지정하면 일치하는 패턴이 없을 때 할 처리를 실행합니다.

test 식
[식]

경로 /usr/bin/test, /usr/bin/[

주요 옵션(문자열)

-n *string*	*string* 문자열 길이가 0이 아니면 참입니다.
-z *string*	*string* 문자열 길이가 0이면 참입니다.
str1 = *str2*	*str1* 문자열과 *str2* 문자열이 동일하면 참입니다.
str1 != *str2*	*str1* 문자열과 *str2* 문자열이 다르면 참입니다.

주요 옵션(숫자)

n1 -eq *n2*	정수 *n1*과 정수 *n2*가 같으면 참입니다.
n1 -ne *n2*	정수 *n1*과 정수 *n2*가 다르면 참입니다.
n1 -gt *n2*	정수 *n1*이 정수 *n2*보다 크면 참입니다.
n1 -ge *n2*	정수 *n1*이 정수 *n2*보다 크거나 같으면 참입니다.
n1 -lt *n2*	정수 *n1*이 정수 *n2*보다 작으면 참입니다.
n1 -le *n2*	정수 *n1*이 정수 *n2*보다 작거나 같으면 참입니다.

주요 옵션(파일)

-f *file*	*file* 파일이 존재하고 일반 파일이면 참입니다.
-c *file*	*file* 파일이 존재하고 특수 디바이스 파일이면 참입니다.
-e *file*	*file* 파일이 존재하면(종류를 가리지 않고) 참입니다.
-d *file*	*file* 파일이 존재하고 디렉터리이면 참입니다.
-L *file*	*file* 파일이 존재하고 심볼릭 링크이면 참입니다.
-r *file*	*file* 파일이 존재하고 읽기 가능하면 참입니다.
-w *file*	*file* 파일이 존재하고 쓰기 가능하면 참입니다.
-x *file*	*file* 파일이 존재하고 실행 가능하면 참입니다.

file1 -nt _file2_	_file1_ 파일이 _file2_보다 새로우면 참입니다.
file1 -ot _file2_	_file1_ 파일이 _file2_보다 오래됐으면 참입니다.

주요 옵션(복합식)

expr1 -a _expr2_	_expr1_ 식과 _expr2_ 식의 논리곱(and)을 취합니다.
expr1 -o _expr2_	_expr1_ 식과 _expr2_ 식의 논리합(or)을 취합니다.
!_expr_	_expr_ 식을 반전시킵니다.
(_expr_)	괄호 안의 _expr_ 식 결과를 돌려줍니다. 여러 식을 결합할 때 사용합니다. ()는 셸에서 해석되므로 \로 이스케이프하거나 ' '으로 감싸야 합니다.

사용 예

bottle 파일이 존재하고 파일 크기가 0이 아니면 "the file exists."라고 출력합니다.

```
$ if [ -s bottle ]; then echo "the file exists."; fi
```

bottle 파일이 존재하고 일반 파일이면 "normal file."이라고 출력합니다.

```
$ if test -f bottle; then echo "normal file."; fi
```

셸에서 반복 처리하기, 반복 처리할 숫자 나열 작성하기

for, seq

셸 스크립트에서 일정 횟수만큼 반복 처리하는 방법을 설명합니다.

 해보기

일정 횟수만큼 반복 처리한다면 for 문이 편리합니다. 다음과 같이 test4-1.sh 파일을 작성합니다.

```
● test4-1.sh 파일 ●
#!/bin/sh

for name in dir1 dir2 dir3; do
    mkdir $name
done
```

실행 권한을 주고 파일을 실행해봅시다. 실행하기 전과 후에 디렉터리 내용을 비교합니다.

```
$ ls ↵
test4-1.sh      ← 실행하기 전에는 파일 하나만 존재(실습 환경에 따라 다름)
$ ./test4-1.sh ↵
$ ls ↵
dir1 dir2 dir3 test4-1.sh      ← 셸 스크립트에서 디렉터리 3개가 작성됨
```

이렇게 for 문을 사용한 for 변수명 in 문자열1 문자열2... 구문은 지정한 문자열을 하나씩 변수에 대입해서 문자열 개수만큼 do와 done 사이의 처리를 반복 실행합니다.

더 해보기

for 문으로 명령어 실행 결과를 변수에 대입해서 명령어 실행 결과 개수만큼 반복 처리 가능합니다. 앞 예제에서는 dir1에서 dir3까지 직접 지정했지만 seq 명령어를 사용하면 훨씬 간단해집니다. test4-1.sh 파일을 다음과 같이 수정합시다(test4-2. sh 파일).

● test4-2.sh 파일 ●

```sh
#!/bin/sh

for i in `seq 1 3`; do
    mkdir dir$i
done
```

`은 백쿼테이션이라고 부르는 기호로 ` `으로 감싼 부분은 지정한 명령어를 실행한 결과로 치환합니다. 따라서 변수 i에는 seq 1 3을 실행한 결과를 하나씩 대입합니다. seq 명령어 실행 결과가 1, 2, 3이므로 dir1, dir2, dir3 디렉터리를 작성합니다.

Column 셸 스크립트에서 사용하는 셸

리눅스를 비롯한 유닉스 계열 시스템은 전통적으로 셸 스크립트에서 **본 셸**Bourne shell을 사용합니다. 지금까지 셸 스크립트 시작 부분에 적은 /bin/sh가 본 셸입니다. 그런데 대다수 리눅스 배포판은 bash가 기본 셸이며 본 셸보다 더 많은 기능을 제공합니다. 실제로 CentOS나 페도라는 /bin/sh가 bash의 심볼릭 링크입니다. 우분투나 데비안은 bash 경량판인 본 셸 호환 셸 dash를 링크합니다.

보통은 다른 배포판에서도 문제없이 실행하도록 호환성을 고려해서 셸 스크립트는 본 셸을 사용하는 편입니다. 하지만 bash는 독자적이고 다양한 셸 내장 기능을 사용해서 수준 높은 작업도 간단하게 처리합니다. 따라서 본 셸만 쓸 것이 아니라 (리눅스 표준과 다름없는) bash 등을 적극적으로 이용하는 편이 좋다는 논의도 있습니다. 만약 bash를 사용한다면 셸 스크립트 첫 부분을 /bin/sh가 아니라 /bin/bash라고 명시하는 것이 좋습니다.

셸에서 반복 처리하기, 다양한 연산하기

while, expr

조건에 따라 반복 처리하는 방법을 설명합니다.

 해보기

일정 횟수만 반복해서 처리하고 싶을 때 for 문을 사용했지만 조건을 만족하는 동안만 처리를 반복하고 싶다면 while 문을 사용합니다. 다음처럼 test5-1.sh 파일을 작성합니다.

```
● test5-1.sh 파일 ●
#!/bin/sh

num=1
while [ $num -le 3 ]; do
    echo num is $num
    num=`expr $num + 1`
done
```

실행 권한을 주고 실행해봅시다.

```
$ ./test5-1.sh ↵
num is 1
num is 2
num is 3
```

num 변수에 대입되는 것은 숫자 1이 아니라 문자열 '1'이라는 점에 주의하길 바랍니다. 따라서 test 명령어는 변수 내용을 숫자로 해석해서 조건 판정합니다. 그리고 num 변수가 나타내는 숫자에 1을 더할 때 expr 명령어를 사용합니다. expr 명령어는 변수 내용을 숫자로 해석해서 사칙 연산한 결과를 돌려줍니다.

 **더 해보기**

while 문으로 무한 반복하면서 break나 continue 같은 제어 명령어를 활용하는 사용법이 있습니다. test5-1.sh 파일을 test5-2.sh 파일처럼 바꿀 수 있습니다.

● test5-2.sh 파일 ●

```
#!/bin/sh


num=1
while :; do
    echo num is $num
    if [ $num -ge 3 ]; then
        break
    fi
    num=`expr $num + 1`
done
```

예제에서는 널^{null} 명령어 :을 사용해서 무한 반복을 구현했습니다. 널 명령어는 아무것도 하지 않고 늘 '참'을 돌려줍니다. 반복 처리 내부에서 if 문으로 조건 판정해서 조건을 만족하면 break 명령어로 반복 처리에서 빠져나갑니다. 조건을 만족할 때 다음 반복으로 처리를 건너뛰고 싶으면 continue 명령어를 사용합니다.

expr 식

경로 /usr/bin/expr

주요 산술 연산자

val1 + *val2*	*val1* 값에 *val2* 값을 더합니다.
val1 – *val2*	*val1* 값에서 *val2* 값을 뺍니다.
val1 * *val2*	*val1* 값에 *val2* 값을 곱합니다.
val1 / *val2*	*val1* 값을 *val2* 값으로 나눕니다.
val1 % *val2*	*val1* 값을 *val2* 값으로 나눈 나머지를 구합니다.

주요 논리 연산자

val1 ¦ *val2*	*val1* 값과 *val2* 값의 논리합을 구합니다.
val1 & *val2*	*val1* 값과 *val2* 값의 논리곱을 구합니다.

주요 등호, 부등호

val1 < *val2*	*val1* 값과 *val2* 값을 비교해서 *val1* 값이 작으면 1(참), 그 외에는 0(거짓)을 돌려줍니다.
val1 <= *val2*	*val1* 값과 *val2* 값을 비교해서 *val1* 값이 작거나 같으면 1(참), 그 외에는 0(거짓)을 돌려줍니다.
val1 = *val2*	*val1* 값과 *val2* 값을 비교해서 두 값이 같으면 1(참), 다르면 0(거짓)을 돌려줍니다.
val1 != *val2*	*val1* 값과 *val2* 값을 비교해서 두 값이 다르면 1(참), 같으면 0(거짓)을 돌려줍니다.
val1 >= *val2*	*val1* 값과 *val2* 값을 비교해서 *val1* 값이 크거나 같으면 1(참), 그 외에는 0(거짓)을 돌려줍니다.
val1 > *val2*	*val1* 값과 *val2* 값을 비교해서 *val1* 값이 크면 1(참), 그 외에는 0(거짓)을 돌려줍니다.

사용 예

2x4를 계산합니다.

```
$ expr 2 '*' 4
```

셸 스크립트 옵션 처리하기

getopts

셸 스크립트가 명령줄에서 받은 옵션을 처리하는 방법을 설명합니다.

 해보기

셸 스크립트도 다른 명령어처럼 옵션 지정이 가능하다면 쓰임새가 늘어납니다. 셸 스크립트 자체는 옵션과 인수를 구분하지 않으므로 인수 처리 방식이 중요합니다. while 문과 shift 명령어를 조합해서 처리하는 방법도 있지만 옵션 처리를 담당하는 셸 내부 명령어인 getopts 명령어를 사용해봅시다.

다음처럼 test6.sh 파일을 작성합니다.

```
● test6.sh 파일 ●
#!/bin/sh

FLAG=0
while getopts ab: OPT; do
    case $OPT in
        a) FLAG=1 ;;
        b) VALUE=$OPTARG ;;
    esac
done
shift `expr $OPTIND - 1`

echo FLAG: $FLAG
echo VALUE: $VALUE
echo '$1:' $1
```

파일에 실행 권한을 주고 다음처럼 실행해봅시다.

```
$ ./test6.sh -a ⏎
FLAG: 1
VALUE:
$1:
$ ./test6.sh -b wheat maltman ⏎
FLAG: 0
VALUE: wheat
$1: maltman
```

getpts 명령어는 while 문과 case 문을 조합해서 사용합니다. getopts 명령어 뒤에는 사용하고 싶은 옵션 문자를 나열합니다. 인수가 필요한 옵션은 옵션 문자 뒤에 :을 붙입니다. 그러면 인수로 지정한 값을 OPTARG 변수에 저장합니다. 실행 예제에서는 -a 옵션과 -b 옵션을 사용하며 -b 옵션은 인수를 받습니다. 그 후 case 문으로 옵션마다 관련 처리를 작성합니다.

두 번째 실행 예제 ./test6.sh -b wheat maltman은 -b 옵션 인수 다음에 명령어 전체에서 사용하는 인수로 maltman을 지정합니다. getopts 명령어는 특수 변수 $1, $2...에 설정한 값이나 순서에 영향을 주지 않으므로 shift 명령어로 옵션 범위에 포함된 인수 개수만큼 변수를 당겨서 특수 변수 $1이 명령어 전체 인수 시작점을 참조하도록 조절합니다. OPTIND 변숫값은 getopts 명령어가 처리할 다음 인수 번호이므로(두 번째 실행 예제라면 3) 이 값에서 1을 뺀 만큼 shift 명령어로 당기면 옵션 부분을 건너뛸 수 있습니다.

셸에서 함수 사용하기

공통 처리를 함수로 정리하는 방법을 설명합니다.

 해보기

test7-1.sh 파일은 두 숫자를 더하고 뺀 값을 표시하는 셸 스크립트입니다.

● test7-1.sh 파일 ●

```
#!/bin/sh

a=10
b=2
echo $a + $b = `expr $a + $b`
echo $a - $b = `expr $a - $b`


c=4
d=5
echo $c + $d = `expr $c + $d`
echo $c - $d = `expr $c - $d`
```

파일에 실행 권한을 주고 실행하면 다음처럼 출력합니다.

```
$ ./test7-1.sh ↵
10 + 2 = 12
10 - 2 = 8
4 + 5 = 9
4 - 5 = -1
```

예제는 덧셈과 뺄셈 결과를 2회 출력하므로 이 부분이 공통입니다. 이런 공통 부분을 함수로 정의하려면 다음과 같습니다.

```
#!/bin/sh

func () {
    echo $1 + $2 = `expr $1 + $2`
    echo $1 - $2 = `expr $1 - $2`
}

a=10
b=2
func $a $b

c=4
d=5
func $c $d
```

파일을 실행하면 test7-1.sh와 같은 결과가 나옵니다. 함수는 셸 스크립트 앞부분에
작성하고 **함수명()** {로 시작해서 그 아래에 처리를 작성한 후 }로 닫습니다. 함수
인수는 $1, $2...처럼 명령어에서 인수를 사용할 때와 같은 방법으로 주고받습니다.
따라서 test7-2.sh 파일은 func $a $b를 실행하면 func 함수의 $1과 $2에 각각 변
수 a와 변수 b 값을 대입하고, func $c $d를 실행하면 func 함수의 $1과 $2에 각
각 변수 c와 변수 d 값을 대입해서 함수를 실행합니다. 또한 같은 셸 스크립트 안에
서 함수는 여러 개 만들 수 있습니다.

소수점 연산하기

bc

셀 스크립트로 소수점을 계산하는 방법을 설명합니다.

 해보기

두 숫자 합과 차를 계산할 때 expr 명령어(272쪽)를 사용했습니다. 하지만 소수점을
포함하는 연산은 expr 명령어로는 불가능하므로 대신에 bc 명령어를 사용합니다.
우선은 명령줄로 bc 명령어를 인터랙티브(대화형) 모드로 사용해봅시다.

```
$ bc ↵
(생략)
scale=5 ↵          ← 소수점 이하 자릿수 설정
(1 + 1) *5 / 3 ↵   ← 계산하기
3.33333
quit ↵             ← 종료
```

보통은 소수점 이하 값은 버리지만 예제에서는 소수점 이하도 계산하도록 특별한 변
수인 scale을 설정했습니다. scale=5라고 설정하면 소수점 이하 5자리까지 계산합
니다. test8.sh 파일을 작성해봅시다.

● test8.sh 파일 ●
```
#!/bin/sh

a=5.7
b=3.2

echo $a '*' $b = `echo "scale=20; $a*$b" ¦ bc`
echo $a / $b = `echo "scale=20; $a/$b" ¦ bc`
```

셀 스크립트는 두 값을 곱하고 나눈 결과를 표시합니다. echo 명령어로 실행하고 싶

은 계산식을 표준 출력으로 출력하고 파이프 |로 bc 명령어에 넘깁니다. 파일에 실행 권한을 설정하고 실행하면 다음처럼 출력합니다.

```
$ ./test8.sh ↵
5.7 * 3.2 = 18.24
5.7 / 3.2 = 1.78125000000000000000
```

 더 해보기

더욱 복잡한 계산을 하려면 bc 명령어에 -l 옵션을 지정해서 실행합니다. test9.sh 파일로는 사인(sin)과 코사인(cos)을 구할 수 있습니다. -l 옵션을 지정하면 scale 변수에 20이 설정됩니다.

test9.sh 파일

```
#!/bin/sh

a=2.0

echo "sin($a)" = `echo "s($a)" | bc -l`
echo "cos($a)" = `echo "c($a)" | bc -l`
```

파일에 실행 권한을 설정하고 실행하면 다음과 같이 출력합니다.

```
$ ./test9.sh ↵
sin(2.0) = .90929742682568169539
cos(2.0) = -.41614683654714238699
```

이렇게 bc 명령어는 소수점 연산 외에도 표준 C 라이브러리에 정의된 삼각 함수를 비롯한 다양한 수학 함수를 계산할 수 있습니다.

bc [옵션] [파일...]

경로 /usr/bin/bc

주요 옵션

-l 표준 C 라이브러리에 정의된 함수를 사용합니다. 소수점 이하 결과를 포함하는 나눗셈이
    나 삼각 함수 등을 사용할 때 지정합니다(scale 변숫값은 20이 됩니다).

특수 변수

scale 계산 정밀도를 설정합니다. 기본값은 0입니다.

주요 연산자와 함수

기본 연산자는 [표 7-9]에 정리했습니다.

표 7-9 기본 연산자

var = expr	변수 var에 expr 계산 결과를 대입
expr1 + expr2	덧셈
expr1 − expr2	뺄셈
expr1 * expr2	곱셈
expr1 / expr2	나눗셈
expr1 % expr2	나눗셈한 나머지
expr1 ^ expr2	제곱

다음은 -l 옵션에서 사용 가능한 함수 중 일부입니다.

표 7-10 표준 C 라이브러리에 정의된 함수

s (expr)	사인	l (expr)	자연로그
c (expr)	코사인	e (expr)	지수 함수

사용 예

명령줄에서 소수점을 계산합니다.

```
$ echo "scale=20; 1/3" | bc
```

텍스트 처리하기

sed

텍스트를 자동으로 처리하는 방법을 설명합니다.

 해보기

셸 스크립트를 사용하면 어떤 조작을 자동으로 반복할 수 있습니다. 예를 들어 파일 확장자가 .jpeg인 파일을 .jpg 확장자로 바꾸고 싶다고 합시다. sed 명령어를 사용하면 텍스트 패턴을 이용해서 간단히 변경할 수 있습니다. test10-1.sh 셸 스크립트는 인수로 지정한 파일의 .jpeg 확장자를 모두 .jpg로 변경합니다.

● test10-1.sh 파일 ●

```
#!/bin/sh

while [ $# -gt 0 ]; do
    src=$1
    shift

    dst=`echo $src | sed -e "s/\.jpeg$/\.jpg/"`
    if [ $src = $dst ]; then
        continue
    fi
    echo rename $src to $dst
    mv $src $dst
done
```

명령줄에서 지정한 인수를 while 문으로 처리합니다. 특수 변수 $#으로 인수 개수를 확인하고 shift 명령어로 인수를 하나씩 당겨서 특수 변수 $1 값을 src 변수에 대입합니다. src 변수에 대입된 파일명은 |로 sed 명령어에 넘기고 패턴 처리를 이용해서 텍스트 마지막이 .jpeg라면 .jpg로 변환합니다. 그런 다음 mv 명령어로 파일명을 dst 변수에 대입된 값으로 변경합니다. 텍스트 마지막이 .jpeg가 아니라면 dst

변수와 src 변수에 설정한 값이 같기 때문에 continue 명령어로 다음으로 넘어갑니다(mv 명령어가 실행되지 않습니다).

sed 명령어는 -e 옵션 다음에 어떤 처리를 할지 지정합니다. 예제는 내부 명령어 s로 텍스트를 치환하는데 텍스트 패턴 지정에 정규 표현식을 사용했습니다. \.jpeg$는 텍스트가 .jpeg로 끝난다는 것을 뜻합니다. sed 명령어 정규 표현식에서 .은 임의한 글자를 뜻하므로 이스케이프(\)합니다. 파일에 실행 권한을 주고 실행하면 다음과 같이 출력합니다.

```
$ ls *.jpeg ⏎
wheat.jpeg    barley.jpeg
$ ./test10-1.sh *.jpeg ⏎
rename wheat.jpeg to wheat.jpg
rename barley.jpeg to barley.jpg
$ ls *.jpg ⏎
wheat.jpg    barley.jpg
```

🐧 더 해보기

test10-1.sh 파일은 셸에 내장된 문자열 조작 기능을 사용하면 좀 더 간단히 바꿀 수 있습니다.

```
test10-2.sh 파일
#!/bin/sh

while [ $# -gt 0 ]; do
    src=$1
    shift

    name=${src%.*}
    ext=${src##*.}
    dst=$name.jpg
    if [ $ext = jpeg ]; then
        echo rename $src to $dst
        mv $src $dst
    fi
done
```

외부 명령어인 sed 명령어 대신 셸에 내장된 문자열 조작 기능을 사용해서 패턴 처리합니다. **${변수명%패턴}**은 **후방 일치 탐색**backward match으로 문자열 뒤에서 찾아 가장 먼저 패턴과 일치한 문자열을 삭제합니다. 파일명에 패턴 .*를 지정하면 파일명에서 확장자를 제거한 문자열이 됩니다.[6] 그리고 **${변수명##패턴}**은 **전방 일치 탐색**forward match으로 문자열 앞에서부터 찾아 패턴과 일치하는 가장 긴 문자열을 삭제합니다. 파일명에 패턴 *.을 지정하면 확장자만 남깁니다. 삭제 대상이 패턴과 일치하는 가장 긴 문자열이므로 예를 들어 filename.tar.gz처럼 .을 여러 개 포함하는 파일명이라도 마지막 확장자만 남습니다. 셸에 내장된 문자열 조작 기능은 [표 7-11]에 정리했습니다.

표 7-11 셸 내장 문자열 조작 기능

${var#pat}	var 변숫값에서 전방 일치로 pat 패턴과 일치하는 가장 짧은 문자열 삭제
${var##pat}	var 변숫값에서 전방 일치로 pat 패턴과 일치하는 가장 긴 문자열 삭제
${var%pat}	var 변숫값에서 후방 일치로 pat 패턴과 일치하는 가장 짧은 문자열 삭제
${var%%pat}	var 변숫값에서 후방 일치로 pat 패턴과 일치하는 가장 긴 문자열 삭제

---

6 파일명만 얻는 것은 basename 명령어로도 가능합니다.

sed [옵션] 명령어 [파일...]

경로 /usr/bin/sed

주요 옵션

-f *script_file*	*script_file* 스크립트 파일을 읽어서 처리합니다.
-e *command*	*command* 처리를 실행합니다.

주요 내부 명령어

p	화면에 출력합니다.
d	삭제합니다.
=	줄 번호를 표시합니다.
a\⏎*text* 또는 a *text*	*text* 텍스트를 다음 줄에 추가합니다.
i\⏎*text* 또는 i *text*	*text* 텍스트를 이전 줄에 삽입합니다.
c\⏎*text* 또는 c *text*	*text* 텍스트로 치환합니다.
s/*old*/*new*/	*old* 패턴을 *new* 패턴으로 치환합니다.

사용 예

표준 입력으로 입력받은 'Hello, world!'에서 world를 maltman으로 치환합니다.

```
$ echo Hello, world! ¦ sed -e "s/world/maltman/"
```

현재 디렉터리에 있는 확장자가 .txt인 파일 목록을 표시할 때 파일명에서 확장자를 제거합니다.

```
$ ls *.txt ¦ sed s/\.txt$//
```

텍스트에서 데이터 추출하기

awk

텍스트에서 데이터를 추출해 처리하는 방법을 awk 명령어를 사용해서 설명합니다.

 해보기

명령어 실행 결과에서 필요한 정보만 추출하고 싶을 때가 있습니다. ls 명령어 출력 결과에서 파일명과 파일 크기만 추출하는 방법을 생각해봅시다. 우선 ls -l로 현재 디렉터리 내용을 표시합니다.

```
$ ls -l ⏎
합계 12
drwxrwxr-x 2 maltman users   4096 12월 30 20:05 barley
-rw-rw-r-- 1 maltman users      0  1월  1 14:48 cocktail
-rw-rw-r-- 1 maltman users      0  1월  1 17:07 liquor
drwxrwxr-x 2 maltman users   4096 12월 30 20:05 malt
drwxrwxr-x 2 maltman users   4096 12월 30 20:05 wheat
```

실행 결과 첫 줄을 공백 문자로 나눠보면 파일명은 9번째, 파일 크기는 5번째 필드입니다. 따라서 이 출력을 ¦로 awk 명령어에 넘겨서 내부 명령어 print로 9번째 필드, 공백 문자, 5번째 필드를 표시합니다.

```
$ ls -l ¦ awk '{print $9 " " $5}' ⏎

barley 4096
cocktail 0
liquor 0
malt 4096
wheat 4096
```

이렇게 형식이 정해진 텍스트를 줄(레코드)마다 처리해서 필요한 부분만 추출하는 작업을 awk 명령어로 간단히 끝낼 수 있습니다.

 더 해보기

awk 명령어는 csv 파일[7] 같은 텍스트 파일에서도 데이터 추출이 가능합니다. 첫 번째 필드에 성별(F: 여성, M: 남성), 두 번째 필드에 키(cm), 세 번째 필드에 체중(kg)이 적힌 data.csv 파일을 작성해봅시다.

● data.csv 파일 ●
```
M,172,68
F,154,42
F,162,53
M,168,72
```

이 파일에서 두 번째 필드만 표시하고 싶으면 다음처럼 실행합니다.

```
$ awk -F, '{print $2}' data.csv ↵
```

-F 옵션을 사용해서 필드 구분자 ,(콤마comma)를 지정하고 내부 변수 $2로 두 번째 필드 값을 선택해서 표시했습니다. 다음은 키와 체중에서 BMI 지수를 계산하는 셸 스크립트 test12.sh 파일입니다. BMI는 체중(kg) ÷ 키^2(m^2)로 계산하는 체질량 지수입니다.

● test12.sh 파일 ●
```
#!/bin/sh

awk -F, '{print $3 / ($2 / 100) ^ 2}' data.csv
```

파일에 실행 권한을 주고 실행하면 다음과 같이 출력합니다.

---

7 텍스트 각 줄이 레코드가 되고 ,로 필드를 구분하는 텍스트 형식입니다. 표(엑셀) 계산 프로그램이나 데이터베이스 프로그램 등 다양한 소프트웨어에서 데이터를 교환할 때 사용합니다.

```
$ ./test12.sh ⏎
22.9854
17.7096
20.1951
25.5102
```

awk 명령어는 기본적인 프로그래밍 언어 기능도 제공합니다. test12.sh 셀 스크립트
는 awk 계산 기능을 이용해서 BMI 값을 계산했습니다.

> **Column** 프로그래밍 언어처럼 쓰는 sed, awk

sed와 awk 명령어는 무척 풍부한 기능을 제공합니다. 복잡한 작업도 처리 가능하므로 셀
스크립트 내부에서 호출하는 용도 외에 단독으로 프로그래밍 언어처럼 사용할 수 있습
니다. sed 스크립트라면 첫 줄이 #!/usr/bin/sed -f로 시작하고 awk 스크립트는 #!/
usr/bin/awk -f로 시작합니다. 다음은 소문자를 모두 대문자로 변환하는 sed 스크립트
입니다.

● upper.sed 파일 ●
```
#!/usr/bin/sed -f

s/\(.*\)/\U\1/
```

data.csv(287쪽) 파일을 읽어서 BMI를 출력하는 awk 스크립트는 다음과 같습니다.

● bmi.awk 파일 ●
```
#!/usr/bin/awk -f

BEGIN {
FS=","
print "BMI"
}
{print $3 / ($2 / 100)^2}
```

두 파일에 실행 권한을 설정하면 셀 스크립트처럼 실행할 수 있습니다.

awk [-F 필드구분자] [처리(-f 스크립트파일)] [처리대상파일...]

경로 /usr/bin/awk

주요 옵션

-F *fs*	필드 구분자를 정규 표현식 *fs*로 설정합니다.
-f *progfile*	스크립트 파일 *progfile*을 읽어서 처리합니다.

처리

텍스트를 처리할 조건과 실행 내용을 지정합니다.

pattern {action}	레코드(기본값은 입력 행)가 조건식 *pattern*을 만족할 때 액션 *action*을 실행합니다. 액션을 생략하면 레코드를 표시합니다.

주요 조건식(pattern)

처리 대상이 되는 레코드 조건을 지정합니다. 조건식 *pattern* 값을 만족하는 레코드에서만 액션 *action*을 실행합니다.

/*regexp*/	정규 표현식 *pattern*과 일치하는 레코드에 액션 *action*을 실행합니다.
BEGIN	첫 레코드를 읽기 전에 액션 *action*을 실행합니다.
END	마지막 레코드를 읽은 후에 액션 *action*을 실행합니다.

액션(action)

조건식과 일치하는 레코드에서 실행할 처리를 지정합니다. 액션은 여러 구문으로 이뤄지며 문장 사이는 ; 또는 줄 바꿈으로 구분합니다.

문장(statement)

expr 식 평가 외에 if 문, for 문, while 문 같은 제어 구문, print 표시 기능 등을 사용합니다.

expr	*expr* 식을 평가합니다.
print [*expr*...]	*expr* 식을 표시합니다.

표현식(expr)

숫자나 문자열 외에도 변수, 사칙 연산을 비롯한 계산(+, −, *, /, %, ^, ++, −−, +=, −=, *=, /=, %=, ^=), 비교 연산자(==, >, <, >=, <=, !=), 논리 연산자(!, ||, &&) 등을 사용합니다.

내장 변수

내장 변수(표 7-12)도 있습니다. 필드와 레코드 처리 방법을 제어합니다.

표 7-12 내장 변수

$0	레코드(입력한 행) 전체
$n	n번째 필드
FS	필드 구분자. 기본값은 공백 문자
NF	필드 개수
RS	입력 레코드 구분자. 기본값은 줄 바꿈
NR	레코드 번호. 기본값은 줄 번호
OFMT	숫자 출력 형식
OFS	출력 필드 구분자
ORS	출력 레코드 구분자

사용 예

CSV 형식 파일인 file.csv에서 줄마다 두 번째와 세 번째 필드를 합해서 표시합니다.

```
● file.csv 파일 ●
  1,2,3
  4,5,6
  7,8,9
```

```
$ awk -F, '{print $2 + $3}' file.csv
```

## Chapter 08

사용자와 시스템 관리하기

슈퍼유저로 변신하기

su

시스템 설정 파일을 수정하거나 파일 소유자 변경 같은 시스템 관리 작업은 슈퍼유저 권한이 필요합니다. 일반 사용자로 로그인했을 때 일시적으로 슈퍼유저로 변신하려면 su 명령어를 사용합니다.[1]

 해보기

현재 maltman 사용자로 로그인했다고 가정하고 일시적으로 슈퍼유저가 되어봅시다.

```
$ whoami ↵
maltman          ←─ 현재 사용자는 maltman
$ su ↵
암호: ↵           ←─ 슈퍼유저 암호 입력
# whoami ↵
root             ←─ 슈퍼유저로 변신
# exit ↵          ←─ 일반 사용자로 복귀
$
```

이처럼 su 명령어를 인수 없이 실행하면 슈퍼유저로 변신합니다. 이때 슈퍼유저 암호를 입력합니다.

 더 해보기

사용자를 인수로 지정해서 변신할 수 있습니다. 예를 들어 beer 사용자로 변신해봅시다(beer 사용자는 이미 존재한다고 가정합니다).

---

1 우분투 기본 설정은 su 명령어로 슈퍼유저가 될 수 없습니다. 대신에 sudo 명령어와 -i 옵션(298쪽)을 사용합니다.

```
$ whoami ↵
maltman              ◀── 현재 사용자는 maltman
$ su beer ↵
암호: ↵               ◀── beer 사용자 암호 입력
$ whoami ↵
beer                 ◀── beer 사용자로 변신
```

su 명령어를 실행한 다음에 실행한 whoami 명령어 결과로 beer 사용자로 변신한 것
을 알 수 있습니다.

su [옵션] [사용자명]

주요 옵션

-c *command*	지정한 사용자로 *command* 명령어를 실행하고 실행이 끝나면 원래 사용자로 돌아옵니다.
-	현재 사용자 환경 변수를 이어 받지 않습니다(새롭게 로그인한 것과 동일).
-s *shell*	*shell*로 지정한 셸을 변신한 사용자가 사용합니다.

사용 예

슈퍼유저로 변신합니다.

```
$ su
```

현재 사용자 환경 변수를 이어 받지 않고 새롭게 로그인한 것과 동일한 상태로 슈퍼유저로 변신합니다.

```
$ su -
```

user 사용자로 변신합니다.

```
$ su user
```

> **TIP**
>
> su 명령어로 다른 사용자로 변신하면 일반 로그인과 다르게 변신 전 사용자가 설정한 환경 변수가 대부분 이어집니다. 따라서 이전 사용자 환경 변수를 무시하고 해당 사용자로 변신하려면 다음처럼 - 옵션을 지정합니다.
>
> ```
> $ su - user ⏎
> ```
>
> 이러면 현재 디렉터리도 user 사용자 홈 디렉터리로 이동하고 마치 새롭게 로그인한 것과 같은 상태가 됩니다. 특히 슈퍼유저처럼 중요한 사용자로 변신해야 한다면 기존 사용자 환경 변수 때문에 생기는 예상 불가능한 문제를 피할 수 있게 반드시 - 옵션을 지정하기 바랍니다.

다른 사용자 권한으로 명령어 실행하기

sudo

sudo 명령어를 사용하면 슈퍼유저 암호를 몰라도 슈퍼유저 권한으로 명령어를 실행할 수 있습니다.[2]

 해보기

maltman 사용자로 sudo 명령어를 실행해봅시다.

```
$ ls -l /etc/gshadow ⏎
-rw-r----- 1 root shadow 804 12월 30 19:52 /etc/gshadow
$ cat /etc/gshadow | head ⏎
cat: /etc/gshadow: 허가 거부          ← maltman 사용자는 불가능
$ sudo cat /etc/gshadow | head ⏎
[sudo] maltman의 암호: ⏎             ← maltman 사용자 암호 입력
root:*::
daemon:*::
(생략)
```

예제처럼 슈퍼유저 암호를 몰라도 사용자 자신의 암호를 입력해서 슈퍼유저로서 명령어를 실행할 수 있습니다. 인증은 한번 해두면 한동안 암호를 입력하지 않아도 sudo 명령어 사용이 가능합니다.

더 해보기

sudo 명령어로 슈퍼 유저 외에도 다른 사용자가 된 것처럼 명령어를 실행할 수 있습니다. 이때 사용자는 -u 옵션으로 지정합니다. 같은 sudo 명령어라도 슈퍼유저

---

2 데비안은 sudo 패키지 설치 및 /etc/sudoers 파일을 편집해야 합니다. 'sudo 명령어 사용 준비 설정(297쪽)' 칼럼을 참조하기 바랍니다.

권한으로 명령어를 실행할 때와 beer 사용자 권한으로 실행할 때 차이를 확인해봅시다.

```
$ sudo -u beer touch ~beer/beer.txt ↵        ← beer 사용자로서 파일 작성
[sudo] maltman의 암호: ↵                       ← maltman 사용자 암호 입력
$ sudo touch ~beer/root.txt ↵                 ← 슈퍼유저로서 파일 작성
$ sudo -u beer ls -l ~beer ↵                  ← beer 사용자 홈 디렉터리 표시
합계 0
-rw-r--r-- 1 beer beer    0  1월  5 20:52 beer.txt
-rw-r--r-- 1 root root    0  1월  5 20:52 root.txt
```

실행 예제처럼 -u 옵션을 사용할 때도 인증은 한번 해두면 한동안 암호를 입력하지 않아도 sudo 명령어를 실행할 수 있습니다.

Column: sudo 명령어 사용 준비 설정

사용하는 환경에 따라서 sudo 명령어를 사용하려면 sudo 명령어를 사용할 수 있는 그룹 (우분투와 데비안은 sudo, CentOS와 페도라는 wheel)에 사용자를 추가하거나 /etc/sudoers 파일을 편집합니다. 이때 /etc/sudoers 파일을 안전하게 편집 가능한 visudo 명령어를 슈퍼유저로 변신해서 실행합니다.

```
$ su - ↵         ← 슈퍼유저로 변신
암호: ↵           ← 슈퍼유저 암호 입력
# visudo ↵
```

CentOS와 페도라는 vim, 우분투와 데비안은 nano 에디터를 사용합니다.[3] 슈퍼유저 (root) 설정은 다음과 같습니다.

```
(생략)
root ALL=(ALL) ALL
(생략)
```

실행 권한은 다음과 같은 서식으로 설정합니다.

사용자명 또는 그룹명   호스트명=(변신할 사용자명)   허가할 명령어

그룹을 허가할 때는 그룹명 앞에 %를 붙입니다. 다음 예제를 참조하기 바랍니다. root가 적힌 줄 다음에 추가해봅시다.

```
maltman ALL=(ALL) ALL     ← maltman 사용자에 슈퍼유저 권한 부여
%admin ALL=(ALL) ALL      ← admin 그룹에 슈퍼유저 권한 부여
```

호스트명, 변신할 사용자명, 허가할 명령어는 한꺼번에 여러 개 지정해도 됩니다. /etc/sudoers 파일에 예시가 있으므로 참조하세요.

---

3 nano 사용법은 터미널에 표시된 도움말을 참조하세요. ^은 Ctrl 키를 뜻합니다. 예를 들어 '^X 끝내기'는 Ctrl + x 키로 에디터를 종료하는 단축키입니다.

sudo [옵션] [명령어]

경로 /usr/bin/sudo

주요 옵션

-i	슈퍼유저로 변신합니다.
-u *user*	*user* 사용자로 변신해서 명령어를 실행합니다.
-l	현재 사용자에게 허가된 권한 목록을 표시합니다.

사용 예

슈퍼유저만 볼 수 있는 /etc/gshadow 파일을 표시합니다.

```
$ sudo less /etc/gshadow
```

beer 사용자 권한으로 beer 사용자 홈 디렉터리에 beer.txt 파일을 작성합니다.

```
$ sudo -u beer touch ~beer/beer.txt
```

Column 슈퍼유저 암호를 잊었다면

사용자 암호를 변경하는 명령어로 passwd 명령어를 소개했습니다. 일반 사용자가 암호를 잊었다면 슈퍼유저 권한으로 passwd 명령어를 실행해 해당 사용자 암호를 변경할 수 있습니다. 그러나 슈퍼유저 암호가 기억나지 않으면 어떻게 하면 좋을까요? 슈퍼유저 암호를 재설정하는 방법은 몇 가지가 있습니다. 예를 들면 sudo 명령어 실행이 가능한 사용자가 passwd 명령어와 조합해서 슈퍼유저 암호를 다시 설정할 수 있습니다.

```
$ sudo passwd ↵
```

재부팅 가능한 환경이라면 특수 모드인 싱글 유저 모드로 부팅해서 암호 없이 슈퍼유저로 로그인하면 됩니다. 싱글 유저 모드 부팅 방법은 부트로더 GRUB2(445쪽)를 이용하는 방법에서 소개합니다.

사용자 작성, 삭제하기

useradd, userdel

리눅스는 다중 사용자 환경이므로 언제든 사용자를 작성할 수 있습니다. 사용자를 작성하려면 useradd 명령어를 사용합니다. 반대로 사용자를 삭제하려면 userdel 명령어를 사용합니다.

 해보기

useradd 명령어로 beer 사용자를 작성해봅시다. useradd 명령어는 신규 사용자 관련 정보를 모두 옵션과 인수로 지정합니다. 지정하지 않은 정보는 기본값이 들어갑니다. 지정 가능한 항목으로 사용자 ID, 그룹명(그룹 ID), 로그인 셸, 홈 디렉터리 등이 있습니다. useradd 명령어는 슈퍼유저만 실행 가능합니다.

```
$ su - ⏎
암호: ⏎                      ←─ 슈퍼유저 암호 입력
# useradd -m beer ⏎
# passwd beer ⏎
새 암호: ⏎                    ←─ beer 사용자 암호 입력
새 암호 재입력: ⏎              ←─ beer 사용자 암호 재입력
passwd: 암호를 성공적으로 업데이트했습니다
```

이것으로 끝났습니다. -m 옵션과 함께 useradd 명령어를 실행하면 신규 사용자 홈 디렉터리가 없을 경우 자동으로 작성합니다. 그리고 암호는 useradd 명령어 인수로 지정하는 방법도 있지만 이번에는 useradd 명령어를 실행한 후 passwd 명령어로 암호를 설정했습니다(useradd 명령어는 -p 옵션이 없으면 암호를 설정하지 않으므로 주의합시다).

 **더 해보기**

사용자 이름을 잘못 지정했거나 이제 필요 없는 사용자를 삭제하고 싶을 때 userdel 명령어를 사용합니다. 앞 예제에서 작성한 beer 사용자를 삭제해봅시다. useradd 명령어와 마찬가지로 userdel 명령어도 슈퍼유저만 실행 가능합니다.

```
$ su - ⏎
암호: ⏎            ← 슈퍼유저 암호 입력
# userdel beer ⏎
```

순식간에 beer 사용자가 삭제됐습니다. 사용자를 삭제하기 전에 몇 번이고 확인하면서 주의하기 바랍니다.

사용자와 그룹 설정 파일

네트워크로 관리하는 사용자와 그룹이 아니면 해당 정보는 /etc/passwd, /etc/shadow, /etc/group, /etc/gshadow 파일에 적혀 있습니다.[4] 그룹 작성 및 삭제는 groupadd 명령어와 groupdel 명령어(304쪽)를 사용합니다. 그러면 파일에 어떤 내용이 적혀 있는지 살펴봅시다.

/etc/passwd 파일
한 줄에 한 사용자씩 :으로 구분한 사용자 계정 정보를 기록합니다. maltman 사용자 계정 정보는 다음과 같습니다.

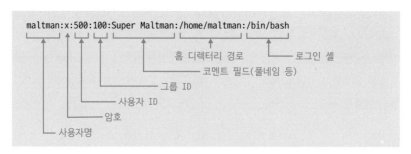

---

4 디렉터리 서비스로 사용자를 관리하는 방법도 있습니다. 다음 칼럼을 참조하기 바랍니다.

설정된 암호가 있으면 암호 필드는 x입니다. 실제 암호는 원문 그대로가 아니라 암호화 과정을 거쳐서 /etc/shadow 파일에 기록됩니다.

/etc/shadow 파일
줄마다 사용자 계정의 암호화된 암호 정보를 기록합니다.

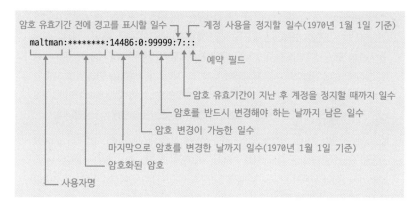

/etc/group, /etc/gshadow 파일
각 줄에 그룹 정보를 기록합니다.

그룹에 소속된 사용자가 여럿이면 ,로 구분합니다. 그룹에도 암호가 있어서 그룹에 소속하지 않은 사람이 해당 그룹 권한을 취득하려면 암호가 필요합니다. 암호를 설정한 그룹 정보는 /etc/gshadow 파일로 관리합니다. 하지만 그룹 암호를 사용하는 예는 드물어서 자세한 설명은 생략하겠습니다.

➤ Column 디렉터리 서비스로 사용자 관리

리눅스에서 사용자를 관리할 때 컴퓨터에 저장된 /etc/passwd 같은 파일을 사용하는 대신 네트워크로 연결된 다른 컴퓨터 정보를 사용할 수 있습니다. 이렇게 네트워크로 정보를 공유하는 시스템을 **디렉터리 서비스**라고 부릅니다.

디렉터리 서비스를 사용하면 네트워크로 공유하는 컴퓨터가 여러 대일 때 사용자 관리가 간단해진다는 장점이 있습니다. 컴퓨터마다 암호를 관리한다면 사용자를 추가하거나 삭제할 때마다 모든 컴퓨터를 다시 설정해야 하겠지만 디렉터리 서비스를 사용하는 환경이라면 설정 한 번에 끝납니다. 사용자 관리에 디렉터리 서비스를 사용하는 방법은 몇 가지 있으나 일반적으로 LDAP Lightweight Directory Access Protocol, PAM Pluggable Authentication Modules, NSS Name Service Switch 이렇게 세 종류의 시스템을 조합해서 사용합니다.

LDAP는 사용자 정보가 저장된 서버와 해당 정보를 취득하는 클라이언트(컴퓨터) 사이에 요청과 응답을 처리하는 구조입니다. PAM은 로그인이 필요한 프로그램(login, telnet, ssh, gdm 등)이 사용자 인증을 할 때 불리는 시스템으로, LDAP에서도 사용자를 인증할 수 있도록 설정해야 합니다. NSS는 컴퓨터 사용자 인증을 로컬 파일로 할지 LDAP로 할지 설정하는 시스템입니다.

디렉터리 서비스로 사용자를 관리하는 방법은 이 책에서 다룰 범위에서 벗어나므로 상세한 내용은 관련 서적이나 인터넷을 참고하기 바랍니다.

서식	**useradd** [옵션] 사용자명 **userdel** [옵션] 사용자명

경로 /usr/sbin/useradd, /usr/sbin/userdel

주요 옵션(useradd 명령어)

-m	사용자 홈 디렉터리가 존재하지 않으면 자동으로 작성합니다.
-c *name*	사용자 풀네임으로 *name*을 사용합니다.
-d *directory*	사용자 홈 디렉터리로 *directory*를 사용합니다.
-e *date*	사용자 계정을 무효화할 날짜를 *date*로 지정합니다(지정하지 않으면 무기한).
-g *group*	사용자 그룹 ID로 *group*을 사용합니다.
-G *group1* [, *groupn...*]	사용자 소속 그룹을 지정합니다(여러 개 지정하려면 , 사용).
-P *password*	암호로 *password*를 설정합니다.
-s *shell*	사용자 로그인 셸로 *shell*을 사용합니다.
-u *uid*	사용자 ID로 *uid*를 사용합니다.

주요 옵션(userdel 명령어)

-r	사용자 홈 디렉터리도 함께 삭제합니다.

사용 예

신규 사용자 user를 작성합니다.

```
# useradd user
```

user 사용자를 삭제합니다.

```
# userdel user
```

user 사용자를 작성하면서 계정 사용 종료일로 2021년 4월 30일을 지정합니다.

```
# useradd -e 2021-4-30 user
```

그룹 작성, 삭제하기

groupadd, groupdel

새로운 그룹을 작성하려면 groupadd 명령어를 사용하고 그룹을 삭제하려면 groupdel 명령어를 사용합니다.

해보기

groupadd 명령어를 사용해서 새롭게 brewery 그룹을 작성해봅시다. groupadd 명령어는 슈퍼유저만 사용 가능합니다.

```
$ su - ↵
암호:                          ← 슈퍼유저 암호 입력
# groupadd brewery ↵          ← brewery 그룹 작성
# grep brewery /etc/group ↵   ← /etc/group 파일에 추가됐는지 확인
brewery:x:1004:               ← /etc/group 파일에 추가 완료
```

더 해보기

앞서 작성한 brewery 그룹을 삭제해봅시다. 슈퍼유저 권한으로 명령어를 실행합니다.

```
# groupdel brewery ↵          ← brewery 그룹 삭제
# grep brewery /etc/group ↵   ← /etc/group 확인
#                             ← /etc/group에서 brewery 삭제 완료
```

groupadd [옵션] 그룹명
groupdel 그룹명

경로 /usr/sbin/groupadd, /usr/sbin/groupdel

주요 옵션(groupadd 명령어)

-g *gid*	그룹 ID로 *gid*를 사용합니다.
-o	-g 옵션으로 지정한 그룹 ID가 존재해도 에러를 무시하고 그룹을 작성합니다.

사용 예

신규로 brewery 그룹을 작성합니다.

```
# groupadd brewery
```

brewery 그룹을 삭제합니다.

```
# groupdel brewery
```

brewery 그룹 ID를 501로 지정해서 작성합니다.

```
# groupadd -g 501 brewery
```

사용자, 그룹 목록 표시하기

getent

사용자와 그룹 관련 데이터베이스 내용은 getent 명령어로 표시합니다.

 해보기

getent 명령어를 사용해서 OS에 등록된 사용자 정보 목록을 살펴봅시다. 사용자 정보를 확인하려면 passwd 데이터베이스를 지정해서 실행합니다.

```
$ getent passwd ⏎
root:x:0:0:root:/root:/bin/bash
daemon:x:1:1:daemon:/usr/sbin/:/bin/sh
bin:x:2:2:bin:/bin:/bin/sh
(생략)
maltman:x:500:100:Super Maltman:/home/maltman:/bin/bash
```

데이터베이스에는 passwd 외에도 group(그룹 정보), hosts(호스트 IP 주소 정보) 등이 있습니다.

 더 해보기

데이터베이스 다음에 키를 지정하면 해당 정보만 표시합니다. group 데이터베이스에서 users 내용을 표시해봅시다.

```
$ getent group users ⏎
users:x:100:
```

데이터베이스마다 고유키가 존재합니다. 예를 들어 group 데이터베이스에는 그룹명과 그룹 ID 지정이 가능합니다.

getent [데이터베이스와키]

경로 /usr/bin/getent

주요 데이터베이스와 키

passwd [*key*]   암호 정보를 참조합니다. *key*에는 사용자명, 사용자 ID를 지정합니다.

group [*key*]   그룹 정보를 참조합니다. *key*에는 그룹명, 그룹 ID를 지정합니다.

hosts [*key*]   호스트 정보를 참조합니다. *key*에는 호스트명, IP 주소를 지정합니다.

사용 예

passwd 데이터베이스 목록을 표시합니다.

```
$ getent passwd
```

group 데이터베이스에서 users 그룹 정보를 표시합니다.

```
$ getent group users
```

시스템 메시지 표시하기

dmesg

리눅스 시스템을 관리할 때 리눅스가 출력하는 시스템 메시지는 무척 중요한 정보입니다. 시스템 메시지를 표시하려면 dmesg 명령어를 사용합니다.

 해보기

dmesg 명령어를 실행해봅시다. 일반 사용자도 실행 가능합니다.

```
$ dmesg ⏎
[    0.000000] Linux version 5.8.0-40-generic (buildd@lcy01-amd64-014) (gcc
(Ubuntu 9.3.0-17ubuntu1~20.04) 9.3.0, GNU ld (GNU Binutils for Ubuntu)
2.34) #45~20.04.1-Ubuntu SMP Fri Jan 15 11:35:04 UTC 2021 (Ubuntu
5.8.0-40.45~20.04.1-generic 5.8.18)
[    0.000000] Command line: BOOT_IMAGE=/boot/vmlinuz-5.8.0-40-generic
root=UUID=e21caec8-c3b1-4715-8484-b59e43358eed ro find_preseed=/preseed.cfg
auto noprompt priority=critical locale=en_US quiet
[    0.000000] KERNEL supported cpus:
[    0.000000]   Intel GenuineIntel
[    0.000000]   AMD AuthenticAMD
[    0.000000]   Hygon HygonGenuine
[    0.000000]   Centaur CentaurHauls
[    0.000000]   zhaoxin   Shanghai
[    0.000000] x86/fpu: Supporting XSAVE feature 0x001: 'x87 floating point
registers'
[    0.000000] x86/fpu: Supporting XSAVE feature 0x002: 'SSE registers'
[    0.000000] x86/fpu: Supporting XSAVE feature 0x004: 'AVX registers'
[    0.000000] x86/fpu: xstate_offset[2]:  576, xstate_sizes[2]:   256
[    0.000000] x86/fpu: Enabled xstate features 0x7, context size is 832
bytes, using 'standard' format.
[    0.000000] BIOS-provided physical RAM map:
```

```
[    0.000000] BIOS-e820: [mem 0x0000000000000000-0x000000000009ffff] usable
[    0.000000] BIOS-e820: [mem 0x0000000000100000-0x00000000007fffff] usable
[    0.000000] BIOS-e820: [mem 0x0000000000800000-0x0000000000807fff] ACPI NVS
[    0.000000] BIOS-e820: [mem 0x0000000000808000-0x000000000080ffff] usable
(생략)
```

dmesg 명령어 출력 내용은 이렇게 리눅스를 부팅할 때 표시되는 하드웨어 관련 정보 같은 내용도 포함합니다.

dmesg [옵션]

주요 옵션

-c   시스템 메시지를 표시한 후 시스템 버퍼를 청소합니다(슈퍼유저만 실행 가능).

사용 예

시스템 메시지를 표시합니다.

```
$ dmesg
```

메모리 정보를 확인합니다.

```
$ dmesg | grep Memory
```

서비스 설정, 상태 표시하기

service, systemctl

리눅스에는 cron처럼 늘 동작하는 프로그램이나 서버로 사용할 때 동작하는 sshd, httpd, ntpd 같은 프로그램, 부팅할 때 동작하는 프로그램 등이 있습니다. 이런 서버 프로그램이나 부팅할 때 실행하는 프로그램을 **서비스**service라고 부릅니다. 각 서비스 동작을 제어하고 상태를 확인하는 작업을 일괄적으로 관리하는 명령어는 service 명령어(우분투, 데비안)와 systemctl 명령어(CentOS, 페도라)입니다. service 명령어는 호환성을 위해 CentOS나 페도라에도 존재하지만 --status-all 옵션이 없는 등 세세한 차이가 있습니다. CentOS, 페도라는 systemctl 명령어를 사용하는 것을 추천하므로 해당 명령어로 설명하겠습니다.

 해보기

설치된 서비스에 무엇이 있는지 살펴봅시다. 우분투, 데비안에서는 다음과 같이 명령어를 실행합니다.

```
$ service --status-all ⏎
 [ + ]  acpid
 [ + ]  apparmor
 [ + ]  apport
 [ + ]  atd
 [ - ]  console-setup.sh
 [ + ]  cron
(생략)
 [ + ]  cups
(생략)
 [ + ]  ssh
(생략)
```

acpid나 atd 등은 서비스명이고 + 기호가 표시된 서비스(atd, cups, ssh 등)가 동작 중입니다. 이번에는 서비스 상태를 살펴봅시다.

```
$ service cups status ⏎
cups start / running, process 4835
```

cups 서비스가 프로세스 번호 4835로 실행 중입니다. CentOS나 페도라에서 모든
서비스 상태를 확인하려면 다음과 같이 실행합니다.

```
$ systemctl -a list-units ⏎
(생략)
crond.service      loaded    active   running   Command Scheduler
cups.service       loaded    active   running   CUPS Scheduler
dbus.service       loaded    active   running   D-Bus System Message Bus
dm-event.service   loaded    inactive dead      Device-mapper event daemon
(생략)
```

systemctl 명령어는 서비스 외에도 정보를 표시합니다. 서비스명에는 'cups.
service'처럼 .service가 붙습니다. 우분투나 데비안은 cups, ssh가 서비스명이
지만 CentOS, 페도라는 cupsd, sshd입니다. 배포판에 따라 서비스명은 조금씩 다
릅니다. 이번에는 CentOS에서 sshd 서비스 상태를 확인해봅시다.

```
$ systemctl status sshd ⏎
● sshd.service - OpenSSH server daemon
   Loaded: loaded (/usr/lib/systemd/system/sshd.service; enabled; vendor
   preset: enabled)
   Active: active (running) since Sun 2020-12-01 02:09:29 JST; 13h ago
        └ 유효(실행 중)
     Docs: man:sshd(8)
           man:sshd_config(5)
 Main PID: 894 (sshd)        ← 프로세스 번호
    Tasks: 1 (limit: 11512)
   Memory: 1.8M
   CGroup: /system.slice/sshd.service      ← 프로세스 트리
           └ 894 /usr/sbin/sshd -D -oCiphers=aes256-gcm@
(생략)
```

예제 결과를 보면 sshd는 유효(enabled) 상태로 실행 중(active)이므로 원격 ssh 로그인이 가능합니다.

 더 해보기

우분투 예시에서 본 동작 중인 인쇄용 서비스 cups를 정지시켜봅시다. 슈퍼유저 권한으로 실행합니다.

```
# service cups stop ↵
cups stop/waiting
```

다시 시작하려면 내부 명령어 start를 실행합니다.

```
# service cups start ↵
cups start/running, process 211
```

CentOS나 페도라는 systemctl 명령어를 사용합니다. 이쪽도 서비스를 시작하는 내부 명령어는 start, 서비스를 정지하는 내부 명령어는 stop입니다.

```
# systemctl start sshd ↵
# systemctl status sshd ↵
● sshd.service - OpenSSH server daemon
  Loaded: loaded (/usr/lib/systemd/system/sshd.service; enabled;
  vendor preset: enabled)
  Active: active (running) since Sun 2020-12-01 02:09:29 JST; 13h ago
    Docs: man:sshd(8)
          man:sshd_config(5)
Main PID: 894 (sshd)
   Tasks: 1 (limit: 11512)
  Memory: 1.8M
  CGroup: /system.slice/sshd.service
          └ 894 /usr/sbin/sshd -D -oCiphers=aes256-gcm@openssh.com,
              chacha20-poly1305@openssh.com,aes256-ctr,aes256-cbc,(생략)
(생략)
```

지금까지 본 내용은 시스템 부팅할 때 서비스 시작 여부를 설정하는 방법과는 관계 없습니다. 배포 버전에 따라 설정 방법이 다르므로 이 책에서는 설명을 생략합니다.

service 옵션(서비스명) 명령어
systemctl [옵션] 명령어 [서비스명]

경로 /usr/sbin/service, /usr/sbin/systemctl(CentOS, 페도라)

주요 옵션(service 명령어)

--status-all   등록된 모든 서비스 상태를 표시합니다.

주요 옵션(systemctl 명령어)

-a   비활성화되거나 동작하지 않은 서비스도 표시합니다.

명령어

status	지정한 서비스 상태를 표시합니다.
start	지정한 서비스를 시작합니다.
stop	지정한 서비스를 정지합니다.
list-units	서비스를 포함한 시스템에 로드된 모든 목록과 상태를 표시합니다(systemctl 명령어 전용). 서비스명은 지정하지 않습니다.

사용 예

현재 설치된 모든 서비스 상태를 표시합니다.

```
$ service --status-all ⏎          ← 우분투, 데비안
$ systemctl -a list-units ⏎       ← CentOS, 페도라
```

cups 서비스를 정지합니다.

```
# service cups stop ⏎             ← 우분투, 데비안
# systemctl stop cupsd ⏎          ← CentOS, 페도라
```

cups 서비스를 시작합니다.

```
# service cups start ⏎            ← 우분투, 데비안
# systemctl start cupsd ⏎         ← CentOS, 페도라
```

시스템 정지, 다시 시작

shutdown, reboot, poweroff

리눅스에서 하던 작업이 끝나서 컴퓨터 전원을 끄려면 1장에서 설명했듯이 셧다운 절차가 필요합니다. 셧다운은 데스크톱 환경이라면 GUI를 이용하지만(28쪽) 원격 접속 관리하는 서버처럼 데스크톱 환경이 아니라면 터미널로 셧다운 명령을 내립니다. 컴퓨터를 셧다운하려면 shutdown 명령어를 사용하며 전원을 끄는 poweroff 명령어, 다시 시작하는 reboot 명령어도 사용 가능합니다.[5]

 해보기

실제로 컴퓨터 전원을 끄기 위해 시스템을 정지시켜봅시다.

```
$ shutdown -P +1 ⏎                  ←──1분 후 전원이 꺼진다.
Shutdown scheduled for Tue 2021-01-10 08:09:22 KST, use 'shutdown -c'
to cancel.
```

시스템을 정지하려면 -P 옵션을 사용합니다. +1이라고 지정하면 1분 후 셧다운합니다. 그러면 1분 후 리눅스 시스템이 정지합니다. poweroff 명령어도 전원을 끌 수 있습니다.

```
$ poweroff ⏎
```

shutdown 명령어나 poweroff 명령어를 실행하면 시스템 정지 후에 컴퓨터 전원이 자동으로 꺼집니다. 만약 전원이 자동으로 꺼지지 않으면 전원을 꺼도 괜찮다는 메시지가 표시되는 것을 확인하고 전원을 끕니다.

---

5   옮긴이_ 환경에 따라 root 권한이 필요하다는 메시지가 표시되면 sudo 명령어와 함께 실행합니다.

 더 해보기

이번에는 -r 옵션을 사용해 시스템을 다시 시작해봅시다.

```
$ shutdown -r +1 ⏎          ←── 1분 후 다시 시작
Shutdown scheduled for Tue 2021-01-10 08:35:17 KST, use 'shutdown -c'
to cancel.
```

예제처럼 -r 옵션으로 shutdown 명령어를 실행하면 -P 옵션과는 다르게 시스템을
종료한 후 그대로 다시 시작(재부팅)합니다. reboot 명령어로도 재부팅 가능합니다.

```
$ reboot ⏎
```

shutdown [옵션] 시간 [경고메시지]
reboot
poweroff

주요 옵션

-k	경고 메시지를 각 프로세스에 보내기만 하고 실제로는 셧다운하지 않습니다.
-r	시스템을 다시 시작합니다. reboot 명령어와 같습니다.
-P	시스템 전원을 끕니다. poweroff 명령어와 같습니다.
-c	예정된 셧다운을 취소합니다.

시간

now	지금 바로 셧다운합니다.
+n	n분 후 셧다운합니다.
hh:mm	hh시 mm분에 셧다운합니다(24시간으로 표시).

경고 메시지

셧다운하기 전에 로그인 중인 터미널에 표시할 안내 메시지를 지정합니다.

사용 예

시스템을 다시 시작합니다(shutdown 명령어).

```
$ shutdown -r now
```

시스템을 다시 시작합니다(reboot 명령어).

```
$ reboot
```

5분 후에 시스템 전원을 끕니다(shutdown 명령어).

```
$ shutdown -P +5
```

셧다운을 취소합니다.

```
$ shutdown -c
```

## Chapter 09

네트워크 능숙하게 다루기

리눅스에서 네트워크 접속하기

요즘은 광통신 네트워크 접속 서비스가 널리 보급되어서 인터넷 접속이 빨라졌습니다. 무선 공유기를 연결해서 모바일 기기에서 와이파이로 접속하거나 LTE나 5G 기기를 이용하는 무선 통신 서비스 또는 스마트폰 핫스팟(테더링) 기능으로 장소를 가리지 않고 어디서나 인터넷을 사용합니다. 이에 따라 네트워크 관련 명령어를 이해하고 싶다는 요구도 점점 늘고 있습니다.

이제부터는 집이나 사무실 등에서 인터넷을 사용할 수 있는 환경이라 전제하고 설명할 것입니다. 네트워크 환경에서 쾌적하게 리눅스를 사용하는 데 필요한 명령어를 소개하면서 관련 용어도 알아봅니다. 물론 이런 명령어를 몰라도 메일을 읽거나 검색 엔진, SNS 같은 웹서비스는 사용할 수 있지만 인터넷 구조를 이해하면 네트워크 관리자를 목표로 하는 분은 물론이고 평소 네트워크에 어떤 문제가 생겼을 때도 유용합니다.

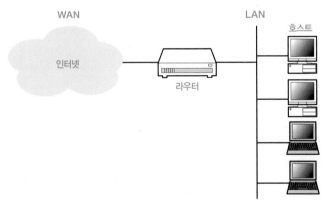

그림 9-1 인터넷

호스트와 접속 확인하기

ping

네트워크가 연결됐는지 확인하거나 특정 호스트가 동작 중인지 알아보려면 ping 명령어를 사용합니다.

 해보기

ping 명령어는 목적 호스트에 응답을 요구하는 메시지를 보냅니다. 상대 호스트가 메시지를 받으면 살아 있다는 응답 메시지를 돌려줍니다. 예를 들어 ping 명령어를 사용해서 네임 서버가 접속 가능한지 확인해봅시다. 네임 서버 IP 주소는 192.168.0.1이라고 가정합니다.

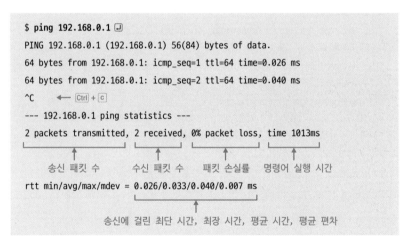

```
$ ping 192.168.0.1 ⏎
PING 192.168.0.1 (192.168.0.1) 56(84) bytes of data.
64 bytes from 192.168.0.1: icmp_seq=1 ttl=64 time=0.026 ms
64 bytes from 192.168.0.1: icmp_seq=2 ttl=64 time=0.040 ms
^C    ←── Ctrl + C

--- 192.168.0.1 ping statistics ---
2 packets transmitted, 2 received, 0% packet loss, time 1013ms
        송신 패킷 수    수신 패킷 수    패킷 손실률    명령어 실행 시간
rtt min/avg/max/mdev = 0.026/0.033/0.040/0.007 ms
            송신에 걸린 최단 시간, 최장 시간, 평균 시간, 평균 편차
```

ping 명령어를 실행하면 Ctrl + C 키를 누를 때까지 계속해서 메시지를 상대방에게 보냅니다. 예제처럼 응답이 돌아오면 상대 호스트와 제대로 접속된 것입니다. 그리고 ping 명령어를 종료하면 송신 패킷 수와 패킷 손실률 같은 정보가 표시되므로 이런 출력 정보로 접속 안정성을 확인합니다.

한편 ping 명령어를 실행해도 상대방이 응답이 없다면 상대방 호스트와 제대로 접

속되지 않았다는 의미입니다. 접속에 문제가 생긴 원인으로는 IP 주소가 제대로 할당되지 않았거나 라우터router(공유기)와 LAN 또는 무선 접속에 문제가 생겼을 가능성이 있습니다.

IP 주소가 할당됐는지 확인하려면 `ip` 명령어 혹은 `ifconfig` 명령어(353쪽)를 사용합니다. 공유기를 사용하고 있으면 일단 `ping` 명령어로 공유기와 제대로 접속됐는지 확인해보면 좋습니다.[1]

 더 해보기

`ping` 명령어를 비롯한 대부분 네트워크 관련 명령어는 목적 호스트를 지정할 때 IP 주소 또는 호스트명hostname을 사용합니다. 예를 들어 www.example.com라는 호스트에 접속되는지 확인해봅시다.

```
$ ping www.example.com ⏎
PING www.example.com (192.168.1.100) 56(84) bytes of data.
64 bytes from www.example.com (192.168.1.100): icmp_seq=1 ttl=48 time=3.71 ms
64 bytes from www.example.com (192.168.1.100): icmp_seq=2 ttl=48 time=4.49 ms
^C    ←── Ctrl + C
--- www.example.com ping statistics ---
2 packets transmitted, 2 received, 0% packet loss, time 1842ms
rtt min/avg/max/mdev = 3.719/4.498/0.040/0.394 ms
```

www.example.com 같은 인터넷 호스트명을 **도메인명**domain name이라고 부릅니다. 네임 서버를 통해 도메인명을 IP 주소로 변환해서 접속합니다. 예제에서는 www.example.com의 IP 주소가 192.168.1.100이라는 것을 알 수 있습니다.

`ping` 명령어는 ICMPInternet Control Message Protocol라고 부르는 프로토콜을 사용해서 네트워크 접속을 확인합니다. 송신하는 호스트가 echo request 패킷을 보내면 수신하는 호스트가 echo response 패킷으로 응답합니다. 예제에서는 www.example.

---

1 옮긴이_ 최근 공유기는 외부에서 들어오는 공격을 막기 위해 ping 명령어에 응답하지 않는 경우도 있습니다.

com 호스트에 ICMP 패킷을 두 번 보내서 두 번 응답을 받았습니다. 최근에는 보안상 문제로 ICMP 패킷에 응답하지 않도록 막은 서버가 늘어났습니다. `ping` 명령어에 응답이 없다고 해서 반드시 호스트가 존재하지 않거나 문제가 있는 것은 아니므로 주의하기 바랍니다. 그럴 때는 서비스 포트가 열려 있는지 확인하는 등 다른 방법이 필요합니다.

ping [옵션] 상대호스트

주요 옵션

-c *count*   Ctrl + c 키를 누를 때까지 메시지 송신을 반복하는 것이 아니라 *count* 횟수만큼 메시지를 주고받고 종료합니다.

사용 예

host 호스트와 접속을 확인합니다.

```
$ ping host
```

host 호스트에 10회 메시지를 보내서 접속을 확인합니다.

```
$ ping -c 10 host
```

원격 호스트를 향한 패킷 경로 표시하기

tracepath, traceroute

원격 호스트를 향한 네트워크 경로를 표시하는 명령어는 tracepath[2] 또는 traceroute[3]입니다. 네트워크 라우팅 설정에 문제가 없는지 확인할 때 사용합니다.

 해보기

예를 들어 www.example.com 호스트를 향한 네트워크 경로를 표시해봅시다.

```
$ tracepath www.example.com ↵
 1?: [LOCALHOST]                    pmtu 1500
 1:  192.168.0.1                        0.296ms
 1:  192.168.0.1                        0.200ms
 2:  barrel.example.com             12.889ms asymm 64
 3:  ale.example.com                18.817ms asymm 63
 4:  malt.example.com               15.798ms asymm 62
 5:  whiskey.example.com            17.802ms asymm 61
 6:  www.example.com                47.165ms reached
     Resume: pmtu 1500 hops 6 back 6
```

```
$ traceroute www.example.com ↵
traceroute to www.example.com (192.168.0.100), 30 hops max, 60 byte packets
 1 _gateway (192.168.0.1)  0.302 ms  0.121 ms  0.079 ms
 2 192.168.77.5 (192.168.77.5)  8.286 ms 192.168.77.223 (192.168.77.223)
6.891 ms 192.168.44.213 (192.168.44.213)  9.469 ms
 3 192.168.44.16 (192.168.44.16)  7.530 ms 192.168.200.1 (192.168.200.1)
5.586 ms  6.974 ms
```

---

2 데비안은 iputils-tracepath 패키지를 설치합니다.

3 우분투는 traceroute 패키지를 설치합니다.

tracepath나 traceroute 명령어를 사용하면 원격 호스트를 향한 네트워크 경로를 볼 수 있습니다. 인터넷 통신은 전화와 달리 전체를 관리하는 중앙 호스트가 존재하지 않습니다. 라우터 기능을 하는 호스트가 자신이 받은 패킷을 다음 호스트에 넘기고 계속 이렇게 연계해서 마지막 목적 호스트에 도착하는 방법을 사용합니다. 따라서 목적 호스트와 반드시 통신 가능하다는 보장 없이 노력은 하지만 결과는 보장하지 않는다는 의미의 **Best Effort** 방식을 취합니다. tracepath(traceroute) 명령어를 사용하면 라우터 사이에 주고받는 패킷 상태를 확인할 수 있습니다. 계속 기다려도 목적 호스트에 도착하지 못한다면 Ctrl + C 키로 종료합니다.

인터넷에서 사용하는 IP 프로토콜은 호스트에 도착하지 못하는 패킷이 계속해서 쌓이면 네트워크 전체에 통신 장애가 발생하므로 어느 일정 횟수 이상으로 라우터를 통과해도 목적 호스트에 도착하지 못한 패킷은 폐기합니다. 라우터에서 주고받은 횟수를 홉hop 수라고 부르는 단위로 셈합니다. 패킷이 폐기될 때까지의 홉 개수를 TTLTime to Live이라고 하는데 라우터끼리 주고받을 때마다 하나씩 줄어듭니다. TTL이 0이 되면 해당 패킷은 폐기되고 ICMP Time Exceeded 에러를 송신한 호스트로 보냅니다.

tracepath(traceroute) 명령어는 TTL을 1에서 시작해 순서대로 하나씩 늘려가며 (라우터 도착 범위를 한 단계씩 늘려서) UDP 패킷을 보내서 ICMP Time Exeeded 에러를 돌려주는 라우터를 표시합니다. 최근에는 보안 목적으로 ICMP 패킷을 막은 라우터도 많아서 tracepath(traceroute) 명령어가 동작하지 않을 수 있으므로 주의하기 바랍니다.

tracepath [옵션] 호스트 [포트]
traceroute [옵션] 호스트 [패킷길이]

경로 /usr/bin/tracepath, /usr/sbin/traceroute (우분투, 데비안),
/usr/bin/traceroute (CentOS, 페도라)

주요 옵션(tracepath 명령어)

-n	주소를 호스트명이 아니라 IP 주소로 표시합니다.
-l *plen*	패킷 길이를 *plen*으로 지정합니다.

주요 옵션(traceroute 명령어)

-n	주소를 호스트명이 아니라 IP 주소로 표시합니다.
-m *maxttl*	패킷 최대 TTL을 *maxttl*로 설정합니다.
-p *port*	UDP 패킷을 *port* 포트로 보냅니다. 원격 호스트 포트가 이용 중이면 경로를 취득할 수 없으므로 이 옵션으로 송신 대상 포트를 변경합니다.
-I	UDP 패킷 대신에 ICMP 패킷을 보냅니다(슈퍼유저 권한 필요).

사용 예

로컬 호스트에서 barrel.example.com을 향한 경로를 표시합니다.

```
$ tracepath barrel.example.com
$ traceroute barrel.example.com
```

호스트 IP 주소, 도메인명 검색하기

host

인터넷상의 호스트는 사람이 알기 쉬운 도메인명으로 관리합니다. 도메인명에서 IP 주소를 검색하거나 반대로 IP 주소에서 도메인명을 검색하려면 host 명령어를 사용합니다.

 해보기

그러면 www.example.com 호스트의 IP 주소를 검색해봅시다.

```
$ host www.example.com ↵
www.example.com has address 192.168.1.100
```

host 명령어에 인수로 도메인명을 지정해서 실행하면 지정한 호스트의 IP 주소를 표시합니다. 이번에는 반대로 IP 주소가 192.168.1.100인 호스트 도메인명을 검색해봅시다.

```
$ host 192.168.1.100 ↵
100.1.168.192.in-addr.arpa domain name pointer www.example.com
```

IP 주소가 192.168.1.100인 호스트 도메인명은 www.example.com이라는 것을 알 수 있습니다. 인터넷에 있는 호스트는 각각 유일한 IP 주소가 할당되는데 이 숫자는 비슷비슷해서 사람이 기억하기 쉽지 않습니다. 따라서 IP 주소와 별개로 호스트를 식별하기 쉽게 도메인명을 사용합니다. 도메인명은 DNS^{Domain Name System}라는 데이터베이스 시스템으로 관리합니다. 네트워크 관련 명령어나 애플리케이션에서 도메인명으로 호스트를 지정하면 각 호스트는 DNS 서버에 문의해서 도메인명을 IP 주소로 변환해 접속합니다. 문의할 DNS 서버는 /etc/resolv.conf 파일에서 지정합니다. DHCP를 사용하면 자동으로 설정해줍니다.

DNS는 계층적 데이터베이스 시스템으로, 하나의 DNS 서버에 문의하면 DNS 서버끼리 문의해서 대응하는 도메인명을 검색합니다. 도메인명은 여러 도메인을 .으로 구분하는 형태로 표시하며 제일 마지막 도메인이 계층 최상위에 해당하는 최상위 도메인Top Level Domain(TLD)입니다. 도메인명이 www.example.com이라면 com 도메인이 TLD입니다. 최근에는 엄밀하게 구분하지 않지만 TLD에는 국가를 대표하는 도메인이나 상용 목적을 뜻하는 com, 비영리 단체를 뜻하는 org, 네트워크 프로바이더 등이 이용하는 net 등이 있습니다. 그리고 인터넷이 만들어진 근원지인 미국은 역사적으로 국가를 뜻하는 us 도메인을 사용하는 대신에 com, net, org같이 전 세계에서 이용 가능한 일반 최상위 도메인(gTLD)이나 미국 내에서만 사용하는 edu, gov, mil 같은 도메인을 주로 사용합니다. 그 외 국가라면 kr 같은 국가 코드 최상위 도메인(ccTLD)의 하위에 상용 목적을 뜻하는 co, 비영리 단체를 뜻하는 or, 네트워크 프로바이더 등을 뜻하는 ne 도메인 등이 옵니다. 만약 도메인이 www.example.co.kr이라면 kr 도메인 아래에 co 도메인, 그다음에 조직명을 뜻하는 example이 오는 구성 형태가 됩니다. 또는 example.kr처럼 kr 도메인(ccTLD) 아래에 바로 조직명이 오기도 합니다(그림 9-2).

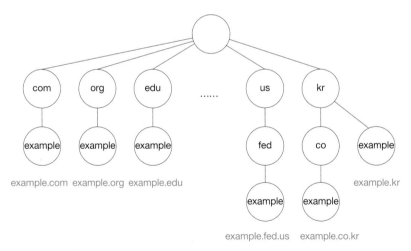

그림 9-2 도메인

host [옵션] 호스트명(IP주소)

주요 옵션

-v   상세한 정보를 표시합니다.

사용 예

cask.example.or.kr 호스트의 IP 주소를 표시합니다.

```
$ host cask.example.or.kr
```

IP 주소가 192.168.0.13인 호스트명을 표시합니다.

```
$ host 192.168.0.13
```

DNS 정보 검색하기

dig

인터넷에서 도메인명은 DNS으로 관리합니다. DNS 서버에서 IP 주소 같은 호스트 관련 정보를 취득하려면 dig 명령어[4]를 사용합니다.

 해보기

www.example.com 호스트의 IP 주소를 확인해봅시다

```
$ dig www.example.com ⏎

; <<>> DiG 9.16.1-Ubuntu <<>> www.google.com
;; global options: +cmd
;; Got answer:
;; ->>HEADER<<- opcode: QUERY, status: NOERROR, id: 22481
;; flags: qr rd ra; QUERY: 1, ANSWER: 1, AUTHORITY: 1, ADDITIONAL: 1

;; OPT PSEUDOSECTION:
; EDNS: version: 0, flags:; udp: 4096
;; QUESTION SECTION:        ← 문의 내용 표시
;www.example.com.              IN      A

                                              문의한 호스트 IP 주소
                                                      ↓
;; ANSWER SECTION:          ← 응답 표시
www.example.com.         1251    IN      A       192.168.1.100


;; AUTHORITY SECTION:       ← 문의한 도메인명에 관련된 권위를 가진 서버 나열
www.example.com.         1129    IN      NS      ns01.example.com.


;; ADDITIONAL SECTION:      ← 추가 정보 표시
```

---

4   데비안이라면 dnsutils 패키지를 설치합니다.

```
www.example.com.          524923    IN       A        192.168.1.16

;; Query time: 0 msec               ←── 문의에 걸린 시간
;; SERVER: 127.0.0.53#53(127.0.0.53) ←── 문의를 처리한 서버 IP 주소
;; WHEN: 목 1월 07 20:51:21 JST 2021  ←── 문의한 시각
;; MSG SIZE  rcvd: 88                ←── 메시지 크기
```

갑자기 많은 메시지가 출력되지만 표시 내용은 호스트 정보를 가진 DNS 서버에 따라 다릅니다. 문의한 도메인 답변은 'ANSWER SECTION'으로 표시합니다. 예제에서는 www.example.com 호스트의 IP 주소가 192.168.1.100인 것을 알 수 있습니다(별색 부분). dig 명령어는 기능이 다양해서 DNS 관련 문제를 확인할 때 무척 유용합니다. 한편 'AUTHORITY SECTION'이나 'ADDITIONAL SECTION'은 출력이 안 되기도 합니다.

🐧 더 해보기

dig 명령어는 문의할 네임 서버를 지정할 수 있습니다. 예제에서 'AUTHORITY_SECTION'에 표시된 www.example.com 도메인에 관한 권위를 가진 서버 ns01.example.com에 문의해봅시다. 만약 'AUTHORITY_SECTION'이 출력되지 않았다면 다음처럼 쿼리 타입에 ns를 지정해서 공인 네임 서버를 확인합니다.

```
$ dig www.example.com ns ⏎

; <<>> DiG 9.16.1-Ubuntu <<>> www.example.com ns
;; global options: +cmd
;; Got answer:
;; ->>HEADER<<- opcode: QUERY, status: NOERROR, id: 56607
;; flags: qr rd ra; QUERY: 1, ANSWER: 1, AUTHORITY: 0, ADDITIONAL: 1

;; OPT PSEUDOSECTION:
; EDNS: version: 0, flags:; udp: 4096
;; QUESTION SECTION:
```

```
;www.example.com.                    IN        NS

                                              공인 네임 서버명
                                                   ↓
;; ANSWER SECTION:
;www.example.com.       101458       IN        NS         ns01.example.com.
(생략)
```

다음으로 네임 서버를 지정해서 실행해봅시다. dig 명령어 첫 번째 인수에 문의할
네임 서버명 또는 IP 주소를 앞에 @를 붙여서 지정하고 다음 인수에 문의할 도메인
명을 지정합니다.

```
$ dig @ns01.www.example.com www.example.com ↵

; <<>> DiG 9.16.1-Ubuntu <<>> @ns01.www.example.com www.example.com
; (1 server found)
;; global options: +cmd
;; Got answer:
;; ->>HEADER<<- opcode: QUERY, status: NOERROR, id: 746
;; flags: qr aa rd; QUERY: 1, ANSWER: 1, AUTHORITY: 1, ADDITIONAL: 1
;; WARNING: recursion requested but not available

;; OPT PSEUDOSECTION:
; EDNS: version: 0, flags:; udp: 1272
;; QUESTION SECTION:
;www.example.com.                    IN        A

;; ANSWER SECTION:
www.example.com.        1251         IN        A         192.168.1.100
(생략)
```

flags 항목을 주의 깊게 보기 바랍니다. 앞 예제와 달리 이번에는 aa라는 플래그가
있습니다(별색 부분). aa^authoritative answer는 회답한 네임 서버가 문의한 도메인명과
관련해서 권위를 가지고 있다는 뜻입니다. 그리고 qr은 서버에서 회답이 있었다, rd
는 재귀적으로 문의를 요구했다, ra는 서버가 재귀적 문의를 지원한다는 뜻입니다.

DNS는 분산형 계층 데이터베이스 시스템으로 각 도메인은 특정 권위를 지닌 서버가 관리합니다. 각 네임 서버에는 캐시가 있지만 캐시에 데이터가 없을 경우 최상위 도메인(TLD)을 관리하는 서버에 문의하면 권위를 지닌 서버까지 도달할 수 있습니다.

dig [@서버] [도메인명(-x)] [IP주소] [쿼리타입]

경로 /usr/bin/dig

주요 옵션

-x *address*	IP 주소가 *address*인 호스트의 DNS 정보를 검색합니다.

쿼리 타입

a	지정한 호스트의 IP 주소
aaaa	지정한 호스트의 IPv6 주소
any	모든 정보
mx	지정한 도메인의 메일 서버
ns	지정한 도메인의 공인 네임 서버
ptr	지정한 IP 주소의 PTR(domain name pointer)
soa	지정한 도메인의 SOA Start of a zone of Authority 레코드
hinfo	지정한 호스트 관련 정보(CPU, OS 등)
axfr	존 zone 전송 정보
txt	지정한 도메인의 텍스트 정보

사용 예

DNS 서버 ns.example.com에 호스트 cask.example.com의 IP 주소를 문의합니다.

```
$ dig @ns.example.com cask.example.com
```

DNS 서버 ns.example.com에 IP 주소가 192.168.0.13인 호스트명을 문의합니다.

```
$ dig @ns.example.com -x 192.168.0.13
```

TIP

dig 명령어는 네트워크 주소 외에도 다양한 DNS 정보를 쿼리 타입을 지정해서 문의할 수 있습니다. 지정하지 않으면 네트워크 주소를 문의합니다.

도메인 정보 취득하기

whois

도메인명은 국제인터넷주소관리기구Internet Corporation for Assigned Names and Numbers(ICANN)가 관리합니다. ICANN이 관리하는 WHOIS 데이터베이스에서 도메인 정보를 취득하려면 whois[5] 명령어를 사용합니다.

 해보기

예를 들어 hanbit.co.kr 도메인 정보를 표시해봅시다.

```
$ whois hanbit.co.kr ↵
(생략)

# KOREAN(UTF8)

도메인이름              : hanbit.co.kr
등록인                 : 한빛미디어(주)
책임자                 : 한빛미디어(주)
책임자 전자우편          : webmaster@hanb.co.kr
등록일                 : 2012. 11. 16.
최근 정보 변경일         : 2017. 10. 17.
사용 종료일             : 2023. 11. 16.
(생략)


1차 네임서버 정보
    호스트이름          : ns1.nurihosting.com


2차 네임서버 정보
```

---

5 우분투는 whois 패키지로 설치합니다. CentOS는 epel-release.noarch 패키지를 설치해서 EPEL(Extra Packages for Enterprise Linux) 저장소(EPEL repository)를 추가한 후 whois 패키지를 설치합니다.

호스트이름	: ns2.nurihosting.com
(생략)	

whois 명령어는 지정한 도메인명을 관리하는 서버를 추측해서 해당 서버에 도메인 정보를 문의합니다. 예제에서는 kr 도메인을 관리하는 KISA/KRNIC 서버에 문의합니다. 문의할 서버를 지정하고 싶다면 -h 옵션을 사용합니다. 표시되는 정보는 문의한 도메인을 관리하는 서버에 따라 다릅니다.

도메인명을 IP 주소로 변환할 때 직접 문의한 네임 서버에 정보가 없으면 최상위 도메인을 관리하는 서버에 문의합니다. WHOIS 데이터베이스로 관리하는 네임 서버는 최종 권위를 지닌 서버에 도달 가능한 구조로 되어 있습니다.

whois [옵션] 도메인명

주요 옵션

-h *server*   검색에 사용할 서버로 *server*를 지정합니다.

사용 예

KISA/KRNIC(kr 도메인) WHOIS 서버인 whois.kisa.or.kr에서 example.co.kr 도메인 정보를 취득합니다.

```
$ whois -h whois.kisa.or.kr example.co.kr
```

안전하게 원격 호스트 로그인하기

ssh

네트워크를 경유하는 통신 내용을 암호화해서 안전하게 다른 컴퓨터에 로그인하려면 ssh 명령어를 사용합니다.

 해보기

ssh 명령어를 사용해서 barrel.example.com 호스트에 로그인해봅시다. [6]

```
$ ssh barrel.example.com ↵
Password: ↵              ← 원격 호스트 암호 입력
Last login: Wed Jan 29 10:58:08 2020
%                        ← 원격 호스트의 프롬프트가 표시된다.
```

ssh 명령어 인수에 접속할 호스트명을 지정하면 상대방 호스트에 로그인할 수 있습니다. 만약 지정한 호스트가 ssh 명령어로 처음 로그인하는 곳이라면 암호 입력 전에 다음과 같은 메시지가 출력되며 호스트 쪽 공개키를 신뢰할지 물어 봅니다. 문제가 없으면 yes를 입력합니다.

```
The authenticity of host 'barrel.example.com (192.168.1.22)' can't be
established.
RSA key fingerprint is f1:de:3e:f6:f0:14:09:19:2a:93:54:65:b2:56:f7:87.
Are you sure you want to continue connecting (yes/no)? yes ↵
              yes를 입력해서 호스트 공개키 사용 ⤶
```

---

6 ssh 명령어로 원격 호스트에 로그인하려면 상대방 호스트에 sshd 데몬(116쪽)이 동작 중이어야 합니다.

 **더 해보기**

원격 호스트에서 실행하고 싶은 명령어가 하나뿐이라면 다음처럼 실행합니다.

```
$ ssh barrel.example.com ls ↵
Password: ↵          ← 원격 호스트 암호 입력
(생략)
```

예제를 실행하면 barrel.example.com 호스트에서 `ls` 명령어를 실행한 결과가 출력됩니다. 이런 명령어를 자주 사용하면 로그인하고, 명령어를 실행하고, 로그아웃하던 번거로움이 줄어듭니다.

Column。 ssh 공개키 인증

ssh 인증에는 암호를 이용하는 방법 외에도 공개키 암호를 사용하는 방법이 있습니다. 공개키 암호를 사용하려면 미리 암호화/복호화에 사용할 공개키와 비밀키를 ssh-keygen 명령어로 생성해서 공개키를 로그인할 원격 호스트에 복사해둡니다. ssh-keygen 명령어를 실행하면 비밀키는 ~/.ssh/id_rsa, 공개키는 ~/.ssh/id_rsa.pub 파일에 저장합니다. 비밀키가 노출되지 않도록 비밀 구절passphrase을 사용해서 비밀키를 암호화합니다. 이렇게 만든 공개키를 원격 호스트의 ~/.ssh/authorized_keys 파일에 추가하면 공개키 암호 방식 인증을 사용할 준비가 끝납니다.

```
$ ssh-keygen ↵
Generating public/private rsa key pair.
Enter file in which to save the key (/home/maltman/.ssh/id_rsa):
↵     ← 엔터 키
Enter passphrase (empty for no passphrase): ↵    ← 비밀 구절 입력
Enter same passphrase again: ↵                  ← 비밀 구절 재입력
Your identification has been saved in /home/maltman/.ssh/id_rsa.
Your public key has been saved in /home/maltman/.ssh/id_rsa.pub.
The key fingerprint is:
ee:d7:86:a4:cd:e6:c7:2c:b4:ff:14:95:90:70:c9:e3 maltman@cask.example.com
The key's randomart image is:
(생략)
```

ssh [로그인사용자명@] 상대호스트명 [명령어]
ssh [-l 로그인사용자명] 상대호스트명 [명령어]

경로 /usr/bin/ssh

주요 옵션

-l *user*   원격 호스트에 접속할 사용자명이 현재 호스트 사용자명과 다르면 로그인할 사용자명
                   으로 *user*를 지정합니다.

사용 예

remote-host 호스트에 로그인합니다.

```
$ ssh remote-host
```

remote-host 호스트에 smalt 사용자명으로 로그인합니다.

```
$ ssh smalt@remote-host
$ ssh -l smalt remote-host
```

remote-host 호스트에서 command 명령어를 실행합니다.

```
$ ssh remote-host command
```

지정한 URL 다운로드하기

wget, curl

인터넷에서 파일을 다운로드하려면 wget 또는 curl[7] 명령어를 사용합니다. 두 명령어는 비슷한 기능을 제공하지만 환경이나 다운로드 사이트에 따라 사용하는 명령어가 달라서 둘 다 소개합니다.

 해보기

예를 들어 https://www.example.com/에서 index.html 파일을 다운로드해봅시다. 인수에 다운로드할 파일 URL을 지정합니다. curl 명령어는 기본값으로 표준 출력을 사용하므로 -O 옵션을 지정해서 파일로 저장합니다.

```
$ wget https://www.example.com/index.html ⏎
```

```
$ curl -O https://www.example.com/index.html ⏎
```

예제와 같이 실행하면 현재 디렉터리에 index.html 파일을 다운로드합니다. 파일을 웹 브라우저로 열어보면 어떤 웹페이지가 표시될 것입니다.

웹사이트 전체를 다운로드하려면 wget 명령어에 -r 옵션을 지정해서 사용합니다. 지정한 URL을 분석해서 찾아낸 링크를 계속 따라가며 모든 파일을 다운로드합니다.

```
$ wget -r https://www.example.com/index.html ⏎
```

curl 명령어는 이러한 재귀적 다운로드는 불가능하지만 연속된 파일명은 간단히 다운로드 가능합니다. 예를 들어 https://www.example.com/ 사이트에서 파일을 file01.txt에서 file10.txt까지 연속으로 다운로드하려면 다음처럼 숫자 범위를 [] 사

---

7 우분투, 데비안은 curl 패키지를 설치합니다.

이에 지정합니다.

```
$ curl -O "https://www.example.com/file[01-10].txt" ⏎
```

wget 명령어는 다운로드하고 싶은 파일 URL이 적힌 텍스트 파일이 있으면 한꺼번에 다운로드합니다.

── ● url.txt 파일 ● ──
```
https://www.example.com/index.html
https://cask.example.com/top.html
https://www.example.net/index.html
```

```
$ wget -i URL.txt ⏎
```

wget [옵션] URL
curl [옵션] URL

경로 /usr/bin/wget, /usr/bin/curl

주요 옵션(wget 명령어)

-b	백그라운드로 다운로드합니다.
-i *file*	지정한 *file* 파일에 적힌 URL을 다운로드합니다.
-r	링크를 재귀적으로 다운로드합니다.
-c	이어 받기로 다운로드합니다.
-q	메시지를 출력하지 않습니다.

주요 옵션(curl 명령어)

-O	다운로드한 결과를 URL에서 가져온 파일명으로 저장합니다.
-o *file*	다운로드한 결과를 *file* 파일로 저장합니다.
-C *offset*	*offset* 바이트 위치에서 이어서 다운로드합니다. —을 지정하면 이어 받기할 위치를 자동으로 결정합니다.

사용 예

https://www.example.com/index.html을 다운로드합니다.

```
$ wget https://www.example.com/index.html
$ curl -O https://www.example.com/index.html
```

https://www.example.com/index.html 사이트 전체를 다운로드합니다.

```
$ wget -r https://www.example.com/index.html
```

URL.txt 파일에 적힌 URL을 일괄 다운로드합니다.

```
$ wget -i URL.txt
```

https://www.example.com/ 사이트에 있는 파일 file01.txt에서 file10.txt까지 파일을 연속으로 다운로드합니다.

```
$ curl -O "https://www.example.com/file[01-10].txt"
```

https://www.example.com/filename.tgz 다운로드를 이어 받습니다.

```
$ wget -c https://www.example.com/filename.tgz
$ curl -C - -O https://www.example.com/filename.tgz
```

파일 전송하기

ftp, lftp

FTP 사이트에서 파일을 다운로드하거나 어떤 호스트끼리 파일을 전송하고 싶을 때가 있습니다. 네트워크를 통해서 파일을 전송하려면 ftp[8] 명령어 또는 lftp[9] 명령어를 사용합니다.

 해보기

ftp 명령어로 파일을 전송해봅시다. 인터넷 접속된 상태라고 가정합니다. 예를 들어 FTP 사이트 htp.example.com에 어떤 파일을 가져오려면 다음과 같이 실행합니다.

```
$ ftp ftp.example.com ⏎
Connected to ftp.example.com.
220 ::ffff:192.168.1.1 FTP server ready
Name (ftp.example.com:mailman): anonymous ⏎
331 Anonymous login ok, send your complete email address as your password
Password: ⏎          ← 암호에 메일 주소 입력
```

예제처럼 FTP 접속을 하면 접속할 호스트의 사용자명과 암호를 반드시 물어봅니다. 예제는 익명 FTP^{anonymous FTP} 사이트에 접속하므로 사용자명에는 anonymous 또는 ftp, 암호에는 메일 주소를 입력합니다. 접속에 성공하면 다음과 같은 프롬프트가 출력됩니다.

```
ftp>
```

ftp 명령어로 상대방 호스트에 접속했으면 목적 디렉터리로 이동해서 내부 명령어 mget, mput을 사용해 파일을 전송합니다. FTP 프롬프트 상태에서 사용하는 주요 명

---

8 데비안, 페도라, CentOS는 ftp 패키지를 설치합니다.

9 lftp 명령어를 사용하려면 lftp 패키지를 설치합니다.

령어는 349쪽을 확인하세요. 내부 명령어 중에는 cd 명령어나 ls 명령어처럼 친숙한 명령어도 있습니다. 이번에는 /pub/Linux/ubuntu-releases/19.10 디렉터리에 있는 SHA256SUMS 파일을 다운로드해봅시다.

```
ftp> cd /pub/Linux/ubuntu-releases/19.10 ↵
250 CWD command successful
ftp> ls ↵
200 PORT command successful
150 Opening ASCII mode data connection for file list
(생략)
-rw-rw-r--   1 archive  archive     150 Oct 17 14:39 SHA1SUMS
-rw-rw-r--   1 archive  archive     916 Oct 17 14:39 SHA1SUMS.gpg
-rw-rw-r--   1 archive  archive     198 Oct 17 14:39 SHA256SUMS
-rw-rw-r--   1 archive  archive     916 Oct 17 14:39 SHA256SUMS.gpg
(생략)
226 Transfer complete
ftp> ascii              ◀── 다운로드할 파일이 텍스트이므로 ascii 지정
200 Type set to A
ftp> mget SHA256SUMS
mget SHA256SUMS? y ↵     ◀── 정말로 다운로드할지 물어보면 y 입력
200 PORT command successful
150 Opening BINARY mode data connection for SHA256SUMS (198 bytes)
226 Transfer complete
198 bytes received in 0.10 secs (2.0210 kB/s)
ftp> quit ↵
221 Goodbye.
$ ls ↵                  ◀── 원래 프롬프트로 복귀
SHA256SUMS
```

예제에서는 내부 명령어 cd를 사용해 목적 디렉터리로 이동해서 내부 명령어 ls로 파일을 확인하고 내부 명령어 mget으로 SHA256SUMS를 다운로드했습니다. 그리고 내부 명령어 quit를 입력해서 ftp 명령어를 종료했습니다. ftp 명령어를 종료하면 일반 프롬프트로 돌아옵니다. ls 명령어를 실행해서 다운로드한 파일이 실제로 존재하는지 확인해봅시다. 예제에서는 문제없이 SHA256SUMS 파일을 다운로드했습니다.

 **더 해보기**

FTP 도구 중에서 유저 인터페이스가 좀 더 사용하기 편리한 `lftp` 명령어를 소개합니다. `lftp` 사용법은 `ftp`와 거의 비슷하지만 다음과 같은 특징이 있습니다.

- 파일명, 디렉터리명 자동 완성 가능
- 이력 기능(Ctrl + P, Ctrl + n 키로 이력 표시)
- `less` 같은 페이저를 명령어로 사용할 수 있어서 접속 메시지나 `ls` 명령어 결과를 파이프를 이용해 페이저로 확인 가능
- anonymousFTP에 자동 접속 가능
- 북마크 이용 가능
- ascii, binary 지정 불필요

FTP 사이트인 ftp.example.com에 접속한다고 가정합시다.

```
$ lftp ftp.example.com ⏎
lftp ftp.example.com:~>
                  └─ 현재 디렉터리
```

`lftp`는 예제처럼 `ftp` 명령어와 같은 방식으로 FTP 서버에 접속합니다. `lftp` 내부에서 사용하는 명령어도 `ftp`에서 사용하는 명령어와 거의 같습니다. 즉, 앞 예제와 거의 동일한 명령어로 파일을 다운로드할 수 있지만 `ftp` 명령어를 사용할 때 필요했던 파일 종류는 지정(ascii 또는 binary)하지 않습니다. 그리고 익명 FTP 사이트를 자동으로 로그인해주고 Tab 키로 디렉터리명, 파일명을 자동으로 완성할 수 있어서 더욱 간편하게 조작 가능합니다. 일단 사용해보면 `ftp` 명령어와 다른 점을 쉽게 느낄 수 있습니다.

ftp [접속호스트명]
lftp [접속호스트명]

경로 /usr/bin/ftp, /usr/bin/lftp

주요 내부 명령어(공통)

open *hostname*	*hostname* 호스트에 FTP 접속합니다.
close	현재 접속한 호스트와 접속을 끊습니다.
quit	ftp 명령어를 종료합니다.
ls [*dir*]	*dir* 디렉터리를 표시합니다.
cd [*dir*]	*dir* 디렉터리로 이동합니다.
mget *filen*	*filen* 파일을 내 호스트로 전송합니다.
mput *filen*	*filen* 파일을 상대방 호스트로 전송합니다.
pwd	현재 디렉터리를 표시합니다.
?	사용 가능한 명령어를 표시합니다.

주요 내부 명령어(ftp 명령어)

ascii	전송 파일을 텍스트 파일로 지정합니다.
binary	전송 파일을 바이너리 파일로 지정합니다.
rget *file*	*file* 파일을 이어 받기합니다.

주요 내부 명령어(lftp 명령어)

get -c *file*	*file* 파일을 이어 받기합니다.

사용 예

remote-host 호스트에 FTP 접속합니다.

```
$ ftp remote-host
$ lftp remote-host
```

안전하게 파일 전송하기

scp, sftp

통신 내용을 암호화해서 원격 호스트 사이에 안전하게 파일을 전송하려면 scp 또는 sftp 명령어를 사용합니다.

 해보기

scp 명령어를 사용해서 barrel.example.com 호스트에 있는 maltman 사용자의 홈 디렉터리에서 cocktail 파일을 현재 디렉터리로 복사해봅시다.

```
$ scp maltman@barrel.example.com:~/cocktail . ⏎
Password: ⏎          ← 원격 호스트 암호 입력
cocktail              100%  14    0.0KB/s     00:00
```

이렇게 scp 명령어는 원격 호스트 사용자명 user, 원격 호스트명 hostname, 원격 호스트 파일 경로 path를 조합해서 user@hostname:path와 같은 원격 접속 경로를 인수로 지정하고, 그다음 인수로 로컬 호스트에 저장할 복사 대상 경로를 지정해서 실행합니다. hostname:path처럼 사용자명을 생략하면 로컬 호스트 사용자명을 이용합니다. 예제에서는 복사 원본 파일 지정에 maltman 사용자, barrel.example. com 원격 호스트명, ~/cocktail 파일 경로를 사용하고 복사 대상 경로에 현재 디렉터리 .을 지정했습니다. 복사 대상 파일명을 지정하면 파일명 변경도 가능합니다.

예제는 원격 호스트에 있는 파일을 로컬 호스트에 복사했지만 반대로 로컬 호스트에 있는 파일을 원격 호스트에 복사할 수도 있습니다.

지정한 호스트가 ssh 명령어나 scp 명령어로 처음 접속한 호스트라면 호스트 쪽 공개키(339쪽) 사용을 확인하는 메시지가 표시되므로 yes를 입력합니다.

더 해보기

원격 호스트 사이에서 안전하게 여러 파일을 전송하려면 대화식으로 조작하는 sftp 명령어가 편리합니다. 예를 들어 원격 호스트 barrel.example.com에 maltman 사용자로 접속해봅시다.

```
$ sftp maltman@barrel.example.com ⏎
Password: ⏎            ← 원격 호스트 암호 입력
Connected to barrel.example.com.
```

원격 호스트 지정은 scp 명령어와 마찬가지로 user@hostname:path를 사용합니다. 암호를 입력해서 접속하면 다음과 같은 프롬프트를 표시합니다.

```
sftp>
```

ftp 명령어(346쪽)처럼 내부 명령어 ls로 파일을 확인하고 내부 명령어 cd로 목적 디렉터리로 이동합니다. 이동했으면 내부 명령어 mget, mput을 사용해서 파일을 전송합니다. 원격 호스트에 있는 barley 디렉터리에서 liquor 파일을 다운로드해봅시다.

```
sftp> cd barley ⏎
sftp> ls ⏎
liquor
sftp> mget liquor ⏎
Fetching /Users/maltman/barley/liquor to liquor
/Users/maltman/barley/liquor    100%    14    0.0KB/s   00:00
sftp> quit ⏎
$ ls ⏎
liquor
```

sftp 명령어는 lftp 명령어(346쪽)처럼 Tab 키로 디렉터리명이나 파일명을 자동 완성하는 기능이 있습니다.

scp [옵션] [복사원본] [복사대상]
sftp [접속할호스트명]

경로 /usr/bin/scp, /usr/bin/sftp

주요 옵션(scp 명령어)

-r	디렉터리를 통째로 복사합니다.
-p	날짜나 파일 관련 정보를 가능한 한 그대로 복사합니다.

복사 원본, 복사 대상 지정 방법(scp 명령어)

복사 원본, 복사 대상은 사용자명 user, 원격 호스트명 hostname, 경로 path를 조합해서 user@hostname:path 형식으로 지정합니다. user@ 부분을 생략하면 로컬 호스트 사용자명을 사용합니다. hostname: 부분을 생략하면 현재 호스트명이 됩니다. 파일이나 디렉터리 경로 path는 절대 경로나 원격 호스트 홈 디렉터리에서 시작하는 상대 경로를 지정합니다. 복사 대상 지정에서 원격 호스트 path를 생략하면 원격 호스트 홈 디렉터리에 파일을 전송합니다.

주요 옵션(sftp 명령어)

ls [*dir*]	*dir* 디렉터리를 표시합니다.
cd [*dir*]	*dir* 디렉터리로 이동합니다.
mget *filen*	*filen* 파일을 현재 호스트에 전송합니다.
mput *filen*	*filen* 파일을 원격 호스트에 전송합니다.
pwd	원격 호스트의 현재 디렉터리를 표시합니다.
?	사용 가능한 명령어를 표시합니다.
quit	sftp 명령어를 종료합니다.

사용 예

remote-host 호스트의 user 사용자 홈 디렉터리에 있는 file 파일을 로컬 호스트의 현재 디렉터리에 전송합니다.

```
$ scp user@remote-host:file .
```

remote-host 호스트에 안전하게 접속합니다.

```
$ sftp remote-host
```

네트워크 인터페이스 확인, 설정하기

ip addr, ifconfig, nmcli

컴퓨터에 연결된 랜이나 와이파이 같은 네트워크 인터페이스에 할당된 IP 주소를 확인하거나 IP 주소를 할당하려면 ip 명령어의 addr 객체를 지정하거나 ifconfig[10] 명령어를 사용합니다.

IP 주소 확인과 기초

우선 현재 IP 주소가 할당된 네트워크 인터페이스를 표시해봅시다. ip 명령어의 addr 객체에 내부 명령어 show를 지정해서 실행하거나 ifconfig 명령어를 옵션 없이 실행하면 현재 유효한 인터페이스 설정을 표시합니다.

```
$ ip addr show ⏎
1: lo: <LOOPBACK,UP,LOWER_UP> mtu 65536 qdisc noqueue state UNKNOWN group
default qlen 1000
    link/loopback 00:00:00:00:00:00 brd 00:00:00:00:00:00
    inet 127.0.0.1/8 scope host lo
       valid_lft forever preferred_lft forever
    inet6 ::1/128 scope host
       valid_lft forever preferred_lft forever
2: eth0: <BROADCAST,MULTICAST,UP,LOWER_UP> mtu 9000 qdisc pfifo_fast state
UP group default qlen 1000
    link/ether 08:00:27:39:2d:80 brd ff:ff:ff:ff:ff:ff
    inet 10.0.2.15/24 brd 10.0.2.255 scope global dynamic noprefixro ute enp0s3
       valid_lft 86260sec preferred_lft 86260sec
    inet6 fe80::431e:d342:b5ce:9fa1/64 scope link noprefixroute
       valid_lft forever preferred_lft forever
```

---

10 ifconfig는 비추천(앞으로 제거될) 명령어이지만 아직 사용하는 시스템이 많으므로 함께 소개합니다. 우분투, 데비안은 net-tools 패키지로 설치합니다.

```
$ ifconfig ⏎
eth0: flags=4163<UP,BROADCAST,RUNNING,MULTICAST>  mtu 9000
        inet 10.0.2.15  netmask 255.255.255.0  broadcast 10.0.2.255
        inet6 fe80::431e:d342:b5ce:9fa1  prefixlen 64  scopeid 0x20<link>
        ether 08:00:27:39:2d:80  txqueuelen 1000  (Ethernet)
        RX packets 12139448  bytes 32320724675 (32.3 GB)
        RX errors 0  dropped 0  overruns 0  frame 0
        TX packets 8418812  bytes 6828771700 (6.8 GB)
        TX errors 0  dropped 0 overruns 0  carrier 0  collisions 0

lo: flags=73<UP,LOOPBACK,RUNNING>  mtu 65536
        inet 127.0.0.1  netmask 255.0.0.0
        inet6 ::1  prefixlen 128  scopeid 0x10<host>
        loop  txqueuelen 1000  (Local Loopback)
        RX packets 506892  bytes 50235726 (50.2 MB)
        RX errors 0  dropped 0  overruns 0  frame 0
        TX packets 506892  bytes 50235726 (50.2 MB)
        TX errors 0  dropped 0 overruns 0  carrier 0  collisions 0
```

네트워크 인터페이스 eth0과 루프백 lo를 표시합니다. 여기서 중요한 건 inet 부분입니다. 이 값이 현재 할당된 IP 주소를 가리킵니다(별색 부분). 예제에서는 인터페이스 eth0에 10.0.2.15가 할당됐습니다.

IP 주소는 인터넷에 접속한 호스트 네트워크 어댑터에 할당된 주소를 말합니다. 이더넷 같은 물리 네트워크를 추상화해서 인터넷에 있는 서로 다른 물리 네트워크가 공존할 수 있습니다. 기본적으로 IP 주소는 서로 다른 유일한 주소로 IANA[Internet Assigned Number Authority]가 관리합니다. 물리 네트워크 중에 가장 많이 보급된 이더넷에는 고유 주소로 MAC 주소를 할당합니다. 예제에서는 ether 부분에 해당합니다.

IP 주소는 네트워크 주소와 호스트 주소로 구성되며 IANA에서 네트워크 주소를 할당받습니다. 네트워크 주소는 조직 규모에 따라 클래스 A에서 클래스 E까지 구별합니다. 현재 보편적으로 사용하는 IPv4는 32비트 주소 체계를 이용해서 클래스 A는 상위 8비트, 클래스 B는 상위 16비트, 클래스 C는 상위 24비트가 네트워크 주소입니다(그림 9-3).

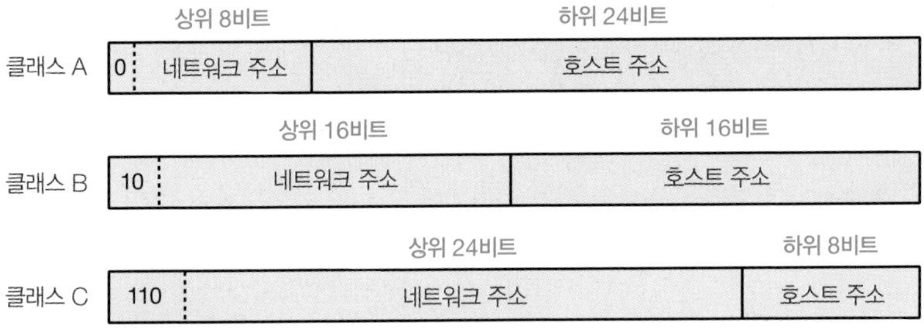

그림 9-3 IP 주소 클래스

네트워크 관리자는 할당된 네트워크 주소를 자유롭게 여러 네트워크로 나눌 수 있습니다. 이때 **서브넷 마스크**subnet mask를 사용합니다. 앞의 첫 번째 예제에서 `ip` 명령어로 addr 객체를 표시했을 때 eth0 인터페이스 inet 부분의 IP 주소 뒤에 있는 /24와 같이 나타냅니다. 이는 네트워크 범위를 가리키는 비트 수이며 어떤 네트워크의 주소 길이 즉, 앞부분prefix이 상위 24비트라는 것을 의미합니다. 총 32비트인 주소 중에 상위 24비트가 네트워크 주소, 하위 8비트가 호스트 주소입니다. 그러므로 서브넷 마스크는 상위 24비트가 1, 하위 8비트가 0입니다.

`ifconfig` 명령어의 경우에는 `netmask` 부분에 표시된 항목이며 8비트마다 나눠서 255.255.255.0처럼 10진수로 표기합니다. 서브넷 마스크를 IP 주소에 대한 마스크 (가림막)로 사용해서 네트워크 주소와 호스트 주소를 구분합니다(그림 9-4).

그림 9-4 서브넷 마스크

IP 주소는 전 세계 어디에서도 겹치지 않도록 사용자가 임의로 할당하지 못하게 정해져 있습니다. 하지만 이런 글로벌 IP 주소global IP address와 별개로 기업이나 가정 내 LAN에서 자유롭게 사용하는 프라이빗 IP 주소private IP address가 있습니다. 프라이빗 IP 주소는 클래스 A 10.0.0.0 ~ 10.255.255.255, 클래스 B 172.16.0.0 ~ 172.31.255.255, 클래스 C 192.168.0.0 ~ 192.168.255.255가 있습니다. 예제에서 본 호스트에 할당된 10.0.2.15는 클래스 A 프라이빗 IP 주소에 해당합니다. 프라이빗 IP 주소가 할당된 호스트는 직접 인터넷에 접속할 수 없지만 NATNetwork Address Transfer 기술을 사용해서 글로벌 IP 주소가 할당된 호스트를 통해 인터넷에 접속 가능합니다.

또한 IP 주소를 32비트에서 128비트로 확장한 IPv6이 개발됐습니다. 32비트 주소 체계로는 폭증하는 네트워크 수요를 감당할 수 없기 때문입니다. 앞의 예제에서는 inet6 부분입니다. 아직 IPv6은 IPv4에 비하면 널리 사용되지 않습니다.

IP 주소 할당

`ip` 명령어와 `ifconfig` 명령어는 고기능 명령어로, IP 주소 표시 외에도 네트워크 인터페이스에 IP 주소를 할당할 수 있습니다. 컴퓨터에 이더넷 네트워크 어댑터가 존재하고 해당 인터페이스명이 eth0이라고 가정합시다. eth0 인터페이스에 프라이빗 IP 주소인 10.0.2.12(서브넷 마스크: 255.255.255.0, 네트워크 주소 길이 24비트)를 설정하려면 슈퍼유저 권한으로 `ip addr` 명령어 또는 `ifconfig` 명령어를 사용해서 다음과 같이 실행합니다.

```
# ip addr flush dev eth0 ⏎          ←— eth0 인터페이스 주소를 모두 삭제
# ip addr add 10.0.2.12/24 dev eth0 ⏎  ←— eth0 인터페이스에 IP 주소 할당
```

```
# ifconfig eth0 inet 10.0.2.12 netmask 255.255.255.0 ⏎
```

요즘 공유기는 대부분 DHCPDynamic Host Configuration Protocol 기능이 있어서 사용자가 설정하지 않아도 호스트에 동적 IP 주소가 할당됩니다. 사무실에서도 네트워크 관리자가 설치한 DHCP 서버를 사용하므로 수동으로 IP 주소를 설정할 일은 거의 없습니다. DHCP 서버가 존재하는 환경에서 예제에서 소개한 수동 IP 설정을 실습해보려면 dhclient -r eth0 명령어를 실행해서 DHCP를 해제하고 실행해야 합니다. 하지만 공용 네트워크에서 맘대로 IP 주소를 할당하는 연습을 하면 IP 충돌 등 생각하지 못한 문제가 생길 수 있으므로 개인 네트워크 환경을 이용하기 바랍니다. 다시 DHCP를 유효화하려면 ip addr flush dev eth0 명령어로 IP 주소를 삭제한 후 dhclient eth0 명령어를 실행합니다.

네트워크 인터페이스 설정

컴퓨터를 부팅할 때 호스트에 고정 IP 주소를 할당하거나 DHCP를 통해 동적으로 할당받으려면 부팅 스크립트를 설정합니다. 보통은 기본값으로 NetworkManager 데몬이 네트워크 인터페이스를 자동 설정하므로 DHCP를 사용한다면 설정을 건너뛰어도 됩니다. 네트워크 인터페이스 설정을 변경하려면 nmcli 명령어를 사용합니다. 일단 네트워크 접속 상태를 표시해봅시다.

```
$ nmcli con show ⏎
NAME    UUID                                    TYPE      DEVICE
eth 1   3a07916d-eda8-39ee-b707-cb0e7ce5827c   ethernet  enp0s3
```

eth 1이라는 접속이 enp0s3 디바이스에 설정됐습니다. 이 기기의 접속 설정을 확인해봅시다.

```
$ nmcli con show eth\ 1 ⏎ 11
Nconnection.id:          eth 1
(생략)
ipv4.method:             auto
(생략)
IP4.ADDRESS[1]:          10.0.2.15/24
IP4.GATEWAY:             10.0.2.2
(생략)
```

---

11 eth 1 접속명에 공백 문자가 있으므로 공백 문자를 \로 이스케이프하면 앞 문자열과 이어진 문자로 인식해서 명령어 인수나 액션으로 잘못 처리되는 것을 방지합니다.

ipv4.method가 auto면 DHCP로 자동으로 IP 주소를 할당합니다. 그렇게 할당된
IP 주소가 10.0.2.15/24이며 게이트웨이 IP 주소가 10.0.2.2입니다. 고정 IP 주소로
설정하려면 슈퍼유저 권한으로 다음처럼 변경합니다.

```
# nmcli con down eth\ 1 ⏎          ← eth 1 네트워크 접속 정지
# nmcli con mod eth\ 1 ipv4.method manual ipv4.address 10.0.2.11/24 ⏎
                        └ 호스트 IP 주소를 고정 주소 10.0.2.11/24로 설정
# nmcli con mod eth\ 1 ipv4.gateway 10.0.2.2 ⏎
                        └ 게이트웨이를 10.0.2.2로 설정
# nmcli con mod eth\ 1 ipv4.dns 192.168.0.1 ⏎
                        └ 네임 서버를 192.168.0.1로 설정
# nmcli con up eth\ 1 ⏎           ← eth 1 네트워크 재접속
$ ip addr show   ⏎                ← IP 주소가 변경됐는지 확인
```

설정 파일은 우분투나 데비안이라면 /etc/NetworkManager/system-connections
디렉터리, CentOS나 페도라는 /etc/sysconfig/network-scripts 디렉터리에 저장
합니다.

네임 서버 설정은 데비안, CentOS, 페도라는 /etc/resolv.conf 파일에 저장합니다.
우분투는 systemd-resolved로 설정하는데 /etc/resolv.conf 파일은 심볼릭 링크
라서 systemd-resolved가 제공하는 스터브 리졸버stub resolver[12] 127.0.0.53:53을
참조합니다. nmcli 명령어로 수동 설정하면 /run/systemd/resolv/resolv.conf 파
일에 저장되고 스터브 리졸버를 통해서 참조합니다.

---

12 옮긴이_ DNS 클라이언트에서 받은 요청을 네임 서버에 전달하고, 정보를 찾을 때까지 다른 네임 서버에도 요청
을 주고받아서 응답을 처리하는 복잡한 기능을 제공하는 리졸버 대신에 PC 클라이언트 등에서 사용하는 것이 스터브
리졸버입니다. 도메인 질의를 설정한 네임 서버에 중계해서 받은 응답을 돌려주는 단순한 기능만 제공합니다.

서식	**ip [옵션] addr [내부명령어]**
	ifconfig [옵션] [인터페이스] [inet] [IP주소] [netmask] [넷마스크]

경로 /usr/sbin/ip, /usr/sbin/ifconfig

주요 옵션(ip 명령어)

-s	상세 정보를 표시합니다.
-f *family*	네트워크 주소 종류 *family*를 inet, inet6, link 중에서 지정합니다.
-r	호스트명을 표시합니다.

주요 옵션(ifconfig 명령어)

-a	모든 인터페이스 설정을 표시합니다.

주요 내부 명령어(ip 명령어)

show dev *device*	*device* 디바이스 주소를 표시합니다.
add *addr* dev *device*	*device* 디바이스에 *addr* 주소를 추가합니다.
del *addr* dev *device*	*device* 디바이스에서 *addr* 주소를 삭제합니다.
flush dev *device*	*device* 디바이스 주소를 일괄 삭제합니다.

사용 예

현재 네트워크 인터페이스 설정을 표시합니다.

```
$ ip addr list
$ ifconfig
```

eth0 인터페이스에 IP 주소 10.0.2.12를 할당합니다.

```
# ip addr flush dev eth0
# ip addr add 10.0.2.12/24 dev eth0
```
⎤← ip 명령어 예

```
# ifconfig eth0 inet 10.0.2.12 netmask 255.255.255.0
```
← ifconfig 명령어 예

nmcli [옵션] 조작대상 조작명령어

경로 /usr/bin/nmcli

주요 옵션

-p	읽기 좋게 표시합니다.

주요 조작 대상

dev	네트워크 인터페이스를 조작합니다.
con	네트워크 접속을 조작합니다.

주요 조작 명령어(dev 대상)

status	각 네트워크 인터페이스 상태를 표시합니다.
show [*if*]	네트워크 인터페이스 *if* 상태를 상세히 표시합니다. *if*를 생략하면 모든 인터페이스 정보를 표시합니다.

주요 조작 명령어(con 대상)

show [*id*]	네트워크 접속 *id* 상태를 표시합니다. *id*는 네트워크 접속명이나 UUID를 지정합니다.
up *id*	네트워크 접속 *id*를 연결합니다.
down *id*	네트워크 접속 *id*를 정지합니다.
modify *id* setting...	네트워크 접속 속성을 변경합니다. *setting* 설정에는 *property* 속성과 *value* 값을 공백 문자로 구분해서 지정합니다. modify는 mod라고 줄여 쓸 수 있습니다.

사용 예

모든 네트워크 인터페이스 상태를 표시합니다.

```
$ nmcli dev status
```

모든 네트워크 접속을 표시합니다.

```
$ nmcli con show
```

네트워크 접속 eth 1 접속명을 wired로 변경합니다.

```
# nmcli con modify eth\ 1 connection.id wired
```

인터넷 경로 설정하기

ip route, route

인터넷으로 호스트와 통신하려면 라우팅 테이블routing table(경로표)이 필요합니다. 라우팅 테이블을 설정, 표시하려면 ip 명령어로 route 객체를 사용하거나 route 명령어를 사용합니다.[13]

 해보기

먼저 현재 라우팅 테이블을 표시해봅시다. ip 명령어와 route 명령어를 각각 실행합니다.

```
$ ip route ⏎
default via 10.0.2.2 dev eth0 proto static
10.0.2.0/24 dev eth0 proto kernel scope link src 10.0.2.15
metric 1
```

```
$ route ⏎
Kernel IP routing table
Destination     Gateway         Genmask         Flags Metric Ref    Use Iface
default         10.0.2.2        0.0.0.0         UG    100    0      0 eth0
10.0.2.0        *               255.255.255.0   U     1      0      0 eth0
```

이렇게 ip 명령어 인수에 route 객체를 지정해서 실행하거나 route 명령어를 인수 없이 실행하면 현재 라우팅 테이블을 표시합니다. 여기서 중요한 부분은 default 엔트리입니다. default 엔트리는 패킷이 기본 사용하는 인터페이스입니다. 라우팅 테이블은 DHCP 서버에서 IP 주소를 할당받을 때 함께 자동으로 설정됩니다.

---

13 route 명령어는 비추천(앞으로 제거될) 명령어이지만 아직 사용하는 시스템이 많으므로 함께 소개합니다. 우분투, 데비안은 net-tools 패키지를 설치하세요.

인터넷에 연결된 호스트는 각각 라우팅 테이블이 있어서 통신 패킷을 보낼 목적 호스트가 라우팅 테이블에 없으면 default 엔트리로 보냅니다. default 엔트리에는 라우팅 기능을 제공하는 호스트가 지정됩니다. 각 라우터가 반드시 목적 호스트 위치를 아는 것은 아니지만 모르는 경우에도 default 엔트리에 보내면 라우터끼리 패킷을 전달해서 최종적으로 목적 호스트에 도착합니다. 전화망과 다르게 전체를 관리하는 호스트가 존재하지 않는 분산형 네트워크이므로 반드시 목적 호스트와 통신된다는 보장이 없다는 것이 특징입니다. Best Effort 방식이므로 라우터에서 처리 가능한 정도를 넘으면 패킷을 폐기하기도 합니다.

🐧 더 해보기

보통은 공유기에 접속하면 라우팅 테이블 default 엔트리를 자동으로 설정합니다. 그러므로 default 엔트리가 설정되지 않았다고 가정하고 수동으로 경로를 설정해봅시다. 경로를 설정하려면 패킷을 중계할 다음 호스트 주소가 필요합니다. 보통은 같은 서브넷 안에서 라우터 호스트 주소는 1 또는 255로 설정합니다. 예제는 네트워크 주소가 10.0.2.0이므로 default 엔트리에 10.0.2.1 호스트를 지정해봅시다.

```
# ip route add default via 10.0.2.1 dev eth0 ⏎
```

```
# route add default gw 10.0.2.1 ⏎
```

실제 라우터 주소는 예제와 많이 다르므로 설정하기 전에 네트워크 관리자에게 문의하기 바랍니다. 이것으로 default 엔트리를 작성했습니다. 호스트 IP 주소를 정적으로 할당했으면 nmcli 명령어로 기본 라우터 IP 주소를 설정합니다. 자세한 설명은 '네트워크 인터페이스 확인, 설정하기(353쪽)'를 참조하기 바랍니다.

ip route [내부명령어]
route [옵션] [내부명령어]

경로 /usr/sbin/ip, /usr/sbin/route

주요 옵션(route 명령어)

-n	호스트명이 아니라 IP 주소로 표시합니다.

주요 내부 명령어(ip 명령어)

show dev *device*	*device* 디바이스의 라우팅 테이블을 표시합니다.
get *addr*	*addr* 주소를 향한 경로를 표시합니다.
add *addr1* via *addr2* dev device	*device* 디바이스의 라우팅 테이블에 *addr1*을 향한 경로 *addr2*를 추가합니다.

주요 내부 명령어(route 명령어)

add *entry*	라우팅 테이블에 *entry* 엔트리를 추가합니다.
del *entry*	라우팅 테이블에서 *entry* 엔트리를 삭제합니다.

주요 엔트리 지정 방법(route 명령어)

-net *target*	엔트리 네트워크를 *target*으로 지정합니다.
-host *target*	엔트리 호스트를 *target*으로 지정합니다.
netmask *mask*	엔트리 서브넷 마스크를 *mask*로 지정합니다.
dev *interface*	네트워크 인터페이스 *interface*의 경로를 설정합니다.

사용 예

현재 라우팅 테이블을 표시합니다.

```
$ ip route show
$ route
```

라우팅 테이블에 네트워크 인터페이스 eth0을 경유하는 네트워크 10.0.2.0을 네트워크 주소 길이 24비트(서브넷 마스크 255.255.255.0)로 추가합니다.

```
# ip route add 10.0.2.0/24 dev eth0
# route add -net 10.0.2.0 netmask 255.255.255.0 dev eth0
```

네트워크 소켓 정보, 접속 상황 표시하기

ss, ip link, netstat

네트워크 소켓 정보를 표시하려면 ss 명령어 또는 netstat[14] 명령어를 사용합니다. 네트워크 인터페이스 접속 상황을 확인하려면 ip 명령어의 link 객체를 표시하거나 netstat 명령어를 사용합니다.

 해보기

먼저 네트워크 소켓 정보를 표시해봅시다. ss 명령어와 netstat 명령어를 인수 없이 실행합니다. 그러면 ss 명령어는 접속이 확립된 소켓 목록을 표시하고 netstat 명령어는 열려 있는 소켓 목록을 표시합니다.

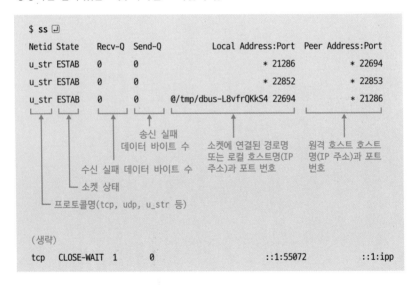

---

14 netstat 명령어는 비추천(앞으로 제거될) 명령어이지만 아직 널리 쓰이기 때문에 함께 소개합니다. 우분투, 데비안은 net-tools 패키지를 설치하세요.

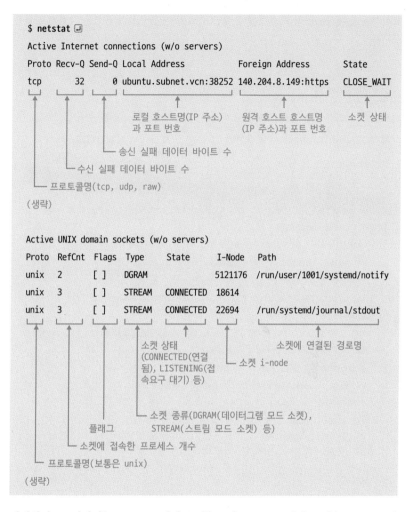

```
$ netstat ⏎
Active Internet connections (w/o servers)
Proto Recv-Q Send-Q Local Address          Foreign Address        State
tcp      32      0 ubuntu.subnet.vcn:38252 140.204.8.149:https    CLOSE_WAIT
```

로컬 호스트명(IP 주소)
과 포트 번호

원격 호스트 호스트명
(IP 주소)과 포트 번호

소켓 상태

송신 실패 데이터 바이트 수

수신 실패 데이터 바이트 수

프로토콜명(tcp, udp, raw)

(생략)

```
Active UNIX domain sockets (w/o servers)
Proto RefCnt Flags Type    State      I-Node  Path
unix  2      [ ]   DGRAM              5121176 /run/user/1001/systemd/notify
unix  3      [ ]   STREAM  CONNECTED  18614
unix  3      [ ]   STREAM  CONNECTED  22694   /run/systemd/journal/stdout
```

소켓 상태
(CONNECTED(연결
됨), LISTENING(접
속요구 대기) 등)

소켓에 연결된 경로명

소켓 i-node

소켓 종류(DGRAM(데이터그램 모드 소켓),
STREAM(스트림 모드 소켓) 등)

플래그

소켓에 접속한 프로세스 개수

프로토콜명(보통은 unix)

(생략)

예제처럼 ss 명령어는 UNIX 도메인 소켓(u_str), INET 도메인 소켓(tcp, udp 등) 순서로 표시하고 netstat 명령어는 INET 도메인 소켓(tcp, udp 등), UNIX 도메인 소켓(unix) 순서로 표시합니다. 열린 소켓을 포함해서 모든 소켓을 표시하고 싶으면 -a 옵션, 접속 대기 상태 소켓만 표시하고 싶으면 -l 옵션을 지정해서 사용합니다. 그리고 -n 옵션을 지정하면 호스트 DNS명이 아니라 IP 주소로 표시합니다. TCP 소켓을 표시하려면 -t 옵션, UDP 소켓을 표시하려면 -u 옵션, UNIX 도메인 소켓을 표시하려면 –x 옵션, 각 프로토콜 통계 정보를 표시하려면 -s 옵션을 지정해서 실행합니다.

 더 해보기

네트워크 인터페이스 접속 상태를 표시하려면 ip 명령어로 -s 옵션을 지정해서 link 객체를 표시하거나 netstat 명령어에 -i 옵션을 지정해서 실행합니다.

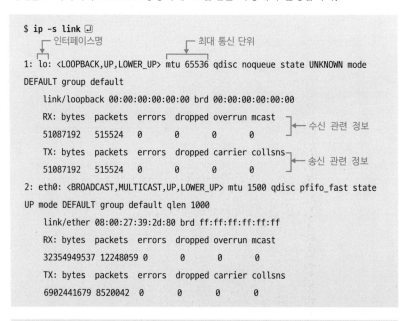

```
$ ip -s link ↵
       ┌─ 인터페이스명                    ┌─ 최대 통신 단위
       ▼                                ▼
1: lo: <LOOPBACK,UP,LOWER_UP> mtu 65536 qdisc noqueue state UNKNOWN mode
DEFAULT group default
    link/loopback 00:00:00:00:00:00 brd 00:00:00:00:00:00
    RX: bytes  packets  errors  dropped overrun mcast      ┐
    51087192   515524   0       0       0       0          ├← 수신 관련 정보
    TX: bytes  packets  errors  dropped carrier collsns    ┐
    51087192   515524   0       0       0       0          ├← 송신 관련 정보
2: eth0: <BROADCAST,MULTICAST,UP,LOWER_UP> mtu 1500 qdisc pfifo_fast state
UP mode DEFAULT group default qlen 1000
    link/ether 08:00:27:39:2d:80 brd ff:ff:ff:ff:ff:ff
    RX: bytes    packets   errors  dropped overrun mcast
    32354949537  12248059  0       0       0       0
    TX: bytes    packets   errors  dropped carrier collsns
    6902441679   8520042   0       0       0       0
```

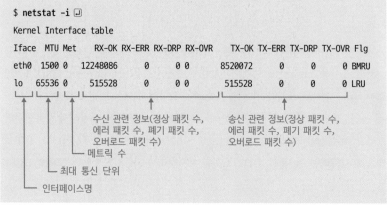

```
$ netstat -i ↵
Kernel Interface table
Iface  MTU Met   RX-OK RX-ERR RX-DRP RX-OVR  TX-OK TX-ERR TX-DRP TX-OVR Flg
eth0   1500 0    12248086   0     0 0        8520072   0      0      0 BMRU
lo     65536 0     515528   0     0 0         515528   0      0      0 LRU
```

수신 관련 정보(정상 패킷 수, 에러 패킷 수, 폐기 패킷 수, 오버로드 패킷 수)

송신 관련 정보(정상 패킷 수, 에러 패킷 수, 폐기 패킷 수, 오버로드 패킷 수)

메트릭 수

최대 통신 단위

인터페이스명

예제처럼 인터페이스명, 최대 통신 단위, 메트릭 수, 수신 관련 정보, 송신 관련 정보 등을 인터페이스마다 표시합니다. 그리고 netstat 명령어는 경로 정보도 표시 가능합니다.

ss [옵션]
ip [옵션] link [내부명령어]
netstat [옵션]

경로 /usr/bin/ss, /usr/sbin/ip, /usr/bin/netstat

주요 옵션(ss 명령어)

-s	각 프로토콜 통계 정보를 표시합니다.
-a	사용 중이 아닌 소켓 정보도 표시합니다.
-l	접속 대기 상태인 소켓만 표시합니다.
-n	네트워크 주소를 숫자로 표시합니다.
-t	TCP 소켓 정보를 표시합니다.
-u	UDP 소켓 정보를 표시합니다.
-x	UNIX 도메인 소켓 정보를 표시합니다.

주요 옵션(ip 명령어)

-s	상세한 정보를 표시합니다.
-f *family*	네트워크 주소 종류 *family*를 inet, inet6, link 중에서 지정합니다.
-r	호스트명을 표시합니다.

주요 옵션(netstat 명령어)

-i	네트워크 인터페이스 접속 상태 관련 정보를 표시합니다.
-r	라우팅 테이블을 표시합니다.
-s	각 프로토콜 통계 정보를 표시합니다.
-a	사용 중이 아닌 소켓 정보도 표시합니다. -i 옵션과 함께 지정하면 각 네트워크 인터페이스 및 IP 주소에 대해 사용 중인 모든 멀티캐스트 주소를 표시합니다.
-l	접속 대기 상태인 소켓만 표시합니다.
-n	네트워크 주소를 숫자로 표시합니다.
-t	TCP 소켓 정보를 표시합니다.

-u	UDP 소켓 정보를 표시합니다.
-x	UNIX 도메인 소켓 정보를 표시합니다.

사용 예

열려 있는 소켓 접속 상태를 표시합니다.

```
$ ss
$ netstat
```

모든 소켓 접속 상태를 표시합니다.

```
$ ss -a
$ netstat -a
```

모든 TCP 소켓 접속 상태를 표시할 때 네트워크 주소를 그대로 표시합니다.

```
$ ss -ant
$ netstat -ant
```

각 프로토콜 통계 정보를 표시합니다.

```
$ ss -s
$ netstat -s
```

네트워크 인터페이스 접속 상태를 표시합니다.

```
$ ip -s link
$ netstat -i
```

네트워크 인터페이스 트래픽 데이터 표시하기

네트워크 인터페이스에서 트래픽 데이터를 취득하려면 tcpdump[15] 명령어를 사용합니다.

 해보기

tcpdump 명령어로 네트워크 인터페이스에서 패킷을 취득해봅시다. 아무것도 지정하지 않으면 모든 패킷을 취득하므로 프로토콜이 HTTP 데이터만 확인해보겠습니다. tcpdump 명령어 인수에 port http라는 조건을 지정해서 실행한 상태로 웹브라우저로 적당한 홈페이지를 엽니다. tcpdump 명령어는 슈퍼유저 권한으로 실행합니다.

```
# tcpdump port http ⏎
tcpdump: verbose output suppressed, use -v or -vv for full protocol decode
listening on ens33, link-type EN10MB (Ethernet), capture size 262144 bytes
←─ 브라우저 실행
13:40:46.589641 IP ubuntu.57784 > 82.221.107.34.bc.googleusercontent.com.
http: Flags [S], seq 2223271607, win 64240, options [mss 1460,sackOK,TS val
2963286857 ecr 0,nop,wscale 7], length 0
13:40:46.595499 IP 82.221.107.34.bc.googleusercontent.com.http >
ubuntu.57784: Flags [S.], seq 4230265322, ack 2223271608, win 65535, options
[mss 1420,sackOK,TS val 1066545568 ecr 2963286857,nop,wscale 8], length 0
(생략)
←─ Ctrl + c 키로 종료
30 packets captured
62 packets received by filter
26 packets dropped by kernel
```

---

15 데비안은 tcpdump 패키지를 설치하세요.

예제처럼 tcmpdump 명령어는 네트워크 인터페이스를 통하는 지정한 조건과 일치하는 패킷을 취득(덤프)해서 트래픽 데이터를 조사하는 명령어입니다. 패킷 내용도 확인할 수 있기 때문에 telnet 명령어(376쪽)처럼 (암호화되지 않은) 평문으로 통신하는 명령어라면 로그인 암호나 실행한 명령어, 그 결과까지 그대로 네트워크에 노출됩니다. 따라서 ssh 명령어(339쪽)처럼 통신 내용을 암호화하는 명령어를 사용하는게 중요합니다. 서버를 관리하는 입장이라면 민감한 개인 정보까지 보게 될지도 모를 위험한 명령어이므로 사용할 때 주의합시다.

🐧 더 해보기

tcmpdump 명령어는 논리 연산자를 사용해서 복잡한 조건을 지정해서 실행 가능합니다. 예를 들어 어느 호스트에서 온 요청인지 특정하려면 'src host 호스트명'을 지정합니다. 예를 들어 원격 호스트 www.example.com에서 로컬 호스트로 보낸 HTTP 프로토콜 데이터를 표시해봅시다.

```
# tcpdump port http and src host www.example.com ↵
```

그 외에도 네트워크 주소나 프로토콜 같은 다양한 조건도 지정 가능합니다. 상세한 내용은 다음 페이지를 확인하세요.

tcpdump [옵션] [조건]

주요 옵션

-c *count*	*count*개 패킷을 취득하고 종료합니다.
-F *file*	패킷 필터링 조건을 *file* 파일에서 읽습니다.
-i *if*	인터페이스 *if*를 지정합니다.
-n	IP 주소/포트 번호를 호스트명/서비스명으로 변환하지 않습니다.
-N	호스트명 중에 도메인명을 표시하지 않습니다.
-q	일부 정보를 제외한 형식으로 표시합니다.
-r *wfile*	패킷을 *wfile* 파일에서 읽습니다. *wfile*에 -를 지정하면 표준 입력에서 패킷을 읽습니다.
-T *type*	취득한 패킷을 패킷 종류 *type*으로 해석합니다. *type*에는 cnfp, rpc, rtp, rtcp, snmp, vat, wb 등이 존재합니다.
-v	상세 정보를 표시합니다.
-vv	-v보다 더 상세한 정보를 표시합니다.
-vvv	-vv보다 더 상세한 정보를 표시합니다.
-w *wfile*	수신한 패킷을 *wfile* 파일로 저장합니다.

조건

패킷 취득 조건을 지정합니다. '형식 패킷진행방향 프로토콜' 순서로 지정합니다. 여러 조건을 조합해서 복잡한 조건도 만들 수 있습니다.[16]

[형식]

형식명	설명	사용 예
host *host*	호스트명 또는 IP 주소 *host*	host example.com host 10.0.0.10
net *net* [mask *mask*]	네트워크 주소 *net* 서브넷 마스크 *mask*	net 10.0.0.0 net 10.2.0.0 mask 255.255.240.0

---

16 tcpdump 명령어는 더 많은 조건을 지원하므로 상세한 내용은 도움말을 참조하세요.

형식명	설명	사용 예
port *port*	포트 번호 또는 서비스명 *port*	port 21 port ftp

[패킷 송신 방향]

작성법	설명
src *type*	패킷 발신지 형식 *type*
dst *type*	패킷 도착지 형식 *type*

[논리 연산자]

연산자	설명
and	두 조건을 동시에 만족
or	두 조건 중 하나만 만족해도 됨
not	조건과 일치하지 않음

[프로토콜]

프로토콜명	설명	프로토콜명	설명
ether	이더넷	tcp	TCP
ip	IP(IPv4)	udp	UDP
ip6	IP(IPv6)	icmp	ICMP
arp	ARP	icmp6	ICMP6

사용 예

원격 호스트 ftp.example.com에서 로컬 호스트 21번 포트로 보내는 패킷을 취득합니다.

```
# tcpdump port 21 and src host ftp.example.com
```

취득한 패킷 정보를 tcpdump.log 파일에 저장합니다.

```
# tcpdump -w tcpdump.log
```

tcpdump.log 파일에 저장된 패킷 정보를 확인합니다.

```
# tcpdump -r tcpdump.log
```

네트워크 서비스 확인하기

네트워크 서비스가 동작 중인지 알고 싶다면 텍스트 기반 프로토콜은 telnet 명령어를 사용해 간단히 확인할 수 있습니다.

 해보기

telnet 명령어는 포트 번호나 서비스를 지정하지 않으면 telnet 서비스(TCP 23번 포트)에 접속합니다. 이때 원격 호스트에 로그인을 시도하는데, 데이터가 암호화되지 않으니 ssh 명령어(339쪽)를 사용하기를 앞서 추천했습니다. 이번에는 원격 호스트에 로그인하는 대신에 로컬 호스트에서 동작하는 네트워크 서비스 상태를 조사하는 목적으로 telnet 명령어를 사용해봅시다. 예를 들어 로컬 호스트에서 HTTP 서버가 동작하는지 알고 싶으면 HTTP 포트 번호인 80번 또는 서비스명인 http를 지정해서 실행하고 GET 메서드로 요청을 보냅니다.

```
$ telnet www.example.com http ⏎
Trying 192.168.1.100...
Connected to www.example.com.
Escape character is '^]'.
GET / ⏎                                    ← 이렇게 입력
<!DOCTYPE HTML PUBLIC "- //IETF//DTD HTML 2.0//EN">    ← 서버에서 받은 응답
<html><head>
<title>Example</title>
(생략)
```

서비스명과 포트 번호 관계는 /etc/services 파일에 적혀 있습니다.

telnet 접속할호스트명 [포트번호[서비스명]]

경로 /usr/bin/telnet

사용 예

remote-host 호스트 80번 포트(HTTP)에 접속합니다.

```
$ telnet remote-host 80
```

## Chapter 10

파일 시스템 능숙하게 다루기

파일 시스템과 저장 장치

1장에서 설명했듯이 리눅스는 파일과 디렉터리를 모두 하나의 계층 구조(트리 구조)로 관리합니다(그림 10-1 a).

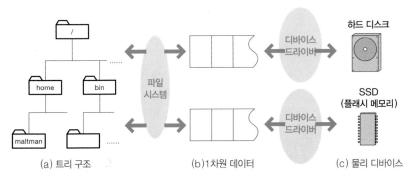

(a) 트리 구조　　　　(b)1차원 데이터　　　　(c) 물리 디바이스

그림 10-1 디렉터리와 파일, 1차원 데이터, 물리 디바이스

한편 하드 디스크나 플래시 메모리 같은 물리 장치는 원반(디스크)이나 반도체 소자에 0과 1로 이뤄진 바이너리 나열을 기록합니다(그림 10-1 c). 컴퓨터는 이런 바이너리 나열을 특정 단위로 끊어서 인식해서 읽고 씁니다(그림 10-2 b). 리눅스는 [그림 10-1] (a)와 같은 트리 구조를 바이너리 데이터로 하드 디스크 등에 저장하기 위해서 이런 두 구조를 동시에 다룹니다.

첫 번째 구조 방식은 [그림 10-2]처럼 저장 장치에서 바이너리 나열로 기록된 파일이나 디렉터리를 찾고 접근할 수 있도록 저장, 관리하는 **파일 시스템**file system입니다.

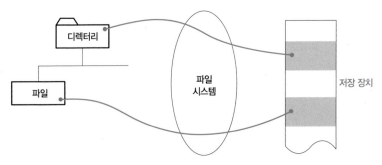

그림 10-2 파일 시스템

두 번째는 저장 장치에서 데이터를 읽고 쓰는 부분을 추상화하는 구조 방식입니다. 하드 디스크나 플래시 메모리와 같은 저장 장치에서 실제로 데이터를 주고받을 때는 SATA, USB 같은 다양한 인터페이스와 하드웨어 방식을 고려해야 합니다. 그런데 파일 시스템에서 데이터를 읽고 쓸 때 이런 차이점에 신경 쓰지 않아도 동일한 방식으로 처리할 수 있게 만들어주는 구조가 **디바이스 드라이버**device driver입니다.

리눅스는 연결된 하드웨어를 **디바이스**device(장치)라고 부르며 이런 디바이스와 통신해서 데이터를 주고받거나 제어하는 것이 디바이스 드라이버입니다(그림 10-3). 디바이스는 하드 디스크처럼 데이터를 저장하는 저장 장치storage device 외에도 네트워크 어댑터 같은 네트워크 장치network device, 키보드나 마우스 같은 입력 장치input device 등 종류가 다양하며 장치마다 디바이스 드라이버가 존재합니다.

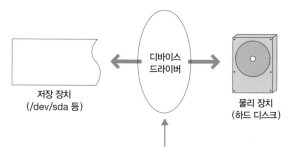

그림 10-3 디바이스 드라이버

디바이스 드라이버로 추상화한 디바이스를 소프트웨어가 입출력하기 편하도록[1] **디바이스 노드**device node 파일로 나타내고 디바이스 노드는 /dev 디렉터리 아래에 존재합니다. 저장 장치는 /dev/sda 같은 명칭을 사용합니다. 디바이스 노드를 파일처럼 사용해서 디바이스와 데이터를 주고받습니다. 한편, 네트워크 디바이스처럼 디바이스 노드가 없는 디바이스도 있습니다. ls 명령어로 /dev 디렉터리에 어떤 디바이스 노드가 있는지 확인해봅시다.

---

[1] 옮긴이_ 리눅스는 프로세스나 장치도 파일처럼 다뤄서 일관성과 단순성을 제공합니다.

```
$ ls -F /dev ⏎
autofs          full         loop1    null          sda14     tty12
block/          fuse         loop2    nvram         sda15     tty13
bsg/            hidraw0      loop3    oracleoci/    sg0       tty14
btrfs-control   hpet         loop4    port          shm/      tty15
bus/            hugepages/   loop5    ppp           snapshot  tty16
char/           hwrng        loop6    psaux         snd/      tty17

(생략)
```

파티션

저장 장치는 바이너리 데이터 나열을 보관하는 곳입니다. 저장 영역 전체를 하나로 관리하는 것보다 사용 목적이나 운영 체제에 따라 나누면 관리가 편해집니다. 이렇게 저장 장치를 영역별로 나누는 것을 **파티션**partition이라고 합니다. 파티션 방식은 OS를 가리지 않습니다.

자주 사용하는 파티션 방식으로 GUID 파티션과 지금은 그다지 쓰이지 않는 MBR 파티션이 있습니다. 양쪽 방식은 공통으로 [그림 10-4]처럼 저장 영역 첫 부분에 (GUID는 끝 부분에도) 영역 분할 방법이 적힌 테이블이 있고 남은 부분을 몇몇 영역으로 분할합니다.

파티션 테이블	영역1	영역2	

그림 10-4 파티션 모식도

저장 장치 디바이스 노드에는 저장 장치 전체에 대응하는 것과 파티션에 대응하는 것이 있습니다. 예를 들어 sda1은 sd가 범용 SCSI 디스크 디바이스(SCSI 또는 시스템에서 사용하는 SCSI 시뮬레이터)를 뜻하고, a는 그 첫 번째 디스크, 1은 해당 디스크 첫 번째 파티션을 뜻합니다. 이때 /dev 디렉터리 아래에 있는 파일을 보면 디스크 전체를 뜻하는 디바이스 노드 /dev/sda와 파티션을 나타내는 디바이스 노드 /dev/sda1이 존재합니다.

```
$ ls /dev/sd* ⏎
/dev/sda   /dev/sda1
(생략)
```

⏵ 파일 시스템을 장치 위에 구성하기

이처럼 파일과 디렉터리 구조가 파일 시스템과 디바이스 드라이버를 이용해서 하드 디스크와 같은 저장 장치 위에 존재하는 형태입니다. 파일 시스템을 이용하려면 파티션을 작성하고 작성한 파티션에 파일 시스템을 구성하는 작업이 필요한데 리눅스를 설치할 때 인스톨러가 이런 작업을 해줍니다. 이번 장에서는 파일 시스템을 확인하고 설정하는 방법과 저장 장치에 파일 시스템을 구성하는 명령어를 소개합니다.

파일 시스템 마운트하기

mount, umount

리눅스는 /(루트 디렉터리)로 시작하는 트리 구조인데 모두가 같은 디바이스(같은 하드 디스크나 같은 파티션)일 필요는 없습니다. 즉, 서로 다른 디바이스의 디렉터리를 트리 구조 어딘가에 연결해도 문제가 되지 않습니다. 이렇게 연결하는 작업을 **마운트**mount라고 부르고 mount 명령어로 실행합니다. 반대로 마운트를 해제하는 명령어는 umount입니다.

 해보기

현재 마운트 상태를 표시해봅시다. 마운트 상태를 표시하려면 mount 명령어를 인수 없이 실행합니다. [2]

```
$ mount ↵
(생략)
tmpfs on /run type tmpfs (rw,nosuid,nodev,noexec,relatime,size=100040k,
mode=755)
/dev/sda2 on / type ext4 (rw,relatime,errors=remount-ro,data=ordered)
securityfs on /sys/kernel/security type securityfs (rw,nosuid,nodev,noexec,
relatime)
(생략)
/dev/sda1 on /boot/efi type vfat (rw,relatime,fmask=0077,dmask=0077,
codepa ge=437,iocharset=iso8859-1,shortname=mixed,errors=remount-ro)
(생략)
```

/dev/sda2 on / type ext4 줄을 보면 /에 첫 번째 하드 디스크의 두 번째 파티션을 가리키는 /dev/sda2 디바이스 파일을 마운트했습니다. 논리 볼륨 매니저(LVM)를 설치할 때 선택했으면 /dev/sda2 대신에 논리 볼륨을 가리키는 디바이스 파일이 마운트됩니다.

---

2 옮긴이_ 마운트 상태는 findmnt 명령어를 사용하면 계층 구조나 옵션을 확인하기 좋습니다.

```
/dev/mapper/cl-root on / type xfs (rw,relatime,seclabel,attr2,inode64,
noquota)
```

/dev 디렉터리에 있는 /dev/sda2 같은 파일은 디바이스 노드입니다. 하드 디스크
나 그 위에 존재하는 파티션을 나타내는 특별한 파일입니다. USB 메모리나 DVD 같
은 제거 가능한 미디어나 새로 연결한 하드 디스크를 리눅스에서 이용하려면 마운트
해야 합니다. 마운트는 원칙적으로 슈퍼유저만 가능하지만 데스크톱용 배포판은 처
음부터 USB 같은 미디어는 일반 사용자도 마운트 가능하거나 자동으로 마운트합니
다. 이번에는 FAT 파티션이 존재하는 USB 메모리를 연결해봅시다.

```
$ ls /dev/sd* ⏎
/dev/sda   /dev/sda1   /dev/sda2
    ← USB 메모리 연결
$ ls /dev/sd* ⏎                              ┌ USB 메모리가 추가됐다.
/dev/sda   /dev/sda1   /dev/sda2   /dev/sdb   /dev/sdb1
```

USB 메모리를 연결하기 전에 실행한 ls 명령어 결과와 비교해보면 디바이스 /dev/
sdb, /dev/sdb1이 추가됐습니다. 이것이 USB 메모리 디바이스입니다. 제거 가능
한 미디어를 자동으로 마운트하는 설정이라면 mount 명령어 실행 결과도 달라집
니다.

```
$ mount ⏎
(생략)
/dev/sdb1 on /media/maltman/USBMEM type vfat (rw,nosuid,nodev,relatime,uid=10
00,gid=1000,fmask=0022,dmask=0022,codepage=437,iocharset=iso8859-1,shortname
=mixed,showexec,utf8,flush,errors=remount-ro,uhelper=udisks2)
```

/dev/sdb1 디바이스가 /media/maltman/USBMEM 디렉터리에 마운트됩니다
(USBMEM은 FAT 파티션 레이블입니다). 실제로 mount 명령어로 파일 시스템을 마
운트해봅시다. 만약 자동으로 마운트되어 있으면 마운트를 해제합니다. 마운트 해제
는 umount 명령어에 마운트된 디렉터리를 지정하면 됩니다.

```
# umount /media/maltman/USBMEM ↵
```

umount 명령어를 실행했으면 mount 명령어를 인수 없이 실행해서 마운트 상태를
확인합니다. 이제 mount 명령어를 실행해서 USB 메모리에 있는 파일 시스템을 마
운트합니다. 리눅스에는 일시적인 파일 시스템 마운트용으로 /mnt 디렉터리가 있습
니다.

```
# mount /dev/sdb1 /mnt ↵
```

 더 해보기

하드 디스크를 늘리거나 연결 순서를 바꾸면 지금까지 사용하던 /dev/sdb1 등의 디
바이스 파일과 연결된 디바이스가 달라집니다. 그렇게 되면 사용하기 불편하므로 같
은 디바이스라면 늘 같은 방식으로 지정하는 몇 가지 방법을 소개하겠습니다.

1. UUID로 디바이스 지정하기

리눅스 파티션에는 **UUID**Universally Unique IDentifier라는, 파일 시스템마다 정해진 ID가
존재합니다. 이 ID를 사용해서 디바이스를 지정합니다. FAT나 NTFS 같은 파일 시
스템도 리눅스에서 UUID를 생성해서 UUID로 지정 가능합니다.

/dev/disk/by−uuid/*UUID*

이렇게 지정해서 ls -l /dev/disk/by-uuid를 실행해보면 UUID를 나타내는 파
일이 /dev/sda1 같은 디바이스 파일의 심볼릭 링크라는 것을 알 수 있습니다. 또는
mount 명령어 인수에 디바이스명 대신에 다음과 같은 형식으로 지정합니다.

UUID=*UUID*

2. 레이블로 디바이스 지정하기

UUID는 자동 생성되는 문자열이지만 사용자가 지정한 문자열을 ID처럼 사용하는
레이블label이 있습니다.

레이블이 있는 파일 시스템은 다음과 같은 파일이 존재합니다.[3]

/dev/disk/by-label/레이블

UUID와 마찬가지로 실제 디바이스 파일의 심볼릭 링크입니다.

3. 논리 볼륨 매니저(LVM) 사용하기

디바이스를 지정하는 방법은 아니지만 논리 볼륨 매니저(401쪽 칼럼 참조)를 사용하면 볼륨 디바이스명이 변하지 않는다는 장점이 있습니다. 다음과 같이 지정합니다.

/dev/mapper/볼륨 그룹명-논리 볼륨명

컴퓨터를 부팅할 때 자동으로 파일 시스템을 마운트합니다. 이런 설정은 /etc/fstab 파일에 기록합니다. 파일에서 디바이스를 지정할 때 UUID나 레이블을 사용하면 하드 디스크나 SSD 연결 순서를 바꿔서 디바이스명이 변하더라도 수정할 필요가 없습니다.

```
$ less /etc/fstab ↵
(생략)
UUID=d29c5372-f0c8-4ffb-abab-23ad3b651115 /boot  ext2  defaults  0 2
```

파일 시스템에는 ext4, xfs(CentOS 표준) 외에도 btrfs, zfs 등이 있습니다.[4] zfs에는 디바이스 파일이 작성되지 않습니다. zfs 마운트, 마운트 해제는 zfs 명령어를 사용합니다.

---

3 모든 파일 시스템에 레이블이 없으면 해당 디렉터리는 존재하지 않습니다.

4 우분투 19.10부터 설치할 때 zfs를 선택할 수 있습니다.

mount [옵션] [-t 파일시스템 종류] 디바이스 마운트디렉터리
mount [옵션]
umount 마운트디렉터리

주요 옵션(mount 명령어)

-a	/etc/fstab 파일에서 지정한 파일 시스템을 모두 마운트합니다.
-t *type dev dir*	*dev* 디바이스를 *type* 파일 시스템으로 *dir* 디렉터리에 마운트합니다.
-a -t *type*	파일 시스템 종류가 *type*인 것만 마운트합니다.
-r	읽기 전용으로 마운트합니다. 기본값은 읽고 쓰기 가능입니다.
-w	읽고 쓰기 가능으로 마운트합니다.

주요 옵션(umount 명령어)

-t *type*	파일 시스템 종류가 *type*인 마운트를 해제합니다.

파일 시스템 종류

ext2	고전 리눅스 파일 시스템
ext3	리눅스 파일 시스템
ext4	리눅스 파일 시스템(많은 배포판에서 기본값)
ufs	유닉스 파일 시스템
xfs	extents 파일 시스템
zfs	Zettabyte 파일 시스템
iso9660	DVD, CD–ROM 등
msdos	FAT 파일 시스템
vfat	FAT32 파일 시스템
ntfs	NTFS 파일 시스템
btrfs	btrfs 파일 시스템

사용 예

현재 마운트 상황을 표시합니다.

```
$ mount
```

DVD(/dev/cdrom)를 /mnt 디렉터리에 마운트합니다.

```
# mount -t iso9660 /dev/cdrom /mnt
```

/mnt 디렉터리에 마운트한 DVD(/dev/cdrom) 마운트를 해제합니다.

```
# umount /mnt
```

USB 메모리의 FAT32 파일 시스템(/dev/sdb1)을 /media/maltman/usbdisk 디렉터리에 마운트합니다.

```
# mount -t vfat /dev/sdb1 /media/maltman/usbdisk
```

UUID를 지정해서 파일 시스템을 /mnt 디렉터리에 마운트합니다.

```
# mount UUID=db548eb1-6c65-4fab-b14f-ebaddb8b22b7 /mnt
# mount /dev/disk/by-uuid/db548eb1-6c65-4fab-b14f-ebaddb8b22b7 /mnt
```

파티션 작성하기

parted

하드 디스크나 USB 메모리 같은 저장 매체에 GUID 파티션[5]을 작성해봅시다. parted 명령어를 사용합니다.

 해보기

parted 명령어를 실행하려면 슈퍼유저 권한이 필요합니다. 슈퍼유저 권한으로 parted 명령어를 실행해서 /dev/sdb 파티션 정보를 살펴봅시다. 조작 대상 디바이스는 명령어 인수로 지정합니다. 파티션 정보 표시는 내부 명령어 print를 사용하고 parted 명령어를 종료하려면 내부 명령어 quit를 사용합니다.

```
$ sudo parted /dev/sdb ⏎
[sudo] maltman의 암호: ⏎          ←── maltman 사용자 암호 입력
GNU Parted 3.3
/dev/sdb 사용법
GNU Parted 사용을 환영합니다! 명령 목록을 보려면 'help'를 입력하십시오.
(parted) print ⏎
모델: General USB Flash Disk (scsi)
/dev/sdb 디스크: 8023MB
섹터 크기(논리/실제): 512B/512B
분할 영역 테이블: gpt
디스크 플래그:

번호   시작     끝      크기     파일 시스템   이름                     플래그
 1    1049kB  8022MB  8021MB  fat32        Basic data partition  msftdata

(parted) quit ⏎
```

---

5   오래된 시스템은 MBR 파티션을 사용하지만 이 책에서는 설명을 생략합니다.

/dev/sdb가 PC에 연결한 USB 메모리로 FAT32 파일 시스템 파티션이 하나 존재합니다.

파티션 정보 변경

주의: 지금 설명하는 파티션 정보 변경은 **실수하면 데이터가 모두 삭제**될 수 있으니 주의하기 바랍니다. parted 명령어는 **쓰기 관련 내부 명령어를 입력하면 바로 적용**됩니다. 한번 입력한 내용은 되돌릴 수 없습니다.

/dev/sdb 디스크에 GUID 파티션을 작성해봅시다. /dev/sdb 디스크 내용이 사라지게 되므로 주의하기 바랍니다. 예제에서 사용하는 단위는 MB(메가바이트)입니다. GUID 파티션은 대용량에서 사용하는 경우가 많아서 GB(기가바이트)나 TB(테라바이트) 같은 단위도 사용 가능합니다. parted 명령어 조작 대상은 명령줄에서 지정하거나 내부 명령어 select로 지정합니다.

```
(parted) select /dev/sdb ⏎
/dev/sdb 사용법
(parted) unit MB ⏎                        ◀── MB로 단위 지정
(parted) mklabel ⏎
새 디스크 레이블 형식? gpt ⏎
경고: /dev/sdb의 기존 디스크 레이블을 없애며 디스크의 모든 데이터가 사라집니다.
계속하시겠습니까?
예/Yes/아니요/No? y ⏎
```

파티션 테이블을 작성했으면 내부 명령어 mkpart로 파티션을 작성합니다. mkpart에 인수를 지정하지 않으면 다음처럼 대화식으로 입력합니다.

```
(parted) mkpart ⏎
분할 영역 이름? []? usbmem ⏎          ◀── GUID 파티션명
파일 시스템 형식? [ext2]? ext4 ⏎
시작점? 0 ⏎                            ◀── 디스크 처음을 지정
끝점? 16106 ⏎              ◀── print 명령어로 미리 확인한 디스크 최대 용량
경고: The resulting partition is not properly aligned for best performance.
무시/Ignore/취소/Cancel? i ⏎          ◀── 성능 경고 무시
```

```
(parted) print ⏎
모델: Generic Flash Disk (scsi)
/dev/sdb 디스크: 16106MB
섹터 크기(논리/실제): 512/B512B
분할 영역 테이블: gpt
디스크 플래그:

번호  시작     끝        크기      파일 시스템   이름      플래그
 1    0.02MB  16106MB  16106MB   ext4          usbmem

(parted) set 1 boot on ⏎        ←─1번 파티션에 부팅 플래그 설정
(parted) quit ⏎
정보: /etc/fstab 정보를 업데이트해야 합니다.
```

디스크 전체를 사용하려면 시작은 0%, 끝은 100%로 지정합니다. 작성한 파티션에
OS를 설치해서 부팅에 사용하려면 부팅 플래그 boot를 on으로 설정합니다. 필요
없으면 생략 가능합니다.

GUID 파티션은 디스크 처음과 끝에 파티션 테이블이 존재합니다. 파티션 시작 위
치와 종료 위치를 파티션 테이블이나 기존 파티션과 겹치게 지정해도 parted 명령
어가 알아서 조절합니다. 어떤 식으로 조절하는지, 내부 명령어 unit으로 표시 단위
를 섹터로 변경하고 print 명령어로 확인해봅시다.

```
(parted) unit s ⏎          ←─ 표시 단위를 섹터로 변경
(parted) print ⏎
모델: Generic Flash Disk (scsi)
/dev/sdb 디스크: 31457280s
섹터 크기(논리/실제): 512/B512B
분할 영역 테이블: gpt
디스크 플래그:

번호  시작   끝          크기        파일 시스템   이름      플래그
 1    34s   31457246s   31457213s   ext4          usbmem    boot, esp
```

parted [옵션] [디바이스 [내부명령어]]

경로 /usr/sbin/parted

주요 옵션

-l   지정한 디바이스 파티션 정보를 출력합니다.

디바이스

조작할 디바이스 파일을 지정합니다. 지정하지 않으면 첫 블록 디바이스(보통은 /dev/sda)가 됩니다.

주요 내부 명령어

명령줄에서 디바이스 다음에 지정하는 내부 명령어와 대화식으로 실행하는 내부 명령어가 있습니다. 주요 내부 명령어는 다음과 같습니다. 내부 명령어 print를 실행해서 표시된 파티션 번호를 파티션 *part*에 지정합니다.

select *dev*	대상 디바이스 *dev*를 설정합니다.
unit *n*	크기나 시작, 종료 위치를 표시하는 단위로 *n*을 사용합니다. 사용하는 단위는 s(섹터), B(바이트), kB, MB, GB, TB, %, cyl(실린더), compact 등이 있습니다. compact는 입력은 MB, 출력은 크기에 따라 B~TB를 사용합니다.
check *part*	*part* 파티션을 간단히 점검합니다.
print	파티션 상태를 출력합니다.
mklabel *ltype*	파티션 테이블을 작성합니다. 지정하는 레이블 종류 *ltype*에는 msdos, gpt 등이 있습니다.
mkpart *ptype* [type] *start end*	파티션 종류로 *ptype*을 설정합니다. primary, logical, extended 중 하나를 지정합니다. 파일 시스템 종류 *type*은 ext2, linux-swap, fat32(VFAT) 등을 지정합니다. 시작 위치와 종료 위치를 *start*와 *end*에 설정 가능합니다.
rm *part*	파티션을 삭제합니다.
set *part flag* on¦off	*part* 파티션에 *flag* 플래그를 설정/해제(on/off)합니다. 플래그에는 boot, swap 등이 있습니다.
name *part name*	*part* 파티션 명칭을 *name*으로 설정합니다.
quit	명령어를 종료합니다.

사용 예

/dev/sdc 디스크를 대상으로 parted 명령어를 실행합니다.

```
# parted /dev/sdc
```

/dev/sdb 디스크 파티션 정보를 표시합니다.

```
# parted -l /dev/sdb
```

내부 명령어로 sdb 디스크를 선택합니다.

```
(parted) select /dev/sdb ↵
```

내부 명령어로 선택한 디스크 파티션 정보를 표시합니다.

```
(parted) print ↵
```

내부 명령어로 선택한 디스크에 gpt 레이블을 설정합니다.

```
(parted) mklabel gpt ↵
```

내부 명령어로 선택한 디스크에 FAT32 파티션을 작성합니다.

```
(parted) mkpart fat32 ↵
```

파일 시스템 초기화하기

mkfs

파티션을 할당했으면 이제 파일 시스템을 작성해봅시다. 파티션에 파일 시스템을 작성하는 명령어가 mkfs입니다.

 해보기

'파티션 작성하기(390쪽)'에서 작성한 파티션 /dev/sdb1에 ext4 파일 시스템을 작성해봅시다. 리눅스 파일 시스템에는 다양한 종류가 있지만 대부분 배포판이 설치할 때 기본값으로 ext4 파일 시스템을 사용합니다. mkfs 명령어를 실행하려면 슈퍼유저 권한이 필요합니다.

```
# mkfs -t ext4 /dev/sdb1 ⏎
mke2fs 1.45.5 (07-Jan-2020)
Creating filesystem with 3932151 4k blocks and 983040 inodes
Filesystem UUID: a72e3137-3141-4ebf-8b14-88c93aa16ef9
Superblock backups stored on blocks:
        32768, 98304, 163840, 229376, 294912, 819200, 884736, 1605632, 2654208

Allocating group tables: done
Writing inode tables: done
Creating journal (16384 blocks): done
Writing superblocks and filesystem accounting information: done
```

파일 시스템 종류는 -t 옵션으로 지정합니다. 파일 시스템에는 ext4, ext3, msdos(FAT16, FAT32), ntfs 등을 지정합니다. mkfs 명령어는 프로그램 하나가 모든 파일 시스템에 대응하는 것이 아니라 지정한 파일 시스템 종류에 따라 'mkfs.종류별' 프로그램을 실행해서 파일 시스템을 작성합니다. ext4라면 mkfs.ext4 프로그램을 사용하는데 프로그램 실체는 mke2fs라는 프로그램이며 ext4와 ext3은 같은 프로그램을 사용합니다(실행 결과 앞부분에 mke2fs라고 출력되는 이유입니다). 파일 시스템을 작성했으면 /dev/sdb1을 마운트할 수 있습니다.

```
# mount /dev/sdb1 /mnt ⏎
```

mount 명령어를 인수 없이 실행해서 파일 시스템이 마운트됐는지 확인해보기 바랍니다.

```
$ mount ⏎
```

mkfs [옵션] 디바이스

주요 옵션

-t *type*	파일 시스템 종류(388쪽)를 *type*으로 지정해서 작성합니다.

사용 예

/dev/sdb1 파티션에 ext4 파일 시스템을 작성합니다.

```
# mkfs -t ext4 /dev/sdb1
```

/dev/sdc2 파티션에 xfs 파일 시스템을 작성합니다.

```
# mkfs -t xfs /dev/sdc2
```

/dev/sdc1 파티션에 FAT 파일 시스템을 작성합니다.

```
# mkfs -t fat /dev/sdc1
```

파일 시스템 검사하기

fsck

파일 시스템을 제대로 마운트 해제하지 않으면 파일 시스템 정보 불일치가 발생할 수 있습니다. 리눅스에서 사용하는 ext4 파일 시스템이나 최신 파일 시스템은 데이터를 쓰는 순서나 저널링journaling 구조를 이용해서 이런 문제 발생을 억제합니다. 파일 시스템을 올바르게 마운트 해제하지 않았다면 다음 번에 사용하기 전에 일관성 검사로 파일에 문제가 없는지 확인하고 문제를 발견하면 복구가 필요합니다. 이때 사용하는 명령어가 fsck입니다. fsck 명령어는 파일 시스템을 마운트 해제한 상태로 실행합니다.

 해보기

파티션 작성하기(390쪽)에서 작성한 파티션을 마운트 해제하고 파일 시스템을 검사해봅시다. 실행하려면 슈퍼유저 권한이 필요합니다.

```
# fsck /dev/sdb1 ⏎
fsck from util-linux 2.34
e2fsck 1.45.5 (07-Jan-2020)
/dev/sdb1: clean, 11/983040 files, 88340/3932151 blocks
```

올바르게 마운트 해제됐기 때문에 파일 시스템에 문제가 없어서 'clean'이라고 표시됩니다. mkfs 명령어처럼 fsck 명령어도 파일 시스템 종류에 따라 해당하는 프로그램을 실행해서 파일 시스템을 검사하고 복구합니다. 실행 결과 두 번째 줄에 표시된 e2fsck는 ext2, ext3, ext4 파일 시스템에 대응하는 프로그램입니다.

fsck에 해당하는 프로그램으로 xfs 파일 시스템은 xfs_repair, btrfs 파일 시스템은 btrfsck 프로그램을 사용하는데 fsck에서는 호출이 불가능하므로 직접 실행해야 합니다. zfs 파일 시스템에는 fsck에 해당하는 프로그램이 없습니다.

더 해보기

갑자기 전원이 꺼지거나 정상적으로 마운트를 해제하지 않았다면 파일 시스템을
fsck로 확인하기 전에는 마운트가 불가능한 경우가 있습니다. 이때 슈퍼유저로
fsck 명령어를 실행합니다.

```
# fsck /dev/sdb1 ⏎
fsck from util-linux 2.34
e2fsck 1.45.5 (07-Jan-2020)
/dev/sdb1: recovering journal
Pass 1: Checking inodes, blocks, and sizes
Pass 2: Checking directory structure
Pass 3: Checking directory connectivity
Pass 4: Checking reference counts
Pass 5: Checking group summary information
Free inodes count wrong (524266, counted=524267).
Fix<y>? ⏎        ←── ⏎키를 눌러서 복구 실행(y 키를 누른 것과 동일)

/dev/sdb1: ***** FILE SYSTEM WAS MODIFIED *****
/dev/sdb1: 21/524288 files (0.0% non-contiguous), 70309 / 2096896 blocks
```

이렇게 하면 /dev/sdb1을 다시 마운트할 수 있습니다. 예제처럼 'recovering
journal'이 표시되면 파일 시스템이 저널링 유효 상태라는 것을 뜻합니다.

fsck [옵션] [디바이스]

경로 /usr/sbin/fsck

주요 옵션

-A	/etc/fstab 파일에 등록된 파일 시스템을 6번째 칼럼에 적힌 순서대로 검사합니다(0을 지정하면 검사하지 않습니다).
-R	-A 옵션을 실행할 때 루트 파일 시스템(/)은 건너뜁니다.
-p	안전하게 복구 가능한 에러는 자동으로 복구합니다.
-y	에러를 복구할지 묻는 질문에 모두 y를 자동으로 입력합니다.
-t *type*	검사할 파일 시스템 종류(388쪽)를 *type*으로 지정합니다.

사용 예

루트 파일 시스템 이외에 /etc/fstab 파일에 적힌 파일 시스템을 검사합니다.

```
# fsck -A -R
```

Column ⊙ 논리 볼륨 매니저

mount 명령어 실행 결과를 보면 CentOS와 페도라는 /dev/sda2처럼 디바이스 파일로
표시하는 하드 디스크 파티션이 아니라 /dev/mapper/cl_root 같은 디바이스를 마운트
합니다. 이는 파일 시스템을 하드 디스크 파티션에 직접 두는 것이 아니라 파티션을 추상
화한 것에 두기 때문입니다. 이것을 논리 볼륨이라고 부릅니다. 논리 볼륨은 논리 볼륨 매
니저Logical Volume Manager(LVM)로 관리하며 파일 시스템에서 하드 디스크 파티션과 동
일하게 취급합니다.

하드 디스크 파티션을 마운트하는 예

```
$ mount ⏎
/dev/sdb1 on /mnt type ext4 (rw)
```

논리 볼륨을 마운트하는 예

```
$ mount ⏎
/dev/mapper/cl-root on / type xfs (rw,relatime,seclabel,attr2,in
ode64,noquota)
```

논리 볼륨은 그림과 같은 구성으로 실제 디스크 위에 존재합니다.

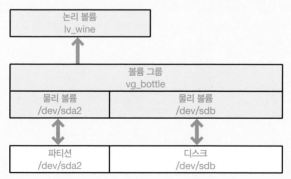

우선 하드 디스크 전체 또는 파티션과 같은 물리 디바이스가 존재하고 이에 대응하는 물리
볼륨이 쌍으로 존재합니다. 그 위에 물리 볼륨을 묶은 볼륨 그룹이 존재하고 볼륨 그룹에
서 논리 볼륨에 용량을 할당합니다. 물리 볼륨은 파티션을 작은 구획으로 분할해서 다루므

로 논리 볼륨 할당에 유연하게 대응 가능합니다.

LVM 관련 명령어가 많아서 전부 소개할 수 없지만 간단한 예로 그림에서 보았던 파티션 /dev/sda2와 /dev/sdb 디스크를 하나의 볼륨 그룹에 할당해서 논리 볼륨을 하나 작성해봅시다. 명령어는 모두 슈퍼유저로 실행합니다.

```
# vgscan ⏎
Reading all physical volumes. This may take a while...

# pvcreate /dev/sda2 /dev/sdb ⏎        ← 물리 볼륨 작성
Physical volume "/dev/sda2" successfully created
Physical volume "/dev/sdb" successfully created
                  두 물리 볼륨을 합쳐서 vg_bottle이라는 명칭으로 볼륨 그룹 작성
# vgcreate vg_bottle /dev/sda2 /dev/sdb ⏎ ↵
Volume group "vg_bottle" successfully created


# lvcreate -n lv_wine -L 1g vg_bottle ⏎
      └─ 볼륨 그룹 vg_bottle 안에 명칭이 lv_wine인 논리 볼륨을 1GB 크기로 작성
```

그리고 vgdisplay, pvdisplay, lvdisplay 명령어로 LVM 정보를 표시할 수 있습니다. 볼륨 그룹, 논리 볼륨 명칭은 파일명처럼 자유롭게 지정 가능합니다. 우분투, 데비안은 설치 기본값으로 LVM을 사용할 수 없지만(설치 디스크 종류에 따라 선택 가능한 것도 있음) lvm2 패키지를 설치하면 사용 가능합니다.

USB 디바이스 정보 확인하기

lsusb

시스템에 어떤 USB 디바이스가 연결됐는지 확인하려면 lsusb 명령어를 사용합니다.

 해보기

lsusb 명령어를 실행해봅시다.

```
$ lsusb ↵
Bus 001 Device 004: ID 058f:6387 Alcor Micro Corp. Flash Drive
Bus 001 Device 001: ID 1d6b:0002 Linux Foundation 2.0 root hub
Bus 002 Device 002: ID 80ee:0021 VirtualBox USB Tablet
Bus 002 Device 001: ID 1d6b:0001 Linux Foundation 1.1 root hub
```

인식된 USB 버스(Bus)가 2개이고 각 버스에 디바이스가 하나씩 연결된 것을 디바이스 명칭에서 확인할 수 있습니다. -t 옵션과 함께 실행하면 접속 상태를 트리 형태로 표시합니다.

```
$ lsusb -t ↵
/:  Bus 02.Port 1: Dev 1, Class=root_hub, Driver=uhci_pci/8p, 12M
    |__ Port 1: Dev 2, If 0, Class=Human Interface Device, Driver=usbhid, 12M
/:  Bus 01.Port 1: Dev 1, Class=root_hub, Driver=ehci-pci/8p, 480M
    |__ Port 1: Dev 4, If 0, Class=Mass Storage, Driver=usb-storage, 480M
```

lsusb [옵션]

경로 /usr/bin/lsusb

주요 옵션

-v   USB 디바이스 상세 정보를 표시합니다. 슈퍼유저 권한이 필요합니다.

-t   USB 디바이스 계층 구조를 트리 형태로 표시합니다.

사용 예

USB 디바이스 정보를 표시합니다.

```
$ lsusb
```

USB 디바이스 구성을 트리 형태로 표시합니다.

```
$ lsusb -t
```

Column 파일 시스템 스냅샷

btrfs나 zfs 같은 고기능 파일 시스템은 스냅샷snapshot 기능을 제공합니다. 이 기능은 파일 시스템이 가동 중이라도 어떤 시점의 파일을 읽기 전용으로 보존할 수 있습니다. 스냅샷 기능을 활용하면 빈번하게 읽고 쓰는 파일 시스템이라도 파일 시스템이 동작하는 중에 정합성을 유지하면서 백업 가능합니다. 그 외에도 정기적으로 스냅샷을 취득하면 실수로 파일을 삭제하더라도 과거 시점 스냅샷에서 간단하게 파일을 복구할 수 있습니다. 파일 시스템이 망가지면 스냅샷에도 접근 불가능하므로 백업 목적으로는 불완전하지만 간편함 덕분에 간이 백업으로는 충분합니다.

btrfs나 zfs 관련 명령어는 수많은 기능을 제공하므로 더는 설명하기 어렵지만 이런 파일 시스템을 이용한다면 스냅샷 기능을 활용하는 명령어를 확인해보기 바랍니다.

## Chapter 11

패키지 설치하기

애플리케이션 추가, 관리하기 (우분투, 데비안)

apt-get, apt-cache, dpkg

데비안 계열 리눅스인 우분투와 데비안은 deb 형식 패키지를 사용합니다. 패키지 의존 관계나 파일 중복을 확인하는 등 무척 다양한 기능을 제공합니다. deb 패키지를 관리하는 데는 **dpkg** 명령어 및 dpkg로 시작하는 명령어 집합과 **apt-get** 명령어 및 apt로 시작하는 명령어 집합을 사용합니다. 또한 **dpkg** 명령어에는 **dselect**, **apt-get** 명령어에는 **aptitude**라는 대화형 설치 프로그램이 있습니다. 또한 우분투 소프트웨어(데비안은 소프트웨어)라는 GUI 애플리케이션도 있으므로 필요에 따라 골라서 사용하기 바랍니다. 이번 장에서는 **apt-get** 명령어를 사용하는 설치 방법을 중심으로 설명합니다.

apt-get 명령어 설정

데비안 계열 리눅스는 최소 기능을 제공하는 배포판으로 설치한 후 인터넷에서 최신 패키지를 설치하는 것을 추천합니다. deb 형식 패키지를 설치하려면 **apt-get** 명령어를 사용합니다. **apt-get** 명령어를 사용하려면 패키지 파일이 존재하는 장소 정보를 /etc/apt/sources.list 파일에 추가합니다. 파일을 편집하려면 슈퍼유저 권한이 필요합니다. 파일 형식은 다음과 같습니다.

deb URI distribution component [component...]

URI^{Universal Resource Identifier}에는 시스템 내부 디렉터리, 웹서버, FTP서버 디렉터리를 지정합니다. distribution에는 우분투 릴리스명(코드네임)을 지정하는데 우분투 18.04 LTS라면 bionic, 20.04 LTS라면 focal을 지정합니다. component는 패키지 분류명이며 main, restricted, universe, multiverse 등을 지정합니다. 다음은 우분투 한국 서버를 패키지 소스 파일에 추가한 예시입니다.

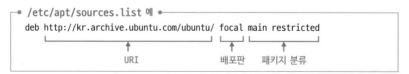

/etc/apt/sources.list 예

```
deb http://kr.archive.ubuntu.com/ubuntu/ focal main restricted
```
URI / 배포판 / 패키지 분류

최근에는 시스템을 설치할 때 서버 목록에서 선택하는 항목이 있어서 이미 추가됐을 가능성이 있습니다. 설정 파일이 준비됐으면 apt-get 명령어 패키지 자체를 갱신해 봅시다. 슈퍼유저 권한이 필요합니다.

```
# apt-get update ⏎
기존:1 http://kr.archive.ubuntu.com/ubuntu focal InRelease
받기:2 http://kr.archive.ubuntu.com/ubuntu focal-updates InRelease [114 kB]
(생략)
내려받기 4,565 k바이트, 소요시간 3초 (1,474 k바이트/초)
패키지 목록을 읽는 중입니다... 완료
```

패키지 정보 확인

실제로 패키지를 설치하기 전에 패키지 관련 정보를 확인하고 싶으면 apt-cache 명령어를 사용합니다. 설치 가능한 모든 패키지를 표시하려면 dumpavail을 함께 지정합니다. 출력되는 내용이 많으면 less 명령어 등으로 확인합시다.

```
$ apt-cache dumpavail ⏎
Package: acct
Architecture: amd64
Version: 6.6.4-1
Priority: optional
Section: admin
Origin: Ubuntu
Maintainer: Ubuntu Developers <ubuntu-devel-discuss@lists.ubuntu.com>
Original-Maintainer: Debian Security Tools Packaging Team <pkg-security-
team@lists.alioth.debian.org>
Bugs: https://bugs.launchpad.net/ubuntu/+filebug
Installed-Size: 297
(생략)
```

특정 패키지 존재 여부를 확인하려면 search를 사용합니다. vim 패키지가 존재하는 지 알아봅시다.

```
$ apt-cache search vim ⏎
vim - Vi IMproved - 발전된 vi 편집기
vim-common - Vi IMproved - 공통 파일
vim-doc - Vi IMproved - HTML documentation
vim-runtime - Vi IMproved - Runtime files
vim-tiny - Vi IMproved - enhanced vi editor - compact version
exuberant-ctags - build tag file indexes of source code definitions
tmux - terminal multiplexer
apvlv - Vim과 유사한 PDF 뷰어
(생략)
```

각 패키지 정보를 확인하려면 show를 사용합니다.

```
$ apt-cache show vim ⏎
Package: vim
Architecture: amd64
Version: 2:8.0.1453-1ubuntu1.4
Priority: optional
Section: editors
Origin: Ubuntu
Maintainer: Ubuntu Developers <ubuntu-devel-discuss@lists.ubuntu.com>
Original-Maintainer: Debian Vim Maintainers <pkg-vim-maintainers@
lists.alioth.debian.org>
Bugs: https://bugs.launchpad.net/ubuntu/+filebug
Installed-Size: 2789
Provides: editor
Depends: vim-common (= 2:8.0.1453-1ubuntu1.4), vim-runtime (= 2:
8.0.1453-1ubuntu1.4), libacl1 (>= 2.2.51-8), libc6 (>= 2.15), libgpm2
(>= 1.20.7), libpython3.6 (>= 3.6.5), libselinux1 (>= 1.32), libtinfo5 (>= 6)
(생략)
```

그 외에도 패키지 의존 관계 확인 등 다양한 기능이 있습니다.

패키지 설치와 업그레이드

그러면 실제로 패키지를 설치해봅시다. 슈퍼유저 권한으로 **apt-get** 명령어를 실행하면 됩니다.

```
# apt-get install vim ⏎
패키지 목록을 읽는 중입니다... 완료
의존성 트리를 만드는 중입니다
상태 정보를 읽는 중입니다... 완료
다음의 추가 패키지가 설치될 것입니다 :
  vim-runtime
제안하는 패키지:
  ctags vim-doc vim-scripts
다음 새 패키지를 설치할 것입니다:
  vim vim-runtime
0개 업그레이드, 2개 새로 설치, 0개 제거 및 10개 업그레이드 안 함.
6,587 k바이트 아카이브를 받아야 합니다.
이 작업 후 32.0 M바이트의 디스크 공간을 더 사용하게 됩니다.
계속 하시겠습니까? [Y/n] Y ⏎          ←── Y 또는 엔터 키 입력
(생략)
```

이미 설치한 패키지를 모두 업그레이드하고 싶으면 **upgrade**를 사용합니다.

```
# apt-get upgrade ⏎
패키지 목록을 읽는 중입니다... 완료
의존성 트리를 만드는 중입니다
상태 정보를 읽는 중입니다... 완료
업그레이드를 계산하는 중입니다... 완료
다음 패키지가 자동으로 설치됐지만 더 이상 필요하지 않습니다:
  linux-hwe-5.4-headers-5.4.0-42
Use 'sudo apt autoremove' to remove it.
다음 패키지를 업그레이드할 것입니다:
  containerd docker.io libsasl2-2 libsasl2-modules libsasl2-modules-db
python3-distupgrade
(생략)
10개 업그레이드, 0개 새로 설치, 0개 제거 및 0개 업그레이드 안 함.
```

```
62.1 M바이트 아카이브를 받아야 합니다.
이 작업 후 205 k바이트의 디스크 공간이 비워집니다.
계속 하시겠습니까? [Y/n] Y ↵                    ← Y 또는 엔터 키 입력
(생략)
```

설치한 패키지에 포함된 파일 확인

설치한 패키지에 포함된 파일을 확인하려면 dpkg 명령어와 -L 옵션에 인수로 패키
지명을 지정해서 실행합니다. 예를 들어 방금 설치한 vim 패키지 관련 파일을 확인
해봅시다.

```
$ dpkg -L vim ↵
/.
/usr
/usr/bin
/usr/bin/vim.basic
/usr/share
/usr/share/bug
/usr/share/bug/vim
/usr/share/bug/vim/presubj
/usr/share/bug/vim/script
/usr/share/doc
(생략)
```

설치된 패키지 확인

기존에 설치한 패키지를 확인하려면 dpkg 명령어를 -l 옵션과 함께 실행합니다. 마
찬가지로 less 명령어와 조합해서 실행하면 좋습니다.

```
$ dpkg -l ↵
(생략)
||/ 이름                                버전                                          >
+++-===================================-===============================>
ii  accountsservice                     0.6.55-0ubuntu12~20.04.4                      >
ii  acl                                 2.2.53-6                                      >
ii  acpi-support                        0.143                                         >
ii  acpid                               1:2.0.32-1ubuntu1                             >
ii  adduser                             3.118ubuntu2                                  >
ii  adwaita-icon-theme                  3.36.1-2ubuntu0.20.04.2                       >
ii  aisleriot                           1:3.22.9-1                                    >
ii  alsa-base                           1.0.25+dfsg-0ubuntu5                          >
ii  alsa-topology-conf                  1.2.2-1                                       >
(생략)
```

apt-get [옵션] [내부명령어]

경로 /usr/bin/apt-get

주요 옵션

-d	파일을 다운로드만 하고 설치하지 않습니다.
-S	실제로 실행하는 대신에 동작 확인만 합니다.

주요 내부 명령어

update	패키지 정보를 갱신합니다.
install *package_name*	*package_name* 패키지를 설치합니다.
remove *package_name*	*package_name* 패키지를 제거합니다. --purge 옵션을 앞에 지정하면 설정 파일도 삭제합니다.
upgrade	현재 설치한 패키지 중에 update로 갱신한 패키지 정보보다 오래된 패키지가 있으면 모두 업그레이드합니다.

사용 예

패키지 정보를 갱신합니다(슈퍼유저만 실행 가능).

```
# apt-get update
```

package_name 패키지를 설치합니다(슈퍼유저만 실행가능).

```
# apt-get install package_name
```

package_name 패키지를 제거합니다(슈퍼유저만 실행 가능).

```
# apt-get remove package_name
```

설치한 패키지를 최신으로 업그레이드합니다(슈퍼유저만 실행 가능).

```
# apt-get upgrade
```

package_name 패키지 및 설정 파일도 제거합니다(슈퍼유저만 실행 가능).

```
# apt-get --purge remove package_name
```

apt-cache [내부명령어]

주요 내부 명령어

search *pattern*	정규 표현식 *pattern*에 해당하는 패키지를 검색해서 표시합니다.
dumpavail	설치 가능한 모든 패키지를 표시합니다.
show *package_name*	*package_name* 패키지 관련 정보를 표시합니다.

사용 예

정규 표현식 pattern에 해당하는 패키지를 표시합니다.

```
$ apt-cache search pattern
```

설치 가능한 패키지를 표시합니다.

```
$ apt-cache dumpavail
```

package_name 패키지 정보를 표시합니다.

```
$ apt-cache show package_name
```

dpkg [옵션]

주요 옵션

-i *package_file*	*package_file* 패키지 파일을 설치합니다.
-r *package_name*	*package_name* 패키지 설정 파일을 제외하고 전부 제거합니다.
--purge *package_name*	*package_name* 패키지를 모두 제거합니다.
-l [*pattern*]	정규 표현식 *pattern*에 일치하는 설치한 패키지를 표시합니다. 패턴을 지정하지 않으면 설치한 모든 패키지를 표시합니다.
-L *package_name*	시스템에 설치된 *package_name* 패키지 관련 파일을 표시합니다.
-s *package_name*	*package_name* 패키지 정보를 표시합니다.
-S *pattern*	정규 표현식 *pattern*에 일치하는 파일을 포함하는 설치된 패키지를 표시합니다.

사용 예

package_file.deb 패키지 파일을 설치합니다(슈퍼유저만 실행 가능).

```
# dpkg -i package_file.deb
```

package_name 패키지를 삭제합니다(슈퍼유저만 실행 가능).

```
# dpkg -r package_name
```

설치한 모든 패키지를 표시합니다.

```
$ dpkg -l
```

package_name 패키지에서 시스템에 설치된 파일을 표시합니다.

```
$ dpkg -L package_name
```

애플리케이션 추가, 관리하기 (CentOS, 페도라)

dnf, rpm

레드햇 계열 리눅스인 CentOS 및 페도라는 RPM 형식 패키지를 사용합니다. 설치할 때 패키지 의존 관계나 파일 중복 확인 등 수많은 기능을 제공합니다. 또한 패키지 업데이트도 간단합니다. 패키지 정보 확인 및 설치는 dnf 명령어[1]를 사용합니다. 패키지 파일이 존재하면 rpm 명령어로 설치할 수 있지만 자세한 설명은 생략하겠습니다. rpm 명령어는 정보 확인 방법에 관해서 설명할 것입니다.

패키지 설치나 삭제는 슈퍼유저 권한이 필요합니다. 그리고 소프트웨어(gnome-software 명령어)라는 GUI 애플리케이션도 있습니다. 필요에 따라 골라서 사용하기 바랍니다.

유효한 저장소 확인

dnf 명령어는 저장소repository 정보를 입수해서 rpm 패키지를 관리합니다. 저장소는 rpm 패키지를 모아둔 장소를 말합니다. dnf 명령어는 rpm 패키지 다운로드 장소나 업데이트 여부를 저장소에서 읽어옵니다. 수많은 저장소가 인터넷에 공개되어 있습니다. 우선 OS를 설치한 시점에 사용 가능한 저장소 목록을 표시해봅시다.

```
$ dnf repolist ↵
마지막 메타 데이터 만료 확인 : 0:26:41 전에 2021년 01월 10일 (일)
오후 03시 19분 40초.
Repo ID      레포 이름              상태
AppStream    CentOS-8 - AppStream   5,089
BaseOS       CentOS-8 - Base        2,843
extras       CentOS-8 - Extras          3
```

표시된 내용은 주요 패키지 저장소입니다. OS를 설치했을 때부터 사용할 수 있는, 유효한 상태입니다. 내부 명령어 repolist에 all 옵션을 지정해서 실행하면 등록된 저장소 목록을 알 수 있습니다.

---

1 yum에서 생긴 많은 문제점을 해결한 dnf가 최신 배포판에서는 기본 패키지 관리 도구입니다.

```
$ dnf repolist all ↵
(생략)
BaseOS            CentOS-8 - Base              사용: 2,843
BaseOS-source     CentOS-8 - BaseOS Sources    사용 않음
PowerTools        CentOS-8 - PowerTools        사용 않음
(생략)
```

주요 저장소 외에도 많은 저장소가 등록되어 있지만 무효 상태인 것을 알 수 있습니다. dnf 명령어는 특별한 옵션을 지정하지 않으면 유효한 저장소만 사용합니다.

저장소 유효화, 무효화

저장소 유효화, 무효화는 내부 명령어 config-manager에 --set-enabled, --set-disabled 옵션을 사용해서 전환합니다. 예를 들어 PowerTools 저장소를 유효화, 무효화해봅시다. 내부 명령어 config-manager를 실행하려면 슈퍼유저 권한이 필요합니다.

```
# dnf config-manager --set-enabled PowerTools ↵
# dnf repolist all ↵
(생략)
PowerTools        CentOS-8 - PowerTools        사용: 1,507
(생략)
# dnf config-manager --set-disabled PowerTools ↵
# dnf repolist all ↵
(생략)
PowerTools        CentOS-8 - PowerTools        사용 않음
(생략)
```

저장소 추가 등록

등록된 저장소에 존재하지 않는 rpm 패키지를 설치하려면 해당 패키지를 포함하는 저장소를 추가 등록합니다. 내부 명령어 config-manager와 --add-repo 옵션을 사용합니다. docker-ce 저장소를 등록해봅시다.

```
# dnf config-manager --add-repo=https://download.docker.com/linux/centos/
docker-ce.repo ⏎
adding repo from: https://download.docker.com/linux/centos/docker-ce.repo
# dnf repolist ⏎
(생략)
Repo ID             레포 이름                상태
AppStream           CentOS-8 - AppStream    5,089
BaseOS              CentOS-8 - Base         2,843
docker-ce-stable Docker CE Stable - x86_64    57 ← docker-ce-stable이 추가됨
extras              CentOS-8 - Extras       3
```

이렇게 docker-ce-stable이 유효한 저장소로 등록됐습니다. CentOS 8에는 도커
docker가 주요 저장소에 포함되지 않지만 이런 작업으로 간단하게 설치 가능합니다.
저장소 URL은 패키지 개발자가 공개하는 경우가 많습니다. 프로그램 기능이 추가되
거나 버그를 수정하면 개발자가 저장소 패키지를 갱신합니다. 우선 이미 설치한 패
키지를 최신판으로 갱신해봅시다. 처음 실행하면 조금 시간이 걸리기도 합니다.

```
# dnf update ⏎
(생략)
Upgrading:
firefox             x86_64 68.2.0-2.el8_0            AppStream   95 M
dracut              x86_64 049-10.git20190115.el8_0.1 BaseOS    361 k
dracut-config-rescue x86_64 049-10.git20190115.el8_0.1 BaseOS     51 k
dracut-network      x86_64 049-10.git20190115.el8_0.1 BaseOS     96 k
dracut-squash       x86_64 049-10.git20190115.el8_0.1 BaseOS     52 k
(생략)
Is this ok [y/N]: y ⏎  ← y를 입력해서 갱신 시작
(생략)
완료됐습니다!
```

이렇게 하면 설치한 패키지를 모두 최신판으로 갱신할 수 있습니다.

dnf 명령어로 패키지 정보 확인

dnf 명령어는 /etc/yum.repos.d 디렉터리 이하에 존재하는 파일에 기록된 저장소
서버에 접속해서 패키지 관련 정보를 취득합니다. 현시점에 설치 가능한 패키지를
확인하려면 dnf 명령어를 내부 명령어 list와 함께 실행합니다.

```
$ dnf list ⏎
마지막 메타 데이터 만료 확인 : 0:06:02 전에 2021년 01월 10일 (일)
오후 03시 21분 40초.
설치된 패키지
GConf2.x86_64              3.2.6-22.el8    @AppStream
ModemManager.x86_64        1.8.0-1.el8     @anaconda
ModemManager-glib.x86_64   1.8.0-1.el8     @anaconda
(생략)
```

출력 결과에서 설치하고 싶은 프로그램이 존재하는지 확인 가능합니다. 마찬가지로
less 명령어 등을 사용하면 좋습니다. 그리고 아직 시스템에 설치하지 않은 설치 가
능 패키지만 표시하려면 내부 명령어 list와 --available을 사용해서 실행합니다.

```
$ dnf list --available ⏎
마지막 메타 데이터 만료 확인 : 0:00:05 전에 2021년 01월 10일 (일)
오후 03시 25분 02초.
사용 가능한 패키지
CUnit.i686      2.1.3-17.el8    AppStream
CUnit.x86_64    2.1.3-17.el8    AppStream
GConf2.i686     3.2.6-22.el8    AppStream
(생략)
```

이외에도 설치한 패키지만 표시하려면 --installed, 업그레이드 가능한 패키지만
표시하려면 --upgrades로 실행해서 원하는 정보만 골라 볼 수 있습니다. 패키지명
을 알고 있다면 grep 명령어(169쪽)와 조합해서 사용하면 편리합니다. 특정 패키지
상세 정보를 표시하려면 내부 명령어 info를 사용합니다. 예를 들어 thunderbird
패키지 정보를 살펴봅시다.

```
$ dnf info thunderbird ↵
마지막 메타 데이터 만료 확인 : 0:03:08 전에 2021년 01월 10일 (일)
오후 03시 27분 23초.
사용 가능한 패키지
이름 : thunderbird
버전 : 68.2.0
릴리즈 : 1.el8_0
아키텍처 : x86_64
크기 : 86 M
소스 : thunderbird-68.2.0-1.el8_0.src.rpm
리포지터리 : AppStream
요약 : Mozilla Thunderbird mail/newsgroup client
URL : http://www.mozilla.org/projects/thunderbird/
라이선스 : MPLv1.1 or GPLv2+ or LGPLv2+
설명 : Mozilla Thunderbird is a standalone mail and newsgroup client.
```

이와 같이 패키지 상세 정보를 확인할 수 있습니다.

dnf 명령어로 바이너리 패키지 설치

패키지를 설치하려면 dnf 명령어와 내부 명령어 install을 함께 실행합니다.

```
# dnf install thunderbird ↵
마지막 메타 데이터 만료 확인 : 0:01:15 전에 2021년 01월 10일 (일)
오후 03시 33분 52초.
종속성이 해결됐습니다.
(생략)
Installing:
 thunderbird    x86_64    68.2.0-1.el8_0    AppStream    86 M
(생략)
이게 괜찮습니까 [y / N] : y ↵        ◀─ y를 입력해서 설치

(생략)

설치됨:
  thunderbird-68.2.0-1.el8_0.x86_64
완료됐습니다!
```

dnf 명령어는 설치할 때 의존 관계를 조사해서 필요한 패키지를 동시에 설치합니다.

임시로 저장소를 유효화해서 패키지 설치

무효 상태인 저장소를 임시로 유효화해서 패키지를 설치하려면 dnf 명령어를
--enablerepo 옵션과 함께 실행합니다. 예를 들어 PowerTools 저장소의 xorg-
x11-apps를 설치하려면 다음처럼 실행합니다.

```
# dnf --enablerepo=PowerTools install xorg-x11-apps ⏎
(생략)
Installing:
xorg-x11-apps        x86_64  7.7-21.el8           PowerTools  334 k
종속성 설치:
libXaw               x86_64  1.0.13-10.el8        AppStream   194 k
xorg-x11-fonts-misc  noarch  7.5-19.el8           AppStream   5.8 M
xorg-x11-xbitmaps    noarch  1.1.1-13.el8         AppStream    42 k

거래 요약
========================================================================
설치 4 꾸러미

총 다운로드 크기 : 6.3 M
설치 크기 : 8.5 M
이게 괜찮습니까 [y / N] : y ⏎          ◀── y를 입력해서 설치
(생략)
```

--enablerepo 옵션을 사용해서 저장소를 임시로 유효화해서 설치했습니다.
--enablerepo 옵션은 내부 명령어 list나 info에서도 사용 가능합니다.

rpm 명령어로 설치한 패키지 확인

패키지를 계속 설치하다 보면 패키지 설치 여부를 점점 기억하기 어려워집니다. 그
럴 때 rpm 명령어와 -qa 옵션을 사용해서 설치한 패키지 정보를 확인합니다.

```
$ rpm -qa ⏎
numad-0.5-26.20150602git.el8.x86_64
iso-codes-3.79-2.el8.noarch
initial-setup-0.3.62.1-1.el8.x86_64
pulseaudio-libs-glib2-11.1-22.el8.x86_64
iwl7260-firmware-25.30.13.0-92.el8.1.noarch
liberation-fonts-common-2.00.3-4.el8.noarch
radvd-2.17-12.el8.x86_64
boost-program-options-1.66.0-6.el8.x86_64
xorg-x11-xinit-1.3.4-18.el8.x86_64
desktop-file-utils-0.23-8.el8.x86_64
iwl3945-firmware-15.32.2.9-92.el8.1.noarch
yelp-xsl-3.28.0-2.el8.noarch
openssh-clients-7.8p1-4.el8.x86_64
libdaemon-0.14-15.el8.x86_64
urw-base35-nimbus-roman-fonts-20170801-10.el8.noarch
(생략)
```

특정 패키지를 설치했는지 확인하려면 grep 명령어와 조합해서 사용하면 됩니다.
설치한 패키지에 포함된 파일 목록을 표시하려면 rpm 명령어에 -ql 옵션을 사용합
니다.

```
$ rpm -ql thunderbird ⏎
/usr/bin/thunderbird
/usr/lib/.build-id
/usr/lib/.build-id/10
/usr/lib/.build-id/10/4680d42ef620218c856e88601faed5cfbb045e
/usr/lib/.build-id/15
/usr/lib/.build-id/15/2718be1adfdc4a5986eb3fbb0f805d7d83377f
/usr/lib/.build-id/1e
/usr/lib/.build-id/1e/88745d8b6c2dd3ccf5ae2b0cda6b2e5b2f2e36
/usr/lib/.build-id/2c
/usr/lib/.build-id/2c/ade79c894c6291a443609a0c01cfea5b2bc29b
(생략)
```

dnf [옵션] [내부명령어] [패키지명...]

경로 /usr/bin/dnf

주요 옵션

-y	모든 질문에 yes로 응답합니다.
-c *config*	*config* 설정 파일을 사용합니다. 로컬 파일 또는 URL도 지정 가능합니다.
-v	상세한 메시지를 출력합니다.
-C	가능한 캐시를 사용합니다.
-x *package*	*package* 패키지는 업데이트하지 않습니다.
--enablerepo=*repository*	*repository* 저장소를 임시로 유효화합니다.

주요 내부 명령어

install	패키지를 설치합니다.
update	패키지를 업데이트합니다. 패키지명을 지정하지 않으면 설치 가능한 모든 패키지를 업데이트합니다.
check-update	업데이트 가능한 패키지를 확인합니다.
remove	패키지를 제거합니다. erase와 동일합니다.
list [*list-option*...]	패키지 관련 정보를 표시합니다.
info [*list-option*...]	패키지 관련 상세 내용과 개요를 표시합니다.

list-option 값	
package_name	지정한 *package_name* 패키지를 표시합니다.
--all	설치했거나 설치 가능한 패키지를 표시합니다.
--available	설치 가능한 패키지를 표시합니다.
--installed	설치한 패키지를 표시합니다.
--upgrades	업그레이드 가능한 패키지를 표시합니다.
--extras	시스템에 설정된 저장소에는 존재하지 않지만 이미 설치된 패키지를 표시합니다.
--obsoletes	시스템에 설치된 구식 패키지를 표시합니다.

provides *feature*...	지정한 특성 또는 파일 *feature*를 제공하는 패키지를 검색합니다.
clean *arg*	*arg* 캐시를 청소합니다. 캐시로 지정 가능한 값은 packages, headers, metadata, cache, dbcache, all이 있습니다.
search *string*...	패키지명, 패키지 내용, 개요에서 *string* 문자열을 찾아서 포함하는 패키지를 나열합니다.
config-manager *config-option*	저장소를 설정합니다.

config-option 값	
--set-enabled *repo_id*	*repo_id* 저장소를 유효화합니다.
--set-disabled *repo_id*	*repo_id* 저장소를 무효화합니다.
--add-repo=*repo_url*	*repo_url* 저장소를 추가합니다.

패키지명

설치, 삭제, 정보 표시 등을 실행하고 싶은 패키지명을 지정합니다. 패키지명은 이름 *name*, 아키텍처 *arch*, 버전 *ver*, 릴리스 *rel* 등으로 구성되며 *name*, *name.arch*, *name-ver*, *name-ver-rel*과 같이 지정합니다.

사용 예

설치한 패키지를 최신으로 갱신합니다(슈퍼유저 권한으로만 실행 가능).

```
# dnf update
```

zsh 패키지를 설치합니다(슈퍼유저 권한으로만 실행 가능).

```
# dnf install zsh
```

설치 가능한 패키지를 표시합니다.

```
$ dnf list --available
```

zsh.x86_64 패키지 관련 정보를 표시합니다.

```
$ dnf info zsh.x86_64
```

zsh 패키지를 삭제합니다(슈퍼유저 권한으로만 실행 가능).

```
# dnf remove zsh
```

rpm [옵션]

주요 옵션

-q [*query-option*]	패키지 관련 정보를 표시합니다.

query-option 값	
package_name	*package_name* 패키지 관련 정보를 표시합니다.
-p *package_file*	*package_file* 패키지 파일 관련 정보를 표시합니다.
-f *file*	*file* 파일이 속한 패키지 관련 정보를 표시합니다.
-i	패키지 관련 정보를 표시합니다.
-l	패키지에 포함된 파일을 표시합니다.
-a	설치한 패키지를 모두 표시합니다.

-e *package_name*...	*package_name* 패키지를 삭제합니다.
-v	상세한 정보를 표시합니다.
-i [*install-option*] *package_file*...	패키지 파일을 설치합니다.
-U [*install-option*] *package_name*...	패키지를 업그레이드합니다.

install-option 값	
-h	설치 진행 상황을 *(전부 50개)를 이용해서 표시합니다.
--percent	설치 진행 상황을 퍼센트로 표시합니다.
--test	실제로 설치하는 대신에 충돌 가능성이 있는 파일을 확인해서 표시합니다.
--oldpackage	오래된 패키지를 새로운 패키지로 교체합니다.
--replacefiles	다른 패키지 파일도 교체합니다.
--replacepkgs	설치된 패키지를 교체합니다.
--force	--replacepkgs, --replacefiles, --oldpackage 를 모두 지정한 것과 같습니다.

사용 예

설치한 패키지를 표시합니다.

```
$ rpm -qa
```

package_file.rpm 패키지 파일에 포함된 파일을 표시합니다.

```
$ rpm -qlp package_file.rpm
```

package_file.rpm 관련 정보를 표시합니다.

```
$ rpm -qip package_file.rpm
```

file 파일이 속한 패키지 관련 정보를 표시합니다.

```
$ rpm -qif file
```

package_file.rpm 패키지 파일을 설치합니다(슈퍼유저 권한으로만 실행 가능).

```
# rpm -ihv package_file.rpm
```

> **Column** 패키지가 아닌 소프트웨어 설치

지금까지 패키지를 이용한 설치법을 설명했지만 많은 프로그램이 **소스 코드** 형태로 배포됩니다. 소스 코드란 **프로그래밍 언어**를 사용해서 컴퓨터에 명령을 내리는 절차나 방법을 작성한 파일입니다. 이런 소스 코드를 어떻게 프로그램을 실행할 수 있는 형태로 바꾸는지 그 절차를 예를 들어 설명하겠습니다. 소스 코드는 문서나 빌드 파일 등 부속 파일과 함께 배포합니다. 클라우드 저장소를 이용하거나 tar 형식으로 묶어서 gzip, bzip2 형식으로 압축하는 경우가 많습니다. sample_repo_xyz라는 가공의 소스 코드 저장소에서 관련 파일을 다운로드한다고 합시다.

```
$ git clone http://cask.example.com/sample_repo_xyz ⏎
```

git 명령어는 버전 관리 도구입니다. 위 명령어는 인터넷에 있는 소스 코드 저장소를 복제clone해서 저장소에 포함된 모든 파일을 다운로드합니다. 또한 git 명령어를 사용하면 깃허브GitHub나 깃랩GitLab 같은 저장소 서버에서 파일을 다운로드할 수 있습니다.

이렇게 다운로드한 파일 안에는 프로그램 설치 방법이 적힌 파일이 존재합니다. 예를 들어 INSTALL이나 README 같은 파일인데 텍스트나 MD 형식, HTML 형식, PDF 형식을 주로 사용합니다. 이런 파일에는 사용하는 환경에 따라 어떻게 설치해야 하는지 도움말이 적혀 있으므로 참고해서 소프트웨어를 설치합니다.

프로그램을 실행하려면 소스 코드를 컴퓨터가 이해 가능한 형태로 변환해야 합니다. 소스 코드 변환 방법에 따라 **인터프리트 언어**interpreted language와 **컴파일 언어**compiled language로 나뉩니다. 인터프리트 언어로 작성한 소스 코드는 명령어를 실행할 때 변환합니다. 즉, 바로바로 입력하면서 실행하는 것과 동일합니다. 인터프리터 언어에는 파이썬Python, 루비Ruby, 펄Perl 등이 있는데 7장에서 설명한 셸 스크립트도 인터프리터 언어입니다. 한편, 컴파일 언어는 C, C++, 자바 등이 유명합니다. 이런 언어로 작성한 소스 코드는 명령어를 실행하기 전에 **빌드**build해서 실행 파일을 생성합니다. 빌드 방법의 대표적인 예로 configure 명령어와 make 명령어를 사용하는 방법을 소개합니다. 우선 소스 코드가 있는 디렉터리(예제에서는 useful_program)로 이동해서 소프트웨어를 설치할 사전 준비를 합니다.

```
$ cd ./useful_program ⏎
$ ./configure ⏎
```

configure 명령어는 셸 스크립트입니다. 설치 작업에 필요한 파일이 사용자 환경에 존재하는지 확인하거나 일부 설정을 변경합니다. 필요한 파일이 시스템에 설치되어 있는지는 dpkg 명령어나 rpm 명령어로 확인합시다. 다음과 같이 make 명령어로 소스 코드에서 실행 파일을 생성합니다.

```
$ make ⏎
```

make 명령어는 실행 파일을 생성하기 위한 다양한 작업을 처리합니다. 예를 들어 소스 코드를 컴퓨터가 이해 가능한 형태로 변환하는 **컴파일**compile 과정을 수행합니다. 대부분 프로그래밍 언어는 공통으로 사용 가능한 범용성 높은 기능을 모아서 **라이브러리**library로 제공하는데 소스 코드는 이런 라이브러리 기능을 사용해서 작성합니다. 소스 코드 파일은 여러 파일로 나뉘는 것이 보통이므로 컴파일 결과 만들어지는 파일도 여러 개입니다. 이렇게 나뉜 파일과 라이브러리 기능 등을 하나로 연결해주는 **링크**link도 make 명령어 실행 과정에서 이루어집니다. 이런 과정을 거쳐 최종 결과로 실행 파일이 만들어집니다. 빌드 과정에서 에러가 발생하면 소스 코드와 함께 배포된 문서를 참조해 사전 준비나 절차에 문제가 없었는지 확인합니다. 에러가 발생하지 않으면 빌드 완료입니다.

마지막은 **설치** 과정입니다. 실행 파일을 명령어 검색 경로 어딘가에 복사합니다. 이런 작업도 설치 문서를 참조합니다. 여기에서는 make 명령어를 사용한 설치 방법을 예로 들었지만 /usr/local 디렉터리 이하에 설치하는 경우가 많습니다. 일반 사용자는 /usr/local 디렉터리에 쓰기 권한이 없으므로 슈퍼유저 권한으로 작업합니다.

```
# make install ⏎
```

소스 코드로 소프트웨어를 설치하는 방법은 이외에도 더 있지만 소스 코드 입수, 전개, 빌드, 설치라는 대략적인 흐름은 비슷합니다. 사용하고 싶은 소프트웨어가 패키지를 배포하지 않거나 제공하는 패키지보다 새로운 버전을 사용하고 싶다면 소스 코드를 빌드해서 사용하기 바랍니다. 또한 명령어를 사용해 직접 소스 코드에서 패키지를 작성할 수도 있습니다. 예를 들어 rpm 패키지를 작성하려면 rpmbuild 명령어, deb 패키지를 작성하려면 debuild 명령어 등을 사용합니다.

emacs, vi 에디터와 부트로더

텍스트 파일 편집하기

emacs

리눅스에서 텍스트 파일을 작성하는 애플리케이션으로 자주 사용하는 에디터가 이맥스(emacs)[1]입니다.

 해보기

그러면 실제로 이맥스를 실행해봅시다.

```
$ emacs & ⏎
```

메뉴 바

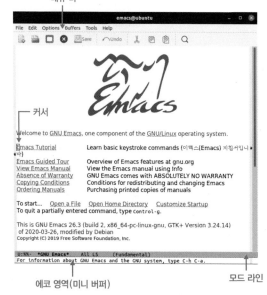

커서

에코 영역(미니 버퍼)   모드 라인

그림 A-1 emacs 창

---

1 emacs를 사용할 수 없다면 11장을 참조해서 설치하세요.

이맥스를 실행하고 편집할 파일명을 지정합니다. Ctrl+x Ctrl+f 키를 이어서 입력합니다. 그러면 창 제일 아래에 있는 에코 영역^{echo area}에 find file:~/처럼 현재 디렉터리를 기준으로 파일명을 입력하라는 메시지가 표시됩니다. 여기에 예를 들어 memo1.txt 같은 파일명을 입력하면 해당하는 파일이 열립니다. 파일이 존재하지 않으면 입력한 파일명으로 새로 작성합니다. 파일명을 입력하고 내용을 저장하려면 Ctrl+x Ctrl+s 키를 이어서 입력합니다. 이맥스를 종료하려면 Ctrl+x Ctrl +c 키를 이어서 입력합니다.

🐧 더 해보기

텍스트를 작성하다 보면 커서를 자주 옮기게 됩니다. 물론 이맥스 커서 이동에 마우스나 화살표 키를 사용할 수 있지만 이 모든 조작을 간편하게 키보드로 끝낼 수 있습니다(그림 A-2). 앞, 뒤, 위, 아래로 커서를 이동하려면 각각 Ctrl+f, Ctrl+b, Ctrl+p, Ctrl+n 키를 사용합니다. 파일 처음으로 이동하려면 Esc < (또는 Alt +<), 파일 끝으로 이동하려면 Esc > (또는 Alt+>)으로 입력합니다. 원하는 줄로도 이동할 수 있습니다. Esc x goto-line ↵을 입력합니다. 미니 버퍼에 줄 번호를 입력하라는 메시지가 표시됩니다.

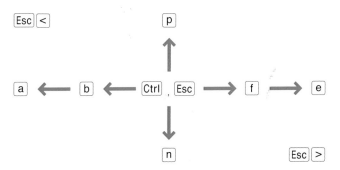

그림 A-2 커서 이동

입력 실수 등으로 해당 명령어 실행을 중단하려면 Ctrl +g 키를 사용합니다. 또한 Ctrl+x u 로 방금 실행한 조작을 되돌릴^{undo} 수 있습니다. Ctrl +x u 를 반복 입력하면 입력한 만큼 계속해서 이전 조작으로 돌아갑니다(무한 undo). 이처럼 이 맥스는 에디터 명령어 대부분을 Ctrl + **문자** 또는 Esc **문자**(Alt + **문자**) 키로 조작합니다.

이맥스는 고기능 에디터라서 기본 기능 일부밖에 소개하지 못하지만 이외에도 이맥스로 이메일을 읽고 쓰거나 emacs lisp 같은 프로그래밍 언어를 사용해서 무척 유연하게 사용자 입맛에 맞게 꾸밀 수 있습니다. 이맥스 기본 기능에 익숙해졌다면 다양한 기능에도 도전해보기 바랍니다.

>>> Column◉ **버퍼 활용**

이맥스를 능숙하게 사용하려면 **버퍼**buffer라는 개념에 친숙해져야 합니다. 예를 들어 이맥스로 파일을 열었다고 합시다. 이때 파일 내용은 컴퓨터 메모리 안에서 버퍼라고 부르는 영역에 캐시(저장)됩니다. 그리고 이맥스에서 하는 문장 추가나 삭제, 수정 같은 조작은 모두 버퍼 안에 있는 데이터가 대상이며 매번 직접 파일을 조작하는 것이 아닙니다. 따라서 이렇게 수정한 파일 내용(버퍼 내 데이터)은 변경 내용을 파일에 반영하는 Ctrl + x Ctrl + s 키 등으로 파일에 저장하는 명령어를 실행해야 합니다. 반대로 이런 변경을 중단하고 싶다면 변경은 버퍼에만 적용되므로 파일에 반영하지 않으면 됩니다.

또한 복사, 삭제한 영역의 내용은 **킬링 버퍼**kill -ring buffer라고 부르는 임시 버퍼에 저장됩니다. 실제로 붙여넣기 작업은 이 킬링 버퍼 데이터를 참조합니다.

이맥스는 여러 버퍼를 다루는 **멀티 버퍼** 기능이 있습니다. 따라서 여러 파일을 다룰 때 창에 표시되는 버퍼 이름을 지정해서 버퍼를 전환하며 작업합니다. 버퍼 이름은 파일 이름과 같고 모드 라인에 표시됩니다. 한편, 여러 버퍼를 동시에 참조하기 위해 이맥스에는 창 분할 표시 기능도 있습니다. 자세한 내용은 437쪽을 참조하세요.

emacs [옵션] [파일명]

주요 옵션

-nw   이맥스를 실행할 때 -nw 옵션을 지정하면 이맥스 고유 창을 표시하는 대신에 실행한 터미널에 이맥스를 실행합니다. 원격 로그인하거나 작은 화면을 사용하는 상황에서 파일을 편집할 때 이런 옵션을 사용하면 편리합니다.

파일명과 명령어 자동 완성

이맥스는 에코 영역에서 명령어나 파일명을 도중까지 입력하면 남은 부분을 자동으로 완성해주는 **자동 완성 기능**이 있습니다. 자동 완성 기능을 사용하려면 명령어나 파일명을 입력하던 중에 Tab 키를 누릅니다. 자동 완성 후보가 하나라면 완성되고, 해당하는 명령어 또는 파일이 몇 가지 있으면 공통 부분까지 자동 완성됩니다. 이때 계속해서 입력하고 Tab 키를 누르면 같은 방식으로 자동 완성을 반복합니다. Tab 키를 한 번 더 누르면 자동 완성 후보 목록이 표시됩니다.

파일 조작

파일 저장은 Ctrl + x Ctrl + s , 파일 열기는 Ctrl + x Ctrl + f 키입니다. 파일 조작 관련 단축키는 435쪽 표를 참조하세요.

문자열 검색

문자열을 검색할 때는 다음과 같은 단축키를 사용합니다. 이맥스는 문자열을 한 글자 입력할 때마다 일치하는 장소로 커서가 이동하는 **증분 검색**incremental search 방식을 취합니다. 현재 위치에서 파일 끝부분을 향해(전방) 검색하려면 Ctrl + s , 현재 위치에서 파일 앞부분을 향해(후방) 검색하려면 Ctrl + r 키를 누르고 이어서 검색할 문자열을 입력합니다.

검색 문자열이 소문자밖에 없다면 대소문자를 구분하지 않지만 검색 문자열에 대소문자가 섞여 있으면 구별해서 검색합니다. 또한 같은 문자열을 반복 검색하려면 계속해서 Ctrl + s 또는 Ctrl + r 키를 입력합니다.

Ctrl + s ↵ 또는 Ctrl + r ↵ 키를 입력하면 증분 검색 대신, 검색 문자열을 입력한 후 ↵ 키를 눌렀을 때 각각 전방(후방)에서 일치하는 가장 가까운 장소로 이동합니다. 멀티바이트 문자 검색에는 증분 검색이 아닌 검색이 필요할 때도 있습니다. 문자열 검색 관련 단축키는 436쪽 표를 참조하세요.

영역 삭제, 복사, 붙여넣기

이맥스는 Ctrl + Space 또는 Ctrl + @ 키로 마크mark를 설정합니다. 마크 위치와 현재 커서 위치 사이를 영역region이라고 하며 삭제, 복사의 대상이 됩니다. 삭제, 복사, 붙여넣기 관련 단축키는 436쪽 표를 참조하세요.

문자열 치환

커서 뒤에 있는 문자열을 치환하려면 먼저 [Esc] [%] 키를 입력합니다. 그러면 미니 버퍼가 표시됩니다. 예제와 같이 치환하기 전 문자열(string1)과 치환할 문자열(string2)을 입력합니다.

```
Query replace: string1 ↵ with: string2 ↵
```

명령어를 실행하면 이맥스는 일치하는 장소를 찾아서 치환을 실행할지 물어봅니다.

```
Query replacing string1 with string2: (? for help)
```

치환하려면 [y](yes), 취소하려면 [n](no)을 입력합니다. 그리고 해당하는 문자열을 일괄 치환하려면 [!]을 입력합니다. 문자열 치환 관련 단축키는 436쪽 표를 참조하세요.

emacs 주요 단축키 목록

커서 이동 단축키

Ctrl + b	커서를 이전 문자로 이동
Ctrl + f	커서를 다음 문자로 이동
Ctrl + p	커서를 이전 줄로 이동
Ctrl + n	커서를 다음 줄로 이동
Ctrl + a	커서를 줄 처음으로 이동
Ctrl + e	커서를 줄 마지막으로 이동
Esc b	커서를 이전 단어로 이동
Esc f	커서를 다음 단어로 이동
Esc a	커서를 단락 처음으로 이동
Esc e	커서를 단락 마지막으로 이동
Ctrl + v	커서를 다음 화면으로 이동
Esc v	커서를 이전 화면으로 이동
Esc <	커서를 파일 처음으로 이동
Esc >	커서를 파일 마지막으로 이동

파일 조작 단축키

Ctrl + x Ctrl + s	파일 저장
Ctrl + x Ctrl + w	파일을 다른 이름으로 저장
Ctrl + x Ctrl + f	파일 열기
Ctrl + x i	파일 삽입하기

문자열 검색 단축키

Ctrl + s	커서 이후 전방 검색(증분 검색)
Ctrl + r	커서 이전 후방 검색(증분 검색)
↵	검색 종료
Ctrl + s ↵	커서 이후 전방 검색(문자열 입력이 끝나면 검색)
Ctrl + r ↵	커서 이전 후방 검색(문자열 입력이 끝나면 검색)

문자열 치환 단축키

Esc %	대화형으로 문자열 치환. 치환 대상 문자열과 치환할 문자열을 입력하고 해당하는 문자열을 치환할지 여부를 물어보면 y(yes) 또는 n(no)을 입력. 일괄 치환은 ! 입력

삭제, 복사, 붙여넣기 단축키

Ctrl + Space	마크 설정
Ctrl + w	영역 삭제
Esc w	영역 복사
Ctrl + k	커서 위치에서 줄 끝까지 삭제
Ctrl + y	직전에 삭제 또는 복사한 영역 붙여넣기
Esc y	반복해서 입력하면 과거에 삭제, 복사한 영역을 거슬러 올라가며 붙여넣기 함

조작 단축키

Ctrl + _	조작 되돌리기
Ctrl + g	명령어 조작 취소
Ctrl + x Ctrl + c	이맥스 종료

멀티 버퍼, 창 조작 단축키

Ctrl + x 2	창을 위아래로 분할
Ctrl + x 3	창을 좌우로 분할
Ctrl + x 0	분할한 창 중 커서가 있는 쪽을 삭제
Ctrl + x 1	분할한 창 중 커서가 없는 쪽을 삭제
Ctrl + x o	분할한 창 사이를 커서 이동
Ctrl + x b	표시할 버퍼 전환
Ctrl + x Ctrl + b	버퍼 목록 표시
Ctrl + x k	버퍼 삭제

키보드 매크로 단축키

Ctrl + x (	매크로 정의 시작
Ctrl + x)	매크로 정의 종료
Ctrl + x e	마지막으로 정의한 매크로 실행

그 외 이맥스 단축키

Esc x auto-fill-mode	한 줄에 표시하는 문자 수를 자동으로 조절해서 표시
Esc x goto-line	지정한 줄 번호로 이동

텍스트 파일 편집하기

vi, vim

vi는 유닉스 계열 OS에서 예전부터 사용한 에디터입니다. 입력 모드와 명령 모드로 나뉘므로 조금 낯설겠지만 OS 기본 설치 대상이거나 동작이 가벼워서 많은 사람이 사용했습니다. 요즘은 vi에 많은 기능을 추가해서 대폭 확장한 vim을 사용하는 경우가 많습니다. vi에도 여러 버전이 있지만 이번 절에서는 공통적인 조작법과 명령어를 설명합니다.

 해보기

vi를 실행하려면 다음처럼 명령어를 입력합니다.

```
$ vi ⏎
```

vi에는 **입력 모드**insert mode와 **명령 모드**command mode가 있습니다. 텍스트 입력은 입력 모드에서 하고 커서 이동이나 문자열 삭제, 복사/붙여넣기, 검색, 치환처럼 텍스트 입력이 아닌 모든 조작은 명령 모드에서 실행합니다. vi를 실행한 시점에는 명령 모드입니다. 텍스트를 입력하려면 명령 모드에서 입력 모드로 전환해야 합니다. 텍스트 입력 모드로 전환하는 단축키는 몇 가지가 있는데 예를 들어 ⓘinsert 키를 입력하면 텍스트 입력 가능 상태가 됩니다. 한편 vi 종류에 따라 한글 입력이 불가능한 경우도 있습니다.

명령 모드로 돌아가려면 [Esc]키를 누릅니다. [Esc]키는 입력 모드와 명령 모드를 전환하는 단축키이며 명령어 입력 도중에 [Esc]키를 누르면 해당 명령어 실행을 중단합니다. 현재 모드가 어떤 상태인지 알 수 없으면 [Esc]키를 입력해서 일단 명령 모드로 바꾼 후 다시 작업하면 됩니다.

 **더 해보기**

기본 조작 예로 명령 모드에서 커서 이동을 해보겠습니다. 커서 이동은 [그림 A-3] 처럼 단축키를 입력합니다.

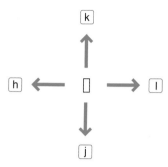

그림 A-3 커서 이동

실제로 해보면 알 수 있겠지만 [그림 A-3]에 있는 단축키는 키보드에 연달아 배치된 키라서 익숙해지기 쉽습니다. vim은 커서 키도 사용 가능합니다.

파일 조작 관련 명령어는 :으로 시작합니다. 파일 저장은 :키를 누르고 w를 입력한 후 ↵키를 입력합니다. 상세한 내용은 443쪽 표를 참조하세요. 그리고 vi를 종료하려면 명령 모드에서 :키를 누른 후 q를 입력하고 ↵키를 누릅니다.

vi [파일]
vim [파일]

경로 /usr/bin/vi [2], /usr/bin/vim [3]

입력 모드 전환

입력 모드를 전환하는 방법은 총 6가지입니다. [i] 키는 커서 뒤에서 텍스트 입력, [a] 키는 커서 앞 위치에 텍스트 입력 등 단축키에 따라 입력 시작 위치가 달라집니다. 상세한 내용은 442쪽 표를 참조하기 바랍니다.

문자열 검색

vi에서 문자열 검색을 하려면 명령 모드에서 [표 A-1]에 있는 단축키를 입력합니다.

표 A-1 문자열 검색 단축키

/	커서 이후 검색(전방 검색)
?	커서 이전 검색(후방 검색)

vi 화면 아래에 입력한 명령어가 표시되므로 계속해서 검색하고 싶은 문자열을 입력합니다. 같은 문자열을 계속 검색하려면 [n] 키를 누릅니다. 문자열 검색 관련 단축키는 443쪽 표를 참조하기 바랍니다.

vi 검색 기능은 대소문자를 구분하니 주의하세요.

삭제, 복사, 붙여넣기

예를 들어 커서와 줄 끝 사이에 있는 문자열을 다른 곳으로 옮기고 싶다면 [D] 키를 눌러서 커서 위치에서 시작해 줄 끝까지 삭제하고 커서를 원하는 곳으로 이동시킨 후 [p] 키를 눌러서 붙여넣기합니다.[4] 범위를 세밀하게 지정하려면 [v] 키를 누른 후 [j] 나 [l] 키 같은 커서 이동 단축키를 눌러서 이동시키면 표시가 반전됩니다. 그대로 [d] 키를 누르면 반전된 부분을 자릅니다. 복사하려면 [v] **이동 단축키** [y] 키를 입력합니다. 삭제, 복사, 붙여넣기 관련 단축키는 442쪽 표를 참조하세요.

문자열 치환

어떤 영역을 지정해서 다른 문자열로 치환하고 싶으면 치환 단축키와 커서 이동 단축키를 조합해서 사용합니다. 특정 문자열을 다른 문자열로 치환하려면 [:] 키를 누른 후 %s/string1/string2/g 형식으로 입력합니다. %s/string1/string2/c처럼 뒤에 c를 붙이면 대화식으로 치환합니다. %s/string1/string2/gc처럼 조합해서 사용할 수도 있습니다. c를 붙여서 실행하면 치환할지 확인할 것입니다. 치환하려면 [y] (yes), 취소하려면 [n] (no)을 누릅니다. 문자열 치환 관련 단축키는 443쪽 표를 참조하세요.

---

2 실제 파일은 /usr/bin/vim.basic으로, vim의 기능 제한 버전입니다.

3 vim을 사용하려면 vim 패키지를 설치하세요.

4 이맥스처럼 vi도 버퍼를 사용해서 편집합니다. 자르기나 복사한 내용도 임시 버퍼에 보존해서 붙여넣기할 때 참조합니다.

vi 주요 단축키 목록

커서 이동 단축키

j	커서를 다음 줄로 이동
k	커서를 이전 줄로 이동
h	커서를 이전 문자로 이동
l	커서를 다음 문자로 이동
^	커서를 줄 처음으로 이동
$	커서를 줄 마지막으로 이동
e	커서를 단어 끝으로 이동
E	e 와 동일하지만 문장 부호는 무시
w	커서를 다음 단어 시작 위치로 이동
W	w 와 동일하지만 문장 부호는 무시
b	커서를 앞 단어 시작 위치로 이동
B	b 와 동일하지만 문장 부호는 무시
(	커서를 이전 문장 시작 위치로 이동
)	커서를 다음 문장 시작 위치로 이동
{	커서를 이전 단락 시작 위치로 이동
}	커서를 다음 단락 시작 위치로 이동
G	커서를 파일 끝으로 이동
n G	커서를 *n*번째 줄로 이동
%	커서가 위치한 괄호에 대응하는 괄호로 이동
H	커서를 화면 내부 첫 줄로 이동
M	커서를 화면 내부 가운뎃줄로 이동
L	커서를 화면 내부 마지막 줄로 이동
n H	커서를 화면 내부 첫 줄에서 *n*번째 줄로 이동
n L	커서를 화면 내부 마지막 줄에서 *n*번째 줄로 이동
Ctrl + d	반 화면 위로 스크롤

`Ctrl` + `u`	반 화면 아래로 스크롤
`Ctrl` + `b`	한 화면 위로 스크롤
`Ctrl` + `f`	한 화면 아래로 스크롤

입력 모드 전환 단축키

`i`	커서 뒤에 입력
`a`	커서 앞에 입력
`I`	줄 처음에 입력
`A`	줄 마지막에 입력
`o`	커서와 다음 줄 사이에 입력
`O`	커서와 이전 줄 사이에 입력

명령 모드 전환 단축키

`Esc`	명령 모드로 전환

삭제, 복사, 붙여넣기 단축키

`x`	커서 위치에서 한 문자 삭제
`X`	커서 위치 뒤 한 문자 삭제
n `x`	커서 위치에서 n문자 삭제
n `X`	커서 위치 뒤에서 n문자 삭제
`v` 커서 이동 단축키 `d`	커서 위치에서 시작해서 이동한 위치까지 지정해서 삭제
`D`	커서 위치에서 줄 끝까지 삭제
`d` `d`	커서가 위치한 줄 삭제
n `d` `d`	커서 위치에서 n줄 삭제
`v` 커서 이동 단축키 `y`	커서 위치에서 시작해서 이동한 위치까지 지정해서 복사
`y` `y` 또는 `Y`	커서가 위치한 줄 복사

n ⓨ ⓨ 또는 n Ⓨ	커서 위치에서 n줄 복사
ⓟ	복사(삭제)한 내용을 커서 다음 줄에 붙여넣기
Ⓟ	복사(삭제)한 내용을 커서 이전 줄에 붙여넣기
" n ⓟ	n번 전에 복사(삭제)한 내용을 커서 다음 줄에 붙여넣기
" n ⓟ	n번 전에 복사(삭제)한 내용을 커서 이전 줄에 붙여넣기

파일 조작 단축키

⦂ w	파일 저장
⦂ w *filename*	*filename* 파일명으로 저장
⦂ e *filename*	*filename* 파일 열기
⦂ r *filename*	커서 다음 줄에 *filename* 파일 삽입
⦂ -r *filename*	커서 이전 줄에 *filename* 파일 삽입
⦂ wq 또는 ⓩ ⓩ	파일을 저장하고 종료

문자열 검색 단축키

ⓕ *x*	커서와 같은 줄에 있는 다음 문자 *x* 검색
Ⓕ *x*	커서와 같은 줄에 있는 이전 문자 *x* 검색
⁄ *string*	커서 이후 문자열 *string* 검색(전방 검색)
⁇ *string*	커서 이전 문자열 *string* 검색(후방 검색)
ⓝ	전과 같은 방향으로 계속 검색
Ⓝ	전과 반대 방향으로 계속 검색
⁄	전방 검색 계속
⁇	후방 검색 계속

문자열 변경, 치환 단축키

~	대소문자 변환

`c` 커서 이동 단축키	커서 위치에서 커서 이동 단축키로 지정한 영역 변경
`c` `c`	현재 줄 내용을 모두 변경
`C`	커서 위치에서 줄 끝까지 변경
`r`	커서 위치 한 문자 변경. 변경한 후 명령 모드로 복귀
`R`	커서 위치 이후 문자열을 범위 지정 없이 변경
`s`	커서 위치 한 문자 변경. 변경한 후 입력 모드로 복귀
`S`	`c` `c` 단축키와 동일
`:` s/*string1*/*string2*/	커서와 같은 줄에 있는 다음 *string1* 문자열을 *string2*로 치환
`:` s/*string1*/*string2*/g	커서와 같은 줄에 있는 모든 *string1* 문자열을 *string2*로 치환
`:` *m*,*ns*/*string1*/*string2*/g	*m*행과 *n*행 사이의 모든 *string1* 문자열을 *string2*로 치환. *m*과 *n*에는 숫자 외에 .(커서가 있는 줄), $(마지막 줄) 지정 가능
`:` %s/*string1*/*string2*/g	파일 내 모든 *string1* 문자열을 *string2*로 치환
`:` g/*string*/*cmd1*	*string*과 일치하는 모든 위치에서 `:` *cmd1* 실행(`:`을 제외하고 *cmd1* 부분만 지정)
`:` g/*string*/normal *cmd2*	*string*과 일치하는 모든 위치에서 *cmd2* 실행(*cmd2*에는 `:`으로 시작하는 명령은 지정 불가능)

※ `:` g는 파일 전체가 대상이지만 `:` *m*, *ns*//처럼 범위 지정 가능

※ `:` s/*string1*/*string2*/gc처럼 마지막에 c를 붙이면 대화식으로 치환

그 외 vi 조작 단축키

`u`	마지막 실행 명령 취소
`.`	직전 실행 명령 반복
`:` !*Linuxcommand*	*Linuxcommand*로 지정한 리눅스 명령어 실행
`:` r!*Linuxcommand*	*Linuxcommand* 실행 결과를 커서 다음 줄에 삽입
`:` -r!*Linuxcommand*	*Linuxcommand* 실행 결과를 커서 이전 줄에 삽입
`:` q	vi 종료
`:` q!	저장하지 않고 vi 종료
`:` w!	권한을 무시하고 강제적으로 쓰기
`:` e!	저장하지 않고 파일(버퍼) 전환

 **부트로더**

부트로더boot loader는 컴퓨터를 시작할 때 동작해서 디스크에 설치된 OS 등을 부팅하는 프로그램입니다. 보통은 그다지 의식할 일이 없지만 디스크에서 리눅스 같은 OS를 읽어서 실행하려면 필요한 프로그램입니다. 전원을 넣으면 자동으로 실행됩니다. 저장 장치(HDD나 SSD)의 다른 파티션에 설치된 윈도우로 부팅하거나 재구축한 새로운 커널을 테스트할 때도 이용합니다. 이번에는 리눅스에서 일반적으로 사용하는 GRUB2 부트로더 복구 모드를 사용해서 싱글 유저 모드로 부팅하는 방법을 알아봅시다.

GRUB2 실행 화면

GRUB2 시작 화면을 표시하려면 컴퓨터 전원을 켬과 동시에 Shift 키를 계속 누릅니다.[5] 그러면 [그림 A-4]와 같은 메뉴가 나옵니다. 반전된 항목이 현재 선택된 메뉴이며 ↑ ↓ 키로 변경 가능합니다. Ubuntu를 선택하고 ↵ 키를 누르면 평소처럼 부팅합니다. 저장 장치에 여러 OS가 설치되어 있으면 이 메뉴에서 선택해서 부팅할 수 있습니다.

그림 A-4 GRUB2 시작 화면

---

5 환경에 따라서는 Shift 키를 누르지 않아도 표시됩니다.

⚥ 싱글 유저 모드(읽기 전용) 실행 방법

GRUB2에서 싱글 유저 모드로 부팅하려면 시작 화면에서 'Ubuntu용 고급 설정' 항목을 선택한 후 ⏎키를 누릅니다. 다음으로 recovery mode라고 적힌 항목을 선택하고 ⏎키를 누릅니다(그림 A-5). 그러면 [그림 A-6]처럼 복구 메뉴가 표시됩니다. ↑ ↓키로 root라고 적힌 항목을 선택하고 Tab키로 [OK]까지 이동한 후 ⏎키를 누르면 싱글 유저 모드로 부팅합니다.

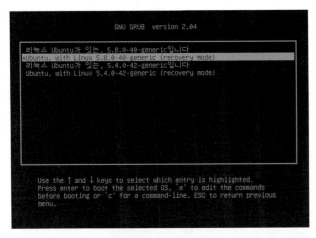

그림 A-5 Ubuntu용 고급 설정 화면

그림 A-6 복구 메뉴

화면 하단에 슈퍼유저 프롬프트가 표시되고 명령어 입력이 가능합니다. 아직 읽기 전용이므로 설정 확인은 가능하지만 파일 편집 등은 불가능합니다.

⏣ 싱글 유저 모드(읽고 쓰기) 실행 방법

우분투에서 싱글 유저 모드로 부팅하면 기본값은 읽기 전용입니다. 파일 편집이 필요하다면 부팅 옵션을 편집해서 수정 가능한 상태로 만들어야 합니다. 우선 읽기 전용 때와 마찬가지로 recovery mode라고 적힌 항목을 선택합니다. 이 상태에서 e 키를 누르면 [그림 A-7]과 같은 화면이 나타납니다.

그림 A-7 부팅 옵션 편집 화면

화면에 표시된 텍스트 에디터로 부팅 옵션을 편집합니다. 에디터 사용법은 이맥스와 비슷하지만 최소한의 에디터 기능만 있습니다. 화면에 표시된 줄 끝에 있는 \는 긴 줄을 자동 줄 바꿈 해서 표시한다는 것을 뜻하는 기호입니다. 다음과 같이 적힌 줄을 찾아봅시다.

```
(생략)
linux /boot/vmlinuz-5.8.0-40-generic root=UUID (생략) ro (생략)6
(생략)
```

ro는 읽기 전용read only을 뜻합니다. 읽고 쓰기 가능하게 변경하려면 ro를 rw로 변경합니다.

```
(생략)                                    ┌ ro를 rw로 변경
linux /boot/vmlinuz-5.8.0-40-generic root=UUID (생략) rw (생략)
(생략)
```

편집을 끝내고 Ctrl + x 또는 F10 키를 누르면 부팅이 시작되면서 [그림 A-6]과 같은 화면이 나타납니다. 이후는 읽기 전용 때와 마찬가지로 root를 선택해서 싱글 유저 모드로 부팅합니다.

---

6 vmlinuz 뒤에 있는 숫자는 환경이나 버전에 따라 다릅니다.

➤ Column ◉ 가상화와 클라우드

컴퓨터 **가상화**virtualization는 CPU나 메모리 같은 컴퓨터 자원(리소스)을 여러 OS나 애플리케이션 실행 환경에서 공유하는 기술입니다. 가상화 기술을 사용해서 특정 OS에서만 동작하는 소프트웨어를 사용하거나 다른 OS를 간단히 사용해볼 수 있습니다. 또한 고성능 CPU 능력이나 대용량 메모리를 여러 OS에 분배해서 설치 장소나 소비 전력을 줄일 수 있는 장점도 있습니다.

가상화 방식은 크게 **호스트형**, **하이퍼바이저형**, **컨테이너형**으로 구분합니다.

호스트host형 가상화는 **호스트** OS 위에 **게스트** OS가 동작합니다. 가볍게 이용할 수 있지만 호스트 OS 기반으로 가상적인 컴퓨터(**가상 머신**virtual machine)가 동작하므로 게스트 OS 동작이 약간 느린 편입니다. 호스트형에서 유명한 가상화 소프트웨어는 VMWare Workstation, 버추얼박스VritualBox가 있습니다.

하이퍼바이저hypervisor형 가상화는 OS를 설치하기 전에 **하이퍼바이저**를 설치해서 하이퍼바이저 위에 게스트 OS가 동작합니다. 호스트형 가상화보다 하드웨어를 직접 제어할 수 있으므로 컴퓨터 성능을 끌어내기 좋습니다. 하이퍼바이저형에서 유명한 가상화 소프트웨어는 VMWare vSphere, 젠Xen이 있습니다.

컨테이너container형 가상화는 호스트 OS 리소스를 제어해서 게스트 OS에 대응한 애플리케이션을 **컨테이너**(가상 머신) 위에서 실행하는 구조입니다. 컨테이너형 가상화는 게스트 OS 설치가 필요 없습니다. 또한 애플리케이션 동작에 필요한 자원 대부분을 호스트 OS와 공유하므로 디스크 사용량이 거의 없고 속도 저하도 거의 없다는 점이 특징입니다. 하지만 컨테이너형은 윈도우와 리눅스를 같은 하드웨어 위에서 공유할 수 없습니다. 컨테이너형에서 유명한 가상화 소프트웨어는 LXC, 도커Docker가 있습니다.

이런 가상화 기술을 사용한 서비스로 **클라우드 컴퓨팅(클라우드)**이 있습니다. 클라우드는 컴퓨터 하드웨어를 자신이 직접 준비하는 것이 아니라 네트워크로 연결된 대규모 서버를 통해서 가상화한 OS나 애플리케이션 등을 사용합니다. 아마존 웹 서비스(AWS)나 마이크로소프트 애저Microsoft Azure 같은 서비스는 컨테이너형이나 하이퍼바이저형 기술을 사용해서 컴퓨터 환경을 제공합니다.

찾아보기

찾아보기

찾아보기

찾아보기